GABRIELLE PERREAU FEMME ADULTÈRE

Gabrielle Perreau, héroïne infortunée de la plus célèbre affaire d'adultère du siècle de Louis XIV : mariée par son père — et les astres — à un « épicier apothicaire » sinistre, la belle et sage Gabrielle est devenue, presque malgré elle, la maîtresse d'un grand banquier du roi. Et à cette époque, la loi, misogyne, est intraitable pour les pécheresses.

A travers la triste mais authentique histoire de Gabrielle Perreau, Pierre Darmon fait revivre, de façon tour à tour cocasse et poignante, le Paris de la fin du XVIIe siècle, en nous menant du cabinet d'un astrologue extravagant à l'officine d'un apothicaire charlatan, du comptoir grouillant d'un grand banquier à la prison du Châtelet, de la Cour rutilante du Roi Soleil à la Conciergerie, puis à l'Hôpital général, véritable cour des miracles où Gabrielle Perreau mourra à l'âge de vingt-huit ans.

Gabrielle Perreau, femme adultère est une extraordinaire histoire vraie, racontée comme un roman mais aussi solidement documentée qu'une chronique historique.

PIERRE DARMON

Gabrielle Perreau femme adultère

ROMAN

BERNARD GRASSET

Ce roman s'inspire de la plus célèbre affaire d'adultère du règne de Louis XIV dont il retrace les principales péripéties sous forme de chronique historique.

PREMIÈRE PARTIE

I

Astrologue de profession, Jean-Baptiste Perreau n'avait jamais reçu dans sa vie d'autre inspiration que celle qui descend, la nuit, de la voûte étoilée. Un peu éthéré, souvent plongé dans une sorte de torpeur mystique, il suscitait le scepticisme des uns tout en excitant la verve railleuse des autres. Il glanait malgré tout quelques deniers car tous ceux qui le dénigraient en public venaient le voir en cachette. A la faveur du secret, il disait à tout le monde à peu près la même chose. Sachant fort bien que l'humeur chagrine ne paie pas, il se montrait toujours d'un optimisme lyrique mais savamment ponctué, ici ou là, de quelques touches sombres afin de faire sérieux.

Sa propre fortune faisait piètre figure en comparaison de la manne qu'il faisait pleuvoir sur l'horizon de ses clients, et comme il avait perdu toute illusion quant à la générosité des astres à son égard, il s'était résigné à une vie modeste. Il possédait un petit meublé à Paris, rue Saint-Honoré, une bibliothèque assez bien fournie, une chaumière près de Vitry où il se retirait de temps en temps pour spéculer en paix et un contrat de 500 livres de rentes sur l'Hôtel de Ville de Paris dont le revenu arrondissait le produit de ses figures. Il vivait ainsi en compagnie de sa vieille servante Nicole qui régentait les affaires de la maison et de sa fille, Gabrielle, dont le destin se noua de façon dramatique alors qu'elle n'avait que quinze ans.

Gabrielle Perreau naquit en décembre 1666. Sa naissance fut tragique. Sa mère mourut en lui donnant la vie. Dès le début, la grossesse de sa femme Lucette avait d'ailleurs causé à Jean-Baptiste les plus vives inquiétudes. Sept à huit mois avant que sa fille ne vînt au monde, il avait déjà flairé un malheur. Sans doute était-il loin de prévoir qu'il deviendrait père et veuf en même temps, mais il savait malgré tout que le dénouement de cette grossesse aurait quelque chose de funeste. Oui, l'enfant ne serait pas un mâle et, pour avoir un héritier, il faudrait remettre l'ouvrage sur le métier. Par une imprudence qu'il ne se pardonnait pas, il n'avait conçu ni sous le signe du Bélier, ni sous celui des Gémeaux et encore moins sous celui du Lion. Pis ! Il pensait avoir procréé entre deux scènes de ménage alors qu'il savait fort bien que les garçons ne s'engendrent d'ordinaire que dans un climat de parfaite concorde conjugale. En règle générale, il ne donnait à ses clients venus le consulter sur le sexe de leurs futurs enfants qu'un peu plus d'une chance sur deux pour avoir des garçons. Mais cette certitude, toute relative, se transformait, dans son cas, en certitude absolue. Aussi, lorsque par un beau matin de printemps Lucette lui annonça que ses ordinaires n'avaient point reparu, il s'enferma dans son cabinet de travail et sombra dans une profonde méditation.

Il émergea des ténèbres pour souper. Il mangea gravement, silencieusement, avec pondération et dignité. Vers la fin du repas, il se tourna vers sa femme. « Luciole, lui dit-il tristement, depuis quelques jours, je t'observe. Tu as l'œil terne, ta mamelle gauche et non la droite est enflée, tu dédaignes les viandes et tu ne manges que des aliments aqueux. Ce sont des signes qui ne trompent pas, tu auras une fille. » Le diagnostic se confirma lorsque le fœtus se mit à bouger vers le quatrième et non vers le troisième mois. De surcroît, Lucette dépérissait à vue d'œil et devenait triste et boudeuse à mesure qu'avançait le terme de sa grossesse. « Plus l'ombre d'un doute », pensa Jean-Baptiste. Là-dessus, empreint d'une morne résignation et comme pour s'exorciser d'un démon qui lui dévorait les entrailles, il fit le choix d'un prénom féminin alors que le ventre de sa femme sortait à peine de sa platitude originelle.

La sage-femme Barbaste venue assister Lucette dans ses couches constata sur-le-champ que le col du vagin manquait de souplesse. Elle en conclut que l'accouchement serait long et laborieux. « Rien d'étonnant, s'exclama le père, cela fait partie des lois de la nature. Dès leur naissance les femelles, à l'inverse des mâles, nous apportent les plus grands maux. » Sur ces bonnes paroles, la matrone se mit à l'ouvrage. Elle commença par saigner Lucette pour la soulager des violents maux de tête dont elle souffrait. Puis, pour lui donner du courage, elle fit brûler une bougie. « L'heureuse délivrance viendra au plus tard, dit-elle, lorsque cette bougie s'éteindra. »

L'enfant se présentait par la tête. Barbaste introduisit l'index dans sa bouche et tira. En vain. Elle le manipula ensuite dans tous les sens et fit tant et si bien qu'il bascula pour se retrouver en position oblique. Elle essaya alors, sans plus de bonheur, de l'extraire tour à tour par les pieds, par les mains et enfin par le siège. De telles manœuvres durèrent des heures. De plus en plus tendue, hurlant de douleur, le visage dégoulinant de sueur, Lucette souffrait déjà les affres de l'agonie. Elle avait les yeux rivés sur la bougie, et lorsque celle-ci vint à s'éteindre sans que rien se produisît, elle désespéra. La sage-femme se fit alors amener par Nicole une rose en bouton.

« Lorsqu'elle s'ouvrira, dit-elle, alors l'orifice qui

donne la vie s'ouvrira lui aussi et l'enfant sera délivré de sa prison.

— De quoi cela vient-il ? demanda Lucette entre deux gémissements.

— Cela vient de ce que la Vierge a étendu ses langes sur un rosier dont les roses s'épanouissaient. »

Les roses de la Vierge n'embaumèrent que faiblement le moral de Lucette. Trente-six heures s'écoulèrent sans résultat. La malheureuse s'affaiblissait. Enfin, Barbaste prit Jean-Baptiste à part :

« Monsieur, lui dit-elle faiblement, il faut choisir, ou l'enfant ou la mère.

— Qu'est-ce à dire ?

— Cela veut dire, Monsieur, qu'il faut que l'un des deux périsse.

— C'est impossible.

— Et pourquoi donc, Monsieur ?

— Parce que les astres ne le disent pas.

— Et cependant, l'orifice de votre femme, loin de s'ouvrir, se contracte constamment.

— Cela se peut, Barbaste, il n'empêche que j'aurai une fille. Quant au sort de la mère, je n'en puis disposer.

— Monsieur, je n'ai guère le choix. Il me faudra, pour sauver votre femme, découper l'enfant et l'extraire en menus morceaux, ou bien, pour sauver l'enfant, si Dieu le veut, attendre que votre femme meure et mander un homme de l'art pour lui ouvrir le ventre. »

Nicole, qui avait tout entendu, s'en alla querir sur-le-champ un médecin et le curé de la paroisse Saint-Roch. Arrivé le premier sur les lieux, le curé entretint Lucette de paroles pieuses et réconfortantes. « Nous sommes ici-bas, lui dit-il en chuchotant, pour partager les souffrances de notre Sauveur qui s'est sacrifié pour notre Rédemption. L'heure de la délivrance arrive enfin pour vous, ma fille, mais avant que de paraître devant le Tout-Puissant, au seuil de la béatitude éternelle, il faut que votre âme soit transparente. Avez-vous sur le cœur quelque péché ou mauvaise action dont je puisse vous purifier ? » Le bon prêtre approcha alors son oreille des lèvres de Lucette qui, au milieu des douleurs de l'agonie, n'avait même plus la force de se mouvoir. Elle trouva malgré tout le souffle nécessaire pour lui demander d'aller au diable.

Quant au médecin, il se contenta de tâter le pouls dans toute sa plénitude et d'en conclure qu'il est des cas où le pouvoir de la médecine s'arrête à l'endroit même où commence celui de Dieu. Il pratiqua malgré tout une saignée au bras et une autre au pied. En désespoir de cause, Barbaste se mit en devoir de pratiquer l'embryotomie. Le curé l'interrompit à temps : « Malheureuse ignorante, s'écria-t-il, ne voyez-vous donc pas que Dieu a déjà doté cette créature raisonnable d'une âme ? Ne voyez-vous pas qu'en mettant fin à ses jours avant même qu'elle n'ait reçu le baptême, vous la retranchez du concert des vivants en la vouant à Satan par un geste impie qui a pour effet funeste de retarder le jour du Jugement dernier ? »

Barbaste s'écarta. Le curé ondoya les parties génitales de Lucette d'eau bénite en faisant le signe de la croix et il prononça les paroles rituelles en la circonstance : « Qui que tu sois, pourvu que tu aies une âme, je te bénis au nom du Père, du Fils et du Saint Esprit. Amen. » La cérémonie achevée, Barbaste revint, hache en main, prête à débiter le fœtus en tranches pour tenter de sauver, provisoirement peut-être, ce qui restait de la mère.

En dépit du martyre qu'elle endurait, Lucette était restée suffisamment lucide pour suivre, point par point, les diverses péripéties du drame qui se déroulait autour de son corps perclus de douleurs. Tant d'émotions avaient produit en elle de violentes convulsions à la faveur desquelles l'enfant s'était retrouvé en position céphalique. Dans son désespoir, elle eut un spasme terrible qui l'expulsa violemment. L'assistance en resta médusée pendant une bonne minute. Reprenant espoir, le médecin tâta de nouveau le pouls de Lucette. Mais il ne put que constater que cet ultime effort avait retenti de façon funeste sur l'ensemble de son économie animale. Quant à Barbaste, elle se sentit un peu frustrée de cette victoire inopinée. Aussi se jeta-t-elle de façon intempestive sur la matrice de la malheureuse pour en extraire du même coup le placenta. Le moment était, disait-elle, particulièrement bien choisi. Elle y mit tant de zèle qu'elle arracha en même temps une partie du viscère de la pauvre femme qui se vida de tout son sang en l'espace de deux minutes à l'instant précis où, de son côté, le médecin prenait un air de circonstance pour annoncer que le cœur flanchait.

Tous les témoins s'agenouillèrent, firent une courte prière et recommandèrent l'âme de Lucette à Dieu. Seule Barbaste était restée debout, l'air tout hébété, placenta et morceau de matrice sanguinolent en main. Au milieu de la tourmente, on avait oublié le nouveau-né. Après avoir posé sur une table les chairs dont elle ne savait que faire, elle se pencha sur l'enfant qui montrait, par ses vagissements, qu'il avait retrouvé tout le souffle qu'il venait d'ôter à sa mère. Elle l'examina de près et, se tournant vers Jean-Baptiste, elle s'écria : « C'est une fille, Monsieur ! »

***

Au milieu du tumulte engendré par un événement aussi considérable, Jean-Baptiste avait gardé tout son sang-froid. Montre en main, il avait noté l'heure de la naissance de sa fille à la seconde près.

« Le jour et l'heure de notre naissance, dit-il au cours de la veillée funèbre à ses parents et amis, nous placent sous la domination spéciale d'un astre dont nous sommes condamnés à partager la constitution et qui régnera sur nous tant que nous serons de ce monde. Les corps célestes, ajouta-t-il, ne sont disposés que dans un espace qui nous est exclusivement réservé et ils usent de leur pouvoir soit pour nous protéger, soit pour nous nuire. » Ce faisant, Jean-Baptiste se replongea dans l'étude du signe astral de Gabrielle. La maison du Capricorne était déjà une bonne chose en soi. L'ascendance Bélier ne fit que confirmer cet optimisme. Régulièrement, il quittait d'ailleurs la chambre mortuaire, montait sur les toits et, muni d'un astrolabe, il calculait l'élévation des planètes. Il ne revenait auprès de Lucette que pour se replonger dans ses calculs et dans la lecture de Cardan, de Paracelse, de Borderie, des cabalistes et de quelques autres auteurs plus ou moins rabbiniques. Au petit matin, il fallut bien se rendre à l'évidence : Jupiter était en conjonction avec Saturne et la Lune dans son premier quartier. Pour la première fois de sa vie, les astres lui étaient favorables : sa fille serait princesse ou duchesse.

Au cours de l'enterrement, toute l'assistance fondit en larmes. Seul Jean-Baptiste avait conservé son calme. Il allait de l'un à l'autre et il remontait le moral de tout le monde en proclamant qu'une destinée de princesse ou de duchesse rachetait amplement la naissance d'une fille. « Quel désespoir, disait-il seulement, que ma Luciole ne soit pas présente pour un si bel événement. »

Après les péripéties de l'accouchement, de la veillée, du calcul astral, de la mise en bière, de l'office funèbre et de l'enterrement, Jean-Baptiste pensa enfin à Gabrielle. Elle était d'une laideur terrifiante. Le visage encore fripé des suites d'un accouchement si laborieux et couvert de duvet, les yeux mi-clos et bridés, elle avait tout d'une petite guenon. « Diantre, s'exclama-t-il avec dégoût, est-ce là une figure de princesse ? »

En attendant de trouver une nourrice, il fallut bien nourrir Gabrielle au lait de vache. Toute provisoire qu'elle fût, une telle solution répugnait à Jean-Baptiste qui appréhendait que sa fille n'acquît une intelligence bovine. Nicole, qui avait essayé avec succès sur ses enfants l'allaitement artificiel, proposa le lait de chèvre. « Ce n'est pas le propre d'une princesse, rétorqua Jean-Baptiste, d'être capricieuse ou de sautiller. » Elle proposa le lait de truie. Le cœur de Jean-Baptiste se souleva. Il voyait déjà Gabrielle se livrer à de sales inclinations dans son boire et dans son manger. Nicole s'adressa aux voisines, sillonna les marchés, interpella toutes les paysannes qu'elle croisait. Mais Jean-Baptiste restait intransigeant. Aucune femme n'était suffisamment bonne laitière pour sa fille. Le curé de Saint-Roch lui apprit finalement qu'il existait un bureau des nourrices qui chargeait des meneuses de battre les campagnes et de diriger sur Paris des convois de paysannes à la mamelle généreuse. Jean-Baptiste trouva cette solution un peu trop rustique à son goût. « Vous ne voudriez quand même pas, s'écria le curé, que l'on confiât votre fille à une princesse du sang ! » L'argument porta. On s'adressa au bureau en question.

Le choix fut long et laborieux et Nicole crut un instant que Gabrielle serait sevrée avant d'avoir tété le mamelon de la perle rare. Toutes les nourrices qui se présentaient à Jean-Baptiste étaient pourtant munies d'un certificat de bonnes mœurs dûment délivré par le curé de leur paroisse. Mais ce n'était pas suffisant. « Vous êtes rousse, lança-t-il à la première. Vous sentez l'épaule de mouton, le fromage pourri et le beurre rance. Votre lait ferait tourner le sang de ma fille en eau. » La seconde candidate sembla un instant faire l'affaire. Elle avait une belle peau. Jean-Baptiste prit sa lèvre supérieure entre le pouce et l'index et la souleva. Ses dents étaient blanches et ses gencives vermeilles. Il lui fit ouvrir grand la bouche, il y plongea le nez : aucun relent fétide ne s'en exhalait. Il renifla du côté des aisselles : point de puanteur. Mais il découvrit la mamelle gauche et suça. Le lait, quoique abondant, était trop aqueux et un peu aigre. Il la renvoya. La troisième avait des origines teutonnes et Jean-Baptiste ne voulait pas que la grossièreté propre à sa nation s'infiltrât dans les veines de sa fille. La quatrième eut la candeur provinciale d'avouer qu'elle n'avait point porté sa virginité au mariage. Elle aurait, de toute évidence, prédisposé Gabrielle à la débauche... Finalement, il dut se contenter d'une splendide Bretonne.

Gabrielle s'affinait sous le regard attendri et attentif de Nicole et sous l'œil admiratif de son père. A mesure que les jours s'écoulaient, les traits s'affirmaient, de grands yeux clairs, d'une profondeur inouïe, s'épanouissaient au milieu d'un visage de petite madone et une chevelure brune naissait sous le duvet qui s'estompait. Gabrielle était belle. Et déjà, sur les bords de ses lèvres enfantines si finement dessinées, se lisait ce grain de malice qui devait susciter tant de passions et sceller son malheur. Elle grandissait aussi en dépit du carcan vestimentaire à l'intérieur duquel on l'emmaillotait. On redoutait par-dessus tout que, s'attardant au stade larvaire, elle ne marchât sa vie durant à quatre pattes ou ne se figeât une fois pour toutes dans une station mi-animale, mi-humaine, à la façon des gorilles ou autres grands singes d'Afrique. Été comme hiver, elle était ficelée à l'aide de grosses bandes de toile fortement resserrées au niveau des genoux, des hanches et des coudes. Une chemise de toile un peu échancrée à l'avant à laquelle était adjointe une sorte de camisole de même forme recouvrait l'enfant à moitié momifiée. Un manteau de laine protégeait l'ensemble du froid. Venaient enfin les langes de parade et autres fanfreluches en draps de lin ou de soie finement tissés d'or et d'argent et agrémentés de mousselines et de dentelles qui faisaient l'émerveillement de l'entourage. La tête n'était chargée que d'un béguin, d'une calotte de laine et d'une cornette.

Ainsi fagotée, la pauvre enfant croupissait plusieurs jours de suite dans la sueur et dans les excréments. Mais de telles incommodités s'effaçaient derrière la hantise de voir un petit corps si mou, si frêle et si tendre à tout jamais prostré dans une inflexion simiesque. La malheureuse ne fut délivrée qu'à l'âge de deux ans et demi, lorsqu'on la jugea assez solide pour ne pas ployer sous son propre poids.

Jusqu'à la première communion de sa fille, Jean-Baptiste Perreau ne perdit connaissance que trois fois. La première, lorsque Gabrielle fit quelques pas sans tomber, la seconde lorsqu'elle parvint à articuler *papa* vers l'âge de dix-huit mois, ce qui fut envisagé comme le signe d'une intelligence précoce, et la troisième lorsque le médecin venu l'examiner au sujet d'une poussée de fièvre diagnostiqua la petite vérole. C'était, disait-il, une fort bonne chose. Il était préférable que le corps se purgeât du levain morbifique dans un âge tendre. Les pores déliés et la souplesse de la carnation facilitent alors l'expulsion du venin que tout enfant porte en soi. Il conseilla de fréquents bains chauds afin de dilater les pores et l'absorption de décoctions d'herbes aromatiques aux vertus antivénéneuses bien connues. Jean-Baptiste ne l'entendit point d'une oreille aussi sereine. Hanté par l'idée d'une mort ou d'une défiguration toujours possible, il interrogea les astres sur-le-champ. Mais il était beaucoup trop troublé pour en recueillir un indice quelconque. Quant à Nicole, elle décida de faire neuvaine et s'en alla à l'église implorer la divine Providence. Les conseils du médecin, la sollicitude des astres et le Bon Dieu firent merveille. Gabrielle ne fut atteinte que d'une éruption discrète. Elle n'en garda aucune trace et fut à tout jamais débarrassée du poison vérolique.

***

Pédagogue de grande envergure, le sieur Jean-François de La Rivière avait consacré la plus grande partie de sa vie à l'éducation des enfants de haut lignage. L'âge aidant, les fibres de son cerveau venant à se ramollir, mais encore auréolé d'un certain prestige, il avait par la suite officié dans la haute bourgeoisie. Sur les franges du gâtisme, il acheva de dégringoler les échelons de la hiérarchie sociale pour se retrouver au milieu des enfants d'une certaine bourgeoisie qui se plaît à singer la noblesse. Jean-Baptiste Perreau fit donc appel à ses services et lui demanda de mettre les connaissances de Gabrielle à la hauteur de sa beauté. Il avait d'abord songé à un couvent et il s'était adressé à l'un de ces établissements où l'on ne reçoit d'ordinaire que les jeunes filles de l'aristocratie. On lui demanda d'étaler ses quartiers de noblesse. Il étala un horoscope. On le mit à la porte. Il se tourna vers d'autres couvents du même style. On lui fit le même accueil. Il visita quelques maisons ouvertes aux jeunes filles de moindre extraction mais il les trouva indignes de Gabrielle. En désespoir de cause, il demanda à un astrologue de ses amis qui avait ses entrées à la cour de faire savoir à ces dames des grands couvents que l'ascendance de Saturne et de Jupiter était en tout point digne d'une ascendance aristocratique remontant aux croisades. Rien n'y fit, et Jean-Baptiste dut enfin reconnaître qu'une bonne conjonction astrale est d'un poids dérisoire en comparaison de trois gouttes de sang bleu. Mieux valait donc un bon précepteur qu'un mauvais couvent. D'autant que le sieur de La Rivière avait été chargé de l'éducation des enfants de Noailles. Pour deux ou trois heures de ses services quotidiens, il fallut donc sacrifier le revenu des rentes de l'Hôtel de Ville.

En matière d'éducation, ce pédagogue s'était encroûté dans de grands principes qui ne faisaient que s'endurcir avec l'âge. Il pensait notamment qu'il existe chez chaque femme un certain degré de débilité mentale qui les rend inaptes à toutes sortes de disciplines. « Le vase est frêle, disait-il notamment, il ne faut point le surcharger, il se briserait. L'esprit d'une femme, ajoutait-il, est d'ailleurs d'autant plus plaisant qu'il n'est pas étouffé par un savoir indigeste. » Il écarta d'emblée toutes les sciences abstraites qui se situent dans les sphères éthérées de l'inaccessible et que sous-tendent d'épineuses méditations. La philosophie n'est pas à la portée des jeunes filles, la physique ne leur est d'aucune utilité et les mathématiques ne servent à rien. A l'inverse, l'histoire grecque et romaine et l'étude de la Bible élèvent l'âme. De l'apprentissage des langues vivantes, il ne faut retenir que le français, car les femmes ne voyagent pas. L'anglais est d'ailleurs inaudible et l'allemand barbare. Quant à l'italien, il affaiblit la pudeur en embrasant l'imagination. Langue de l'amour, langue lascive, c'est aussi la langue des auteurs peu châtiés et assez pervers. En ce qui concerne le latin, l'Église ordonne qu'on lui accorde quelque attention. La poésie et le théâtre sont dangereux. On ne saurait souffrir d'exception qu'en faveur de Corneille qui a l'art d'exalter les sentiments nobles. Rien n'engendre pourtant une si profonde désagrégation de l'âme que la lecture des romans. Sentine de tous les vices, il faut les bannir à tout jamais.

La Rivière distilla donc son savoir d'autant plus chichement qu'il n'en avait que peu. Il excellait cependant dans les leçons de maintien. A travers sa décrépitude physique, on distinguait d'ailleurs quelques vestiges de belles manières. Il pensait que dans une société bien réglée, les femmes sont faites pour être le charme et le délice du monde. Simples fioritures, elles ne doivent ni rayonner, ni conquérir et encore moins empiéter sur les prérogatives de l'autre moitié du genre humain. « Les femmes ne sont point vouées aux actions d'éclat. Restez, disait-il communément à Gabrielle, ce que la nature vous fit, une belle fleur destinée à briller doucement sur le parterre qui vous vit naître. Vos plus beaux ornements sont la modestie, la pudeur et la chasteté. »

Dès qu'elle sut lire à peu près couramment, vers l'âge de douze ans, Gabrielle se plongea donc dans la lecture impudique des extraits de romans italiens qui circulaient dans le public sous forme de feuilles volantes et que lui prêtait sa voisine et amie Marie Pasdeloup. Pis ! Elle faisait ses délices, à la dérobée, des historiettes et des contes à rire du Pogge, de Boccace, de Morlini et de Marguerite de Navarre. Les pétulances lascives qui émaillaient *Le Moyen de parvenir* du facétieux Béroald de Verville, *Le Parnasse satyrique* et *Les Muses folâtres* enflammèrent notamment sa sensibilité d'adolescente et bercèrent ses premières titillations nocturnes.

En se livrant à de tels excès, Gabrielle se sentait coupable. Elle savait que dans ces moments d'impudicité, elle échappait aux regards de son père, bien trop tourné vers les astres pour s'imaginer que sa fille pût se complaire dans un exercice aussi sale. Elle savait aussi que Nicole était beaucoup trop pieuse et beaucoup trop bonne pour supposer Gabrielle capable d'actes immondes. Quant à son précepteur, il était trop imbu de l'efficacité de ses talents de moraliste pour se douter de quoi que ce fût. Mais elle pensait, au fond d'elle-même, que le Bon Dieu, qui voit tout, ne lui pardonnerait pas de s'être un jour vautrée dans le bourbier de la concupiscence. Lorsque ses sens exacerbés retrouvaient leur sérénité, une invincible angoisse étreignait Gabrielle. Le trouble dans l'âme, elle s'en alla un jour trouver son confesseur, l'abbé Cogniet, curé de Saint-Roch.

« Mon père, dit-elle dans le silence feutré du confessionnal, je m'accuse du péché de...

— Je vous écoute, mon enfant, parlez.

— Eh bien, mon père, je... je...

— Dieu est grand et plein de mansuétude, parlez en confiance.

— Mon père, je me touche. »

Il y eut de part et d'autre un long silence gêné, enfin rompu par la voix du curé qui se fit plus austère.

« Comment l'entendez-vous ?

— Mon père, certaines nuits, et sans que je le veuille, je suis douloureusement possédée par d'étranges pensées.

— Quelles sont ces pensées ?

— Elles sont de toutes sortes... très nombreuses.

— Mais encore..., un exemple..., dites, balbutia le curé dont la voix commençait à s'enrouer en plongeant dans le grave.

— Par exemple, mon père, il me plaît à penser que je cueille des cerises.

— Je n'y vois aucun mal, mon enfant.

— Mais mon père, je suis alors toute nue.

— Ah !

— Et après avoir ramassé quelques poignées de

cerises, je m'en vais les offrir à de gracieux gentilshommes qui me font mille compliments sur ma beauté.

— Et c'est alors que vous vous touchez ?

— Précisément.

— Quel est le siège de ces attouchements ?

— Eh bien, mon père, j'ai, un peu au-dessous du nombril, comme un petit bout de chair qui me démange grandement et c'est ce qui fait que je me touche. »

Un lourd silence de réprobation plana sur le confessionnal.

« *Molities !* s'exclama le curé.

— Qu'est-ce que *molities* ?

— *Molities* est le crime d'Onan.

— C'est donc bien grave, mon père ?

— Mon enfant, nous faisons tous sur terre l'objet des convoitises de Satan. Mais Dieu veille et nous protège de cet ennemi vieux comme le monde. Au septième jour de la Création, l'espèce humaine était vouée à la béatitude éternelle dans une sorte de paradis terrestre. Mais nos premiers ancêtres péchèrent et le diable remporta sa première victoire. Pour nous punir, Dieu nous infligea les aiguillons de la concupiscence et la tyrannie de la chair. Et depuis, nous souffrons de ce mal étrange qui ne trouve de soulagement légitime que dans les liens sacrés du mariage. Votre semence, Gabrielle Perreau, ne doit, par décret divin, que concourir à l'œuvre de génération. En profanant votre corps vierge par ces sortes de pollutions, vous cédez à vos humeurs peccantes et aux désirs de notre ennemi commun, le diable, qui vous prend dans ses filets. En assouvissant de la sorte vos appétits impurs, vous commettez un crime qu'abhorraient les Juifs eux-mêmes et vous outragez Dieu qui interdit que l'on répande en vain sa géniture sur terre, laquelle géniture vous ne consentirez qu'à celui qui aura reçu de votre bouche, au pied des autels, un serment de fidélité éternelle. Il convient que vous sachiez de telles choses, mon enfant. Depuis quelque temps, je vous observe, le dimanche, à la messe. Je ne puis éteindre le feu de l'ardente jeunesse qui vous embrase. Mais que faites-vous pour l'étouffer ? Vous enflammez votre entourage en découvrant la moitié de vos seins et en vous parant d'affiquets qui ne sont point dignes de vous mais de quelque trotteuse effrontée ou de ces femmes qui montent sur les tréteaux et qui finissent dans la fosse commune. Les hommes sont innocents, Gabrielle, mais chancelants dans la vertu. Ils tournent leurs yeux vers vos seins et vous leur répondez par des œillades et toutes sortes de minauderies propres à votre sexe. Leurs âmes se dépouillent alors des esprits qui devraient les habiter pendant la sainte communion et ces esprits s'en vont ailleurs tirailler et faire mouvoir le siège de la plupart de nos péchés. Vous avez péché par orgueil et par luxure, mais vous étiez ignorante. Ces péchés ne resteront que véniels si vous ne les réitérez point. Vous vous sanctifierez au contraire en luttant contre vos penchants funestes. Vous n'aurez, pour cette fois, qu'une légère pénitence. Abstenez-vous de viande pendant trois jours et priez davantage qu'à l'ordinaire. Quelques *Ave* et quelques *Pater* suffiront. Allez en paix, je vous absous. »

Éplorée, les joues dégoulinantes de larmes, Gabrielle avoua à son amie Marie Pasdeloup qu'elle s'était « livrée à *molities* ». Marie, qui était âgée de quinze ans, lui demanda des précisions. Lorsqu'elle eut appris ce qu'était *molities*, elle éclata de rire et avoua qu'elle avait renoncé depuis fort longtemps à ce genre de pratique pour se livrer à des plaisirs plus substantiels. Gabrielle la questionna alors sur ces esprits qui, chez l'homme, « font mouvoir le siège de la plupart de nos péchés », et c'est ainsi qu'elle apprit en quoi consistait l'amour.

Les titillations cessèrent pendant une dizaine de jours pour reprendre ensuite de plus belle.

II

Les longs cheveux noirs et déliés de Gabrielle ondoyaient doucement sur ses épaules. Ses yeux clairs étincelaient de charme, de passion et de malice au milieu d'un visage finement ciselé qui avait la blancheur de l'albâtre et la fraîcheur d'une beauté sans artifice. Un bavolet, une collerette bien blanche, un corset déjà trop étroit, une jupe légère, tout était en elle d'une pudeur et d'une simplicité attendrissantes. Elle n'avait pas d'autre parure mais elle avait maintenant quinze ans. Jean-Baptiste ne s'y était pas trompé, sa fille était une princesse. Du moins en avait-elle le maintien et ce genre de distinction qui en impose d'autant plus qu'il ne s'étudie pas. Comment, pensait-il, sa mère, qui était si laide, avait-elle pu mettre au monde pareil joyau ?

« Au fond, dit-il un jour à Nicole, il n'y a là rien de très mystérieux. La nature est prolixe en prodiges du même genre. Dieu a donné noblesse et majesté au chêne. Mais le chêne ne donne que des fruits immondes dont se nourrissent les porcs, tandis que la vigne tordue et rabougrie comme Lucette, et qui rampe misérablement au ras du sol porte un fruit de quintessence et de bénédiction. Ainsi sont les femmes. Les plus sublimes ne donnent souvent qu'une infâme progéniture tandis que les plus laides fécondent un fruit de grâce.

— Comme si, répondit Nicole, Dieu avait voulu

rabattre la superbe des unes et récompenser la modestie des autres. »

Gabrielle était faite pour aimer et pour être aimée. Sa beauté était devenue légendaire et l'on venait la voir de fort loin. La clientèle masculine de Jean-Baptiste avait subitement décuplé et le brave homme s'imaginait que la vertu des astres et son mérite avaient enfin reçu la sanction du public. Seule l'imbécillité des femmes, pensait-il naïvement, les retranchait du concert unanime.

La jeune fille recevait souvent les clients de son père avec un sourire de gentillesse que l'on prenait parfois pour de la complaisance et elle les introduisait dans son cabinet de travail. L'émotion qu'ils ressentaient en la voyant les portait souvent aux nues avant même que Jean-Baptiste ne leur parlât des astres. Pendant la consultation, ils ne l'écoutaient que fort peu, pensant plutôt à l'hommage qu'ils adresseraient à Gabrielle avant de quitter les lieux. Elle leur répondait avec une désinvolture et une malice qui ne faisaient qu'exalter leur passion tout en suscitant leur amertume ou leur fureur. Sans le savoir, elle s'entourait d'ennemis qui lui feraient un jour payer bien cher ses impertinences.

« Mademoiselle, lui dit une fois le maître des requêtes Delescluze, la rose que vous portez sur votre sein a bien des attraits.

— Monsieur, cette rose est délicate et timide, elle risque de se faner sous le feu de votre regard.

— Je pense plutôt, Mademoiselle, que plantée sur une terre brûlante, elle ne tardera pas à se dessécher. Donnez-la-moi.

— Elle se flétrirait entre vos doigts.

— Donnez-la-moi, vous dis-je.

— Je n'en ai point d'autres.

— Je vous en devine de bien plus belles.

— Je ne vous entends pas, Monsieur.

— Laissez-moi vous expliquer, vous êtes vous-même...

— Monsieur, trancha Gabrielle, les rosiers piquent. A s'y frotter, on risque d'en tirer moins de contentement que de douleur. »

Un commissaire-priseur, barbon cacochyme, avait un autre jour décidé de dédier à Gabrielle le compliment de sa vie.

« Vos yeux, lui dit-il, sont deux astres qui m'envoûtent et sous la conjonction desquels je rêve de me trouver un seul instant.

— Mon père est orfèvre en la matière, Monsieur, mais je doute fort qu'il vous y trouve un jour. »

Mais c'est en piquant au vif le président de Nesmond et le procureur Aliger que Gabrielle allait déclencher le mécanisme qui devait consommer sa perte.

M. de Nesmond tenait une charge de président à mortier en survivance de son père depuis plusieurs dizaines d'années. Vieux, cagneux et perclus, il était si maigre qu'on ne lui voyait que la peau sur les os. Ni la magnificence de son costume, ni l'éclat de sa perruque ne faisaient oublier sa déliquescence physique. Imbu malgré tout de sa personne, il tenta de susciter en Gabrielle l'appât du gain. D'une voix crachotante, il lui tint un discours nasillard beaucoup moins éthéré que les précédents. Tout en faisant des propositions concrètes, il agitait d'un geste généreux une bourse pleine d'écus et il distribuait ses postillons avec la même générosité.

« Monsieur, lui répondit Gabrielle en s'essuyant le visage, ne prétendez pas faire œuvre de chair avec moi. Vous en êtes incapable car vous n'en avez pas. On ne commettrait tout au plus avec vous que le péché des os. Encore serait-il plus juste de parler d'acte de pénitence plutôt que de péché. Vos embrassements seraient autant de mortifications pour moi. Le contact des ronces, des orties ou d'une porte fendue me serait plus doux. D'ailleurs, si je m'avisais seulement de folâtrer avec votre menton, eh bien, Monsieur, il m'écorcherait les doigts.

— Je vous trouve bien glorieuse, Mademoiselle la pimpante, répondit M. de Nesmond que l'amertume défigurait un peu plus. Sachez bien que vous n'êtes qu'une fille du peuple et que n'ayant que le fumier pour père et la pourriture pour mère, vous n'êtes vous-même qu'un tas d'immondices.

— Et c'est pourquoi, Monsieur, répondit Gabrielle en souriant, vous achèveriez de vous décomposer en vous y frottant.

— Le compliment que j'ai daigné vous adresser n'était en vérité que de pure courtoisie et je me repens fort d'avoir oublié un seul instant l'ingratitude et l'insolence du peuple. Un homme de ma qualité ne devrait jamais prodiguer ses bontés qu'à des dames de condition.

— J'en conviens, aussi ne remettez plus les pieds ici et gardez donc vos écus et votre bave pour une comtesse. »

Quelques jours plus tard, le procureur Aliger vint consulter Jean-Baptiste au sujet d'une quelconque affaire de cession de bail qui ne lui inspirait aucune initiative. L'astrologue, qui ne comprenait rien à la question, lui déclara que sous une telle conjonction astrale, il valait mieux ne rien entreprendre avant trois mois. Après quoi, il serait en mesure de lui donner des conseils plus concrets. Dans l'escalier, Aliger rencontra Gabrielle qui revenait de chez Marie Pasdeloup. Il fit une révérence entre deux marches. Son centre de gravité se déplaça légèrement et il trébucha de façon maladroite.

« Mademoiselle, dit-il en tordant les lèvres, vos yeux ont tant d'éclat qu'ils me paraissent refléter les plus belles choses du monde.

— Eh bien, Monsieur, répondit Gabrielle, ne vous y mirez point, vous en seriez fort déçu. »

Les badineries de Gabrielle, sa vivacité et sa beauté mettaient tout le quartier en ébullition. Elle ne pouvait faire deux pas dans la rue sans que l'émoi ne gagnât maîtres et laquais, marchands et artisans, compagnons et apprentis. Tous lui lançaient à la cantonade mille compliments plus ou moins bien tournés. Elle y répondait toujours avec une gaillardise feutrée qui ne manquait ni de piquant ni de panache. Une telle effervescence n'était pas du goût des commères du voisinage qui voyaient dans Gabrielle le brasier de Satan. Demoiselles crottées, bourgeoises à petit chaperon, femmes mariées, vieilles sempiternelles et mégères de toutes sortes communiaient dans un même concert de réprobation.

Germaine, la pâtissière, lui reprochait de faire parade de sa belle ordonnance avec trop de complaisance et de ne point laisser son mari pétrir sa pâte en toute sérénité. La lingère de la rue Sourdière l'accusait plus précisément de mettre tout plein de cirons dans le petit outil de son maître qui ne pouvait même plus ajuster la pièce au trou sans parler d'elle. Une autre saffrette prédisait tout haut qu'un jour ou l'autre, la belle finirait par manger la soupe de toutes les bonnes femmes du quartier dans son écuelle.

On parlait aussi de Gabrielle en des lieux moins plébéiens. Un jour, le président de Nesmond rencontra le procureur Aliger, tout vêtu de noir, dans la grande salle du Palais. Le camouflet cinglant que Gabrielle leur avait infligé les remplissait d'amertume. Tous deux sortaient de la messe qui était célébrée chaque matin dans la chapelle du Palais afin de placer les hommes de loi sous l'inspiration de Dieu. Flottant dans sa robe rouge rehaussée par l'épitoge bordée d'hermine qui distinguait les présidents à mortier, et affublé d'une toque de velours galonnée d'or, Nesmond interpella Aliger :

« On m'a dit, mon cher procureur, que vous interrogiez les astres.

— Ma foi, Monsieur le président, le spectacle de ce Perreau vaut bien un après-midi aux Italiens.

— On m'a dit aussi que sa fille était fort belle.

— Et fort impertinente, Monsieur le président. Son père déclare à qui veut bien l'entendre qu'elle sera princesse, et ma foi, elle s'y croit déjà. Mais à dire vrai, elle a des yeux de rapace et sa vue est aussi dangereuse que la vue du basilic. On raconte qu'elle blesse tout le quartier par ses vanités excessives et par l'étalage hardi de sa beauté perverse. Toutes les bonnes épouses du coin en sont, dit-on, profondément offusquées. Toutefois elle se contente pour l'instant, du moins je le crois, d'allumer le brasier sans l'éteindre.

— Je conviens, répondit Nesmond, que ces fâcheux accidents sont supportables dans les commencements. Mais les tristes événements qu'ils produisent par la suite deviennent de la plus grande importance. Il serait bon de recourir à temps aux moyens les plus sages pour en réprimer le cours. Les femmes n'ont malheureusement pas la force de reculer une fois qu'elles ont fait le premier pas dans un dédale d'horreurs, et dans quels excès ne tombent-elles pas insensiblement lorsque, après s'être flétries, elles corrompent leur entourage.

— Je dirai même, Monsieur le président, que les filles débauchées qui, comme cette Perreau, vivent dans le désordre d'une vie voluptueuse en sont elles-mêmes les premières victimes. Leur offrir une retraite forcée loin de tout ce qui favorise leur fatal penchant est parfois un acte de charité.

— Vous m'en voyez convaincu, Monsieur. Hélas, les lourdes responsabilités qui pèsent sur les épaules des présidents à mortier nous interdisent de nous pencher sur ces affaires qui ne sont que de petites choses en soi mais qui, en s'ajoutant les unes aux autres, finissent par grossir le flot d'une corruption qu'il n'est plus possible d'endiguer par la suite. Le ministère public est très intéressé aux bonnes mœurs, Monsieur, soyons vigilants. Bien entendu, en ce qui concerne cette Gabrielle Perreau, elle est encore fort jeune. Plaise au ciel qu'elle s'amende bien vite et qu'elle ne finisse pas ses jours à l'hôpital général, comme je le crains. C'est pourquoi il vaut mieux prévenir le mal avant que d'en guérir les funestes effets. Afin que cette femme ne tombe dans de tels excès, il serait peut-être opportun d'en dire deux mots au lieutenant criminel et de déposer un billet sur le bureau de Monsieur La Reynie... Au fait, Aliger, vous avez l'âme noble. Je me suis toujours étonné de ne vous voir que procureur. Une charge d'avocat serait sans doute bien mieux proportionnée à vos talents.

— Hélas, Monsieur le président, je n'en ai ni les degrés ni la mise.

— Eh bien, nous en parlerons en haut lieu. Une dispense est toujours possible. Notre premier président est très sensible au mérite des gens qu'anime le zèle du bien public.

— Je suis, Monsieur le président, votre très humble et très dévoué serviteur », répondit Aliger d'une voix dégoulinante et dans une révérence qui mit sa tête au niveau des genoux de son interlocuteur.

*
* *

Gabrielle Perreau était tombée amoureuse de son maître de danse. Le visage poudré d'argentine et la perruque enfarinée, les traits fins, la langue châtiée, il marchait avec élégance d'un pas petit, mignon et mesuré. Il dansait à ravir, et le charme qui émanait de sa personne plongeait ses petites élèves dans une sorte de pâmoison. Mais au grand étonnement de Gabrielle, et par un phénomène qu'elle ne comprenait pas très bien, il réservait aux jeunes gens le genre de compliments dont elle aurait voulu être honorée.

Au bout de cinq à six mois, elle s'en lassa. D'ailleurs, avec son regard décidé, sa taille souple et ses larges épaules, Lucien Meunier ne la laissait pas indifférente. Il n'était peut-être pas d'une très grande beauté, mais elle le trouvait plaisant et fort gentil. Surtout, il lui adressait la parole avec une franchise, une simplicité et une délicatesse qui la touchaient profondément. Son langage n'était ni vulgaire, ni prétentieux, ni enflé de métaphores ridicules. « Vous êtes si belle, Mademoiselle Gabrielle, et vous me troublez tant », lui avait-il dit un jour, le visage noyé dans l'émotion. Derrière ces quelques mots articulés avec maladresse, Gabrielle avait senti une très grande sincérité et l'élan d'une âme pure et généreuse. Elle avait aussi compris à quel point Lucien Meunier pouvait être différent de tous les petits-maîtres qui faisaient assaut de médiocrité en l'accablant de futilités.

Alors s'était éveillé en elle un sentiment fait de trouble et d'inquiétude et le désir de rejoindre cette autre partie d'elle-même en l'absence de laquelle tout n'était maintenant que vide et ennui. Elle avait renoncé d'elle-même à ces chatouillements nocturnes qui berçaient son premier sommeil pour écouter enfin les vibrations de son cœur. Elle comprenait mieux, désormais, le sens profond des paroles de l'abbé Cogniet qui voulait que de telles extases ne fussent suscitées que dans le cadre d'un amour consenti pour la vie et réglé par le mariage. Aussi ne pensait-elle plus qu'aux embrassements voluptueux qui uniraient son corps à celui de Lucien et la chaleur vivifiante qui naîtrait de cette union était devenue sa seule obsession. Au fil des jours, l'amour devenait passion. Tous les organes de Gabrielle en furent bientôt atteints, imprégnés et comme ébranlés. Ce sentiment nouveau, en lui donnant l'impression d'émerger du néant, la plongeait dans une sorte de mélancolie car Lucien était lointain et elle ne le voyait que dans les limites permises par la décence. Mais l'ardeur d'une imagination exaltée faisait éclore le bonheur au sein même des privations. La magie de l'amour opérait des prodiges. Tout était devenu beau, grand, sublime. Lucien existait. Ils s'aimaient d'un amour profond et bientôt, elle le savait, l'Église les unirait en une seule et même chair.

Garçon perruquier, Lucien Meunier n'était âgé que de dix-huit ans. Son patron, maître Lucas, tenait le haut du pavé rue Saint-Honoré depuis que le roi avait donné, en 1674, un statut officiel aux barbiers perruquiers. Les courtisans, à l'image du roi, s'ornaient le crâne avec un faste de plus en plus grand et, dans le sillage de la cour, les gens de la ville en faisaient de même. En dépit des migraines, du prurit, des tintements d'oreilles, des éblouissements et même, disait-on, des attaques d'apoplexie causés par le port de la perruque, tout homme de goût s'était fait le devoir d'en avoir au moins deux sous peine de déroger, de se rendre ridicule ou de tomber dans la disgrâce du voisinage.

Dans sa boutique, maître Lucas émergeait au milieu d'un foisonnement chatoyant de toisons de toutes les couleurs, de toutes les formes, de toutes les façons et de tous les prix : perruques rondes, carrées, en pointe ; perruques à boudins, à papillons, à deux ou trois marteaux, perruques grand et petit in-folio, perruques in quarto ; perruques de bichon, à la moutonne ; perruques de chanoine, d'abbé ; perruques financières, à la cavalière ; à l'espagnole ; perruques de voyage, de circonstance ; perruques grisaille, gris de mauve, blanc agate, blanc de lait, quart blanc, blanc fond jaune, châtain, noir, noir jais. Au milieu de la boutique trônait une crinière de lion. Symbole de majesté, c'était la royale. Perruque préférée de Louis XIV, elle écrasait toutes les autres avec mépris comme le roi au milieu de ses courtisans. Tous les matins, maître Lucas lui faisait ses dévotions et lui rendait une sorte de culte mystique. Il la brossait, la peignait, la bichonnait, la frisottait tantôt en rosettes, tantôt en anneaux, tantôt en « frisure sur rien » ou en « frisure à l'angle ». Il lui avait consacré deux années de sa vie. Aussi ne s'en serait-il pas séparé pour moins de mille écus. La crinière de lion conférait aux gentilshommes qui s'en affublaient un prestige, un éclat et un rayonnement inégalables. D'un poids de trois livres, elle leur causait aussi des torticolis et une calvitie précoce. Sous un tel amoncellement, le crâne, noyé dans la transpiration, n'était guère ventilé. Des éruptions multiples et bariolées le faisaient bourgeonner, laissant échapper, de temps à autre, quelques vapeurs putrides. En dépit de ces incommodités, la crinière de maître Lucas faisait l'admiration de Jean-Baptiste qui jetait sur elle le même regard que Lucien sur Gabrielle. Mais les deux jeunes gens ne se voyaient qu'au hasard de brèves rencontres ou lorsque cette dernière accompagnait son père chez maître Lucas qui avait la gentillesse de restaurer ses perruques que l'âge dégarnissait plus encore que son crâne.

Par l'un de ces après-midi d'avril dont l'éclat annonce déjà l'été, Gabrielle était allée au Cours du Louvre en compagnie de Marie Pasdeloup. Lucien, qui venait de livrer quelques perruques, les accosta et leur demanda s'il pouvait se joindre à elles. Un sourire narquois se dessina sur les lèvres de Marie. Mais Gabrielle garda le silence et baissa les yeux. Elle sentit son cœur se dilater de bonheur et, soudain, une sensibilité nouvelle s'éveilla en elle. Le vent tiède qui caressait son visage avait une autre saveur, le chant des oiseaux résonnait de façon étrange, les parterres de fleurs éclataient de lumière. Se laissant griser par l'ivresse de la félicité, elle ouvrit une deuxième fois ses grands yeux au monde pour jeter un regard étonné sur une humanité transfigurée.

La foule était nombreuse, belle, diversifiée. Les personnes des deux sexes s'épanchaient joyeusement et lentement le long des allées bordées d'arbres. Des petites maîtresses chargées d'aigrettes, de girandoles ou de rivières de diamants, le visage vermillonné, marchaient de façon distraite rendant d'un air dégagé les révérences qu'on leur faisait. D'autres femmes, un peu plus débraillées, déambulaient nonchalamment en robe ouverte, la jupe comblée de falbalas et suffisamment relevée pour laisser entrevoir leur mule blanche que surmontait une cheville et l'esquisse d'une jambe finement galbée. Quelques jeunes étourdis tourbillonnaient autour d'elles et folâtraient, la tête haute, en se vantant d'arracher leurs faveurs. Des enfants jouaient dans de grands éclats de voix et de rires.

Les jeunes gens marchèrent en silence. L'intensité de leur passion leur interdisait tout propos. Mais le nom de Lucien se lisait sur les lèvres de Gabrielle et jamais ils ne communiquèrent entre eux de façon si intense. Au bout d'un moment, ils s'assirent sur un banc. Lucien parla perruques. Il n'avait qu'un but dans sa vie : accéder un jour à la maîtrise. La route, il le savait, serait longue et pénible et les jurés, qui sont les élus des maîtres, favorisent les apprentis dont les parents ou les beaux-parents appartiennent à la profession. Mais maître Lucas était un excellent patron et un artisan habile. Lui-même était un bon apprenti. Il savait que son chef-d'œuvre forcerait l'admiration des jurés. Il économisait denier après denier pour réunir la somme nécessaire à sa réalisation, aux droits d'accès à la maîtrise, au banquet et aux cadeaux qu'il se devrait d'offrir à ses juges.

Gabrielle écoutait, éblouie, ce garçon à qui ses charmes n'inspiraient aucun compliment englué dans une emphase sirupeuse. Lucien ne parlait que de choses simples et belles avec de tels accents de sincérité ! Marie s'était retirée discrètement, ils ne s'en étaient même pas rendu compte. Lucien posa sa main sur l'épaule de Gabrielle, Gabrielle effleura le bord des lèvres de Lucien du bout de ses doigts. Il lui caressa la joue avec délicatesse et, insensiblement, sans même qu'ils l'eussent voulu ou qu'ils s'en fussent rendu compte, leurs bouches se rapprochèrent l'une de l'autre. En cet instant, dont ils ne surent jamais la durée, le monde semblait ne devoir exister que pour l'amour qui les unissait.

Lorsqu'ils se réveillèrent, le soleil avait décliné et tout autour d'eux, le paysage n'était plus le même. Le beau monde avait disparu, une cohorte de filles publiques et d'appareilleuses avait envahi le Cours du Louvre. Il y en avait pour tous les goûts et pour tous les prix, de l'altière Laïs couverte de dentelles qui dévisageait son monde avec dédain à l'infâme boucaneuse toute vérolée et nippée de hardes qui interpellait et raccrochait le premier venu. Quelques matrones décrépites offraient pour pucelles des gamines d'une douzaine d'années. Des ouvrières du linge tentaient, elles aussi, d'arrondir leur salaire journalier. Jeunes et vieux, boiteux, voûtés ou étiques, les badauds déambulaient de l'une à l'autre en les dévisageant d'un œil luisant. Certains tâtaient, d'autres trépignaient. Les enchères montaient, descendaient. On discutait ferme. Quelques injures fusaient parfois de part et d'autre. Des couples se formaient et disparaissaient.

Les deux jeunes gens s'en allèrent, hâtant le pas.

Un tel spectacle avait terni le charme du moment et plongé Gabrielle dans une certaine morosité. Un étrange pressentiment l'avait envahie. Elle venait peut-être de vivre le plus beau moment de sa vie.

***

« En vérité, dit maître Lucas quelques jours plus tard à Lucien, cette fille est beaucoup trop belle pour toi et j'ai bien peur que la convoitise qu'elle suscite n'en fasse tôt ou tard la propriété de tous.

— Eh bien, maître Lucas, dois-je en choisir une laide ?

— Garde-t'en bien, malheureux !

— Une riche ?

— Les riches sont superbes et glorieuses.

— Une pauvre ?

— Les pauvres sont avaricieuses.

— Une vieille ?

— Elles sont coléreuses.

— Une savante ?

— Elles sont babillardes.

— Alors que faire, maître Lucas ?

— Vois-tu, Lucien, je t'aime comme un fils et je m'en vais te faire une confidence. Mon mariage ne m'a jamais apporté que deux jours de bonheur, celui de mes noces et celui de l'enterrement de ma femme. D'ailleurs, ce n'est pas par hasard que j'ai donné ma fille à mon pire ennemi. »

Cependant, le bruit de l'idylle qui s'était esquissée entre Gabrielle et Lucien se répandait dans le public avec une vitesse foudroyante. Les commères du quartier s'en repaissaient avec avidité déplorant, dans une sorte de surenchère effrénée, que ce brave Lucien se fût laissé entraîner dans le gouffre de la perdition. Une foule de damerets et de vieux célibataires qui avaient nourri en silence quelque ambition à l'endroit de Gabrielle se réveillèrent par ailleurs et investirent la citadelle dans un grand branle-bas de combat. Les freluquets enrubannés et parfumés d'ambre ou de musc l'attendaient au coin de la rue et faisaient assaut de mignardises en l'accostant. Les prétendants plus âgés se présentaient au domicile de Jean-Baptiste et sondaient plus ou moins discrètement ses intentions.

Gabrielle restait sereine au milieu du tourbillon. « C'est pour une consultation ou pour ma main ? » demandait-elle calmement aux hommes qui franchissaient le seuil du logis. Le bonheur l'avait transfigurée. Elle était restée d'une amabilité souveraine, répondant à la gentillesse tout en restant corrosive avec les soupirants qui l'agressaient par leur arrogance. Selon les cas, sa réputation d'aguicheuse ou de harpie s'en trouva renforcée. Quoi qu'elle fît, elle scellait son malheur.

Un jour, Lucien Meunier prit son courage à deux mains et s'en alla trouver Jean-Baptiste qui était bien le seul à tout ignorer des liens d'affection qui s'étaient tissés entre les deux jeunes gens.

« Monsieur, fit-il en bégayant, me permettriez-vous d'accompagner demain soir Mademoiselle votre fille au bal de la porte Saint-Martin ?

— Ma fille, au bal ? Quelle étrange proposition !

— J'ai appris qu'elle dansait fort bien mais qu'elle n'avait jamais été au bal.

— Certes, Lucien, je la ferai danser, mais à la cour.

— Et pourtant, Monsieur...

— Lucien, le bal de la porte Saint-Martin est une sentine de paillardise. C'est un marché de maquereaux. On y fait parade de superfluités corruptrices et ma fille, que la grâce divine a conservée dans toute son innocence et dans toute sa fraîcheur, ne saurait se mettre à l'école du libertinage. J'ai entendu dire qu'on y chante des chansons qui offensent les oreilles. On s'y trouve aussi en fort méchante compagnie. On s'y chatouille plutôt qu'on y danse. Abandonnez, Lucien, un projet si extravagant.

— J'ai trop d'estime, Monsieur, pour Mademoiselle votre fille et je ne me serais pas permis d'envisager une telle entreprise si le bal de la porte Saint-Martin était tel que vous me le dites. Je respecte aussi beaucoup trop votre jugement pour le croire déshonnête, mais sans vouloir vous offenser, je me permettrai de vous remontrer que l'on vous a mal renseigné. Le bal de la porte Saint-Martin est fort bien famé et l'on y rencontre de très honnêtes gens.

— Eh bien, Lucien, soit. La probité de maître Lucas répond de la vôtre. Il appartiendra désormais à ma fille de décider. »

Le soir même, Gabrielle explosa de joie, sauta pendant un quart d'heure du cou de son père à celui de Nicole, fit étalage de toute sa garde-robe et ne s'endormit qu'au petit matin. Nicole avait tout deviné, mais Jean-Baptiste, qui avait pris l'habitude de n'interroger que les astres, ne savait pas lire dans les cœurs. Il pensa simplement qu'une telle amitié était fort louable.

Les lampions bigarrés du bal de la porte Saint-Martin jetaient des feux rutilants sur toute une jeunesse de compagnons, d'ouvriers et de grisettes qui étaient venus noyer leur misère quotidienne en s'unisssant dans d'exubérantes farandoles. Au milieu de la fête, Gabrielle jetait tout son éclat. Les hommes ne regardaient qu'elle, mais elle ne regardait que Lucien. Quelques jeunes aristocrates, de ceux qui trouvent bon de s'encanailler de temps à autre, s'étaient fondus dans la plèbe. L'un d'eux avait déjà tenté sa chance auprès de Gabrielle, sans grand succès, il est vrai. Étudiant en droit, il était le rejeton d'un robin affublé d'une particule qui n'était que l'apanage d'une terre acquise de fraîche date. Il ne s'en croyait pas moins apparenté aux Grands du royaume. Armé d'une telle certitude, il s'approcha de Gabrielle, flanqué de trois camarades auprès de qui il s'était vanté de faire fléchir le cœur de la belle en un éclair. Après avoir regardé Lucien avec dédain, il l'écarta d'un geste assez vif et il honora Gabrielle d'une révérence :

« Mademoiselle, s'exclama-t-il d'une voix pathétique. De quel endroit du ciel est descendu l'ange que je vois en vous et quel hommage ne lui doit-on point. Mais, belle Psyché, ne prendrez-vous point pour une témérité criminelle l'offrande d'un cœur qui n'a pas pu vous résister ? Quels traits partent de vos yeux ! Que les plaies qu'ils font sont profondes, mais qu'elles sont douces ! Ne vous offensez point d'une passion que vous ne pouvez empêcher et que vous verrez aussi constante qu'elle est prompte et aussi fidèle qu'elle est sincère. M'accorderiez-vous, belle Psyché, l'hommage d'une danse ?

— Monsieur, répondit Gabrielle, le compliment est bien tourné, j'accepte de grand cœur, et ma foi, peu nombreux sont ceux qui peuvent se prévaloir d'un tel avantage. »

Le jeune homme regarda ses camarades, bomba le torse et fit une nouvelle révérence.

« Mais Monsieur, poursuivit Gabrielle, ne vous en étonnez point. Mon amant ne me permet de danser qu'avec des hommes qui ne lui puissent porter ombrage, ce qui est précisément le cas. »

Pendant qu'elle dansait, Gabrielle ne cessait de regarder Lucien et de lui faire des sourires qui furent autant de meurtrissures pour son cavalier. La danse terminée, celui-ci s'approcha de son rival. « Je m'appelle Jean-François Forestier de l'Eschale, lui lança-t-il à la figure, je ne jette pas mon gant aux pieds d'un homme de la roture. Je fais donner la meute ! »

Les douze coups de minuit retentirent et l'atmosphère du bal, en dégénérant, devenait telle que Jean-Baptiste l'avait décrite. Gabrielle et Lucien rentrèrent en voiture de louage. La rue Saint-Honoré était fort mal famée de nuit. Sitôt les boutiques fermées, les aristocrates et les bourgeois ne s'y aventuraient guère, sinon en carrosse ou solidement escortés. Les voleurs et les malandrins de toute espèce sortaient alors des bouges de la grande truanderie, des bas-fonds des halles, infectaient les quartiers du Louvre et du Palais-Royal tandis que les riverains leur cédaient la place comme par une sorte de pacte tacite. Les agressions qui s'y perpétraient dès lors n'étaient même plus un objet de curiosité. Lorsque Lucien Meunier et Gabrielle furent descendus de voiture, ils se trouvèrent soudain encadrés par Jean-François Forestier et ses trois acolytes qui s'étaient apostés au coin de la rue Saint-Vincent. Jean-François dégaina le premier avec un sourire cruel et un regard où brûlait le désir de vengeance. Deux de ses camarades en firent autant. Gabrielle enlaça Lucien et le serra de toutes ses forces.

« Messieurs, leur lança-t-elle, mon amant est désarmé. Vous êtes libres d'en faire de la charpie. Mais je vous en prie, ayez le courage et l'élégance d'aller jusqu'au bout de votre lâcheté, ne m'épargnez pas non plus et nous aurons la force d'endurer les tourments que vous nous ferez subir.

— J'aurais mauvaise grâce, répondit Jean-François, d'abîmer une carcasse qui, bien que regorgeante de fumier, n'en est pas moins fort belle. Je vous laisserai le loisir, Mademoiselle la fringante, de faire encore sur d'autres l'exercice de vos charmes maléfiques... Sébastien, lança-t-il au quatrième comparse qui n'avait pas dégainé, charge-toi d'elle. »

Sébastien dut faire usage de tous ses muscles pour séparer Gabrielle de Lucien. La jeune fille se débattait, hurlait : « Au guet, au guet ! » Il l'immobilisa, étouffa sa voix dans sa main. Cependant, les trois autres se rapprochaient lentement de Lucien en agitant doucement la pointe de leur épée.

« Nous nous chargerons, dit l'un, d'ôter de ton visage le peu de charme qui pouvait encore séduire ta belle. Pour ma part, je me contenterai des yeux. Mais rassure-toi, j'aurai la bonté de te laisser borgne.

— Moi, dit le deuxième, je m'en vais te faire le plus beau nez du quartier.

— Quant à moi, s'écria Jean-François, je me réserve les c... Ce en quoi je leur rendrai un fier service en les préservant des tristes effets de la grosse vérole dont Mademoiselle les aurait généreusement infectées. »

Lucien essaya de réagir, donna des coups de pied dans le vide mais lorsque cerné de trois côtés il se fut aperçu que toute résistance était vaine, il s'agenouilla, se recroquevilla, front à terre, mains sur la nuque, et il s'offrit résigné aux coups de pied et d'épée que les trois larrons firent pleuvoir sur lui. Le supplice achevé, ils se fondirent dans la nuit. Le visage baigné de larmes, Gabrielle se précipita sur Lucien.

« Oh ! mon tendre amour, lui dit-elle en le serrant très fort et en le couvrant de baisers. Je t'aime plus que jamais... Oh ! si tu savais... l'intensité de tes douleurs n'est rien en comparaison de l'intensité de ma passion... »

Et Lucien, tout ensanglanté, trouva le moyen de lui sourire. Le chirurgien fit des miracles. Gabrielle soigna les plaies avec dévotion. Beintôt, il n'en parut plus rien. Mais dans le quartier, on commença à murmurer que ce déplorable accident n'était que le premier effet d'une passion funeste.

III

Jean-Baptiste Perreau songeait bien à marier sa fille, mais il repoussait tous les prétendants. La dot ne l'intéressait pas. La fortune et la condition étaient autant de vanités. Il avait éconduit un notaire bien en place, un bourgeois nanti d'un domaine de plusieurs centaines d'acres et de droits seigneuriaux, un financier de haute volée, un jeune médecin qui avait décroché son bonnet en soutenant dans sa thèse que les folles sont plus nombreuses parmi les blondes que parmi les brunes et un gentilhomme qui venait de lessiver sa roture dans l'achat d'une charge de secrétaire du roi et qui, arbre généalogique en main, faisait étalage de deux quartiers de noblesse d'épée, dont l'un, il est vrai, semblait bien mal fagoté.

Non, tout cela n'intéressait guère Jean-Baptiste qui ne demandait aux soupirants que la date, l'heure et le lieu de leur naissance. Les astres, disait-il, avaient béni sa fille au-delà de toute espérance. Encore fallait-il qu'un mariage mal assorti ne déséquilibrât point un si bel édifice. Au terme d'une série de calculs et de recherches, il avait déduit que la vocation nobiliaire de Gabrielle ne pourrait s'épanouir que dans le cadre d'une union placée sous une conjonction planétaire bien précise.

Les Béliers avaient la fibre plébéienne et une propension naturelle à la dégénérescence. Fussent-ils d'extraction aristocratique, ils finiraient tôt ou tard par déroger. Les Taureaux étaient de bons garçons mais ils n'avaient aucun panache. Les Gémeaux avaient la folie des grandeurs. Les Cancers étaient industrieux, prédestinés pour de petites choses. En dépit de son auréole princière, le signe du Lion était incompatible avec le signe du Capricorne, en sorte que leurs bons effets s'annulaient conjointement. Les Balances étaient exclus. C'est parmi eux que se recrutaient les mendiants, les pouilleux et les pestiférés. En épousant un Balance, Gabrielle l'aurait naturellement tiré de sa turpitude en le hissant dans le rang, mais en se rabaissant elle-même, elle aurait finalement placé le couple à l'unisson des personnes de moyenne condition. Jean-Baptiste n'avait rien contre les Sagittaires, mais il n'avait rien pour, non plus. Il n'était pas question que sa fille épousât un Capricorne. Étant elle-même de ce signe, c'eût été, selon sa propre expression, une sorte d'« inceste zodiacal » contraire à l'éthique de sa profession. Les Verseaux ne jouissaient pas davantage de ses bonnes grâces. Jean-Baptiste était né sous ce signe et le résultat n'avait rien d'exaltant. Quant aux Vierges, il ne voulait pas en entendre parler, ne fût-ce que par principe.

Gabrielle épouserait donc un Poisson dont les vertus astrales n'auraient été altérées ni par une pesante ascendance Verseau, ni par une intempestive ascendance Bélier. Il fallait plus précisément que son mari fût né vers le 5 mars, à deux ou trois jours près. A la faveur d'un tel pointillisme, Gabrielle se croyait à l'abri d'un mariage imposé par son père. Lucien n'était quant à lui nullement pressé de se marier. Il voulait, avant toute chose, accéder au grade de maître perruquier, et la solidité du sentiment qu'il inspirait à Gabrielle lui permettait d'envisager l'avenir avec sérénité. Il était d'ailleurs né sous le signe de la Vierge et il faudrait à Gabrielle beaucoup de patience et de persévérance pour convaincre son père que ce signe n'avait rien d'infamant.

Un jour, pourtant, un assez petit homme dont l'âge, qui ne se lisait point sur le visage, se devinait à la bedaine en pointe, fit irruption au domicile de Jean-Baptiste. Gabrielle le reçut. Il se tenait en équilibre instable sur des chaussures rouges à talons qui lui faisaient l'aumône de quelques centimètres supplémentaires. Son visage, au relief tourmenté, était ponctué d'excroissances vermeilles qui alternaient de façon contradictoire avec quelques vestiges de petite vérole. La farine dont il se saupoudrait généreusement ajoutait au tableau cette touche cadavérique qui lui faisait défaut. Les sourcils épais, les yeux chassieux, la bouche avachie, les dents noires, le menton s'allongeant en forme de groin, le crâne orné d'une perruque moutonnière un peu défraîchie, il était de surcroît affublé de tics à la bouche et à la joue. Il portait un haut-de-chausses en forme de court jupon marron enrubanné et bariolé de rose qui s'épanouissait vers le bas en une multitude affriolante de dentelles. Il fit sa révérence, chapeau emplumé contre la poitrine. Puis, il écarta les bras en se redressant et s'exclama : « Nouvelle Hélène, si j'osais, je vous baiserais les pieds. » Gabrielle comprit qu'il n'en voulait qu'à sa main. Elle l'introduisit dans le cabinet de son père.

« Vous voulez savoir, Monsieur, dit Jean-Baptiste, ce que les astres vous réservent de bon.

— Monsieur, répondit l'autre d'un ton solennel, je m'appelle Louis Semitte de la Croix et le pouvoir des astres est dérisoire en comparaison du vôtre. Vous avez toute jouissance pour faire de moi un homme comblé ou une pitoyable défroque à la dérive sur un océan de tourments. Les Yeux de Mademoiselle votre fille, Monsieur...

— J'ai compris, Monsieur, êtes-vous Poisson ?

— Non, Monsieur, je suis épicier...
— Mon Dieu, Monsieur, quel signe étrange.
— Je suis, Monsieur, épicier-apothicaire.
— Ce n'est pas là, Monsieur, ce qui m'intéresse. Je voudrais savoir votre date de naissance.
— Je suis né le 1er mars 1638 à Char...
— Ne m'en dites pas plus, mon gendre. »

Jean-Baptiste interrogea ensuite son interlocuteur sur une foule de détails complémentaires afin de mesurer avec plus de précision l'ampleur du bonheur qui attendait sa fille.

« Monsieur, dit-il en guise de conclusion, pour une telle conjonction astrale, je donnerais toute ma fortune en dot. »

Jean-Baptiste pria Louis Semitte de revenir dans le courant de la semaine suivante. Entre-temps, il pourrait déterminer à loisir dans quelles conditions Gabrielle, portée par la faveur des astres, se verrait un jour princesse ou duchesse dans le cadre d'un si beau mariage. Enfin, il raccompagna le prétendant en le comblant de prévenances et en lui faisant mille caresses. Louis Semitte en fut tout étonné. Il ne s'attendait pas à un triomphe aussi facile et, lorsqu'il revit Gabrielle sur le pas de la porte, il jeta sur elle le regard que l'on jette en pays conquis.

Dans les jours qui suivirent, Jean-Baptiste se fit plus songeur à mesure que sa fille redescendait du petit nuage sur lequel elle flottait depuis qu'elle était amoureuse. Elle avait flairé le danger. Elle s'en ouvrit à Lucien qui la rassura de son mieux en lui disant que son père était sans doute très étrange mais beaucoup trop bon pour se faire l'artisan du malheur de sa fille. Les alarmes de Gabrielle n'en furent pas apaisées pour autant. Elle connaissait la bonté de son père. Mais cette bonté n'avait d'égal que son entêtement. Elle le savait notamment intraitable sur le chapitre des astres sous la férule desquels il la placerait, quel qu'en fût le prix, avec l'inébranlable certitude de faire son bonheur. L'astrologue s'était d'ailleurs enfermé dans une profonde méditation. On ne le voyait plus, il refusait même les clients. Quelque chose se tramait assurément dans l'ombre de son cabinet. Enfin, il sortit de sa solitude pour annoncer à sa fille qu'elle était désormais au seuil d'une destinée fabuleuse.

*
* *

En quelques jours, Gabrielle avait perdu son sourire et sa bonne humeur. Ravagé par l'inquiétude, son beau visage n'inspirait plus que compassion. A l'inverse, Jean-Baptiste s'épanouissait dans la parfaite ignorance du chagrin qui minait sa fille. Comme prévu, Louis Semitte revint. Les deux hommes rivalisèrent en révérences.

« Monsieur, dit Jean-Baptiste, les astres m'ont dit que d'ici quatre ans vous seriez à la cour.

— Que cela est de bon augure, Monsieur. Mais dans l'immédiat, je n'ai d'autre ambition que de plaire à Mademoiselle votre fille. Le roi viendra plus tard, il peut attendre, que diable !

— Monsieur, ma fille ne peut que tomber aux pieds d'un homme qui en fera sa princesse. Je m'en vais la querir sur-le-champ. »

Gabrielle s'était réfugiée dans sa chambre. Elle sanglotait.

« Ma fille, lui dit son père, l'état dans lequel je vous vois et dont j'ignore la cause ne peut être que passager. Relevez le front. J'ai pour vous une nouvelle radieuse. L'homme que vous attendiez tant s'est enfin manifesté. Il est ici même, dans mon cabinet. Suivez-moi.

— Mon père, répondit Gabrielle en se jetant aux pieds de Jean-Baptiste, le visage en pleurs, je vous conjure de m'épargner.

— Allons, venez, vous dis-je, c'est l'émotion qui vous trouble l'esprit. »

Jean-Baptiste soutint sa fille qui se traînait comme une malheureuse que l'on mène à la potence.

« Que vois-je donc là ? s'exclama Louis Semitte en présence du tableau.

— Ce n'est rien, ce n'est rien, mon cher gendre, une émotion bien légitime. Gabrielle, je vous présente votre mari. »

Gabrielle regarda son prétendant d'un œil meurtri. Celui-ci fit sa révérence et articula un compliment qu'il avait tourné et retourné dans sa tête depuis longtemps :

« Diane d'amour, lorsque vous décochez les flèches d'Éros, il n'est point de réduit qui puisse mettre un cœur à couvert de la meute de vos attraits. Je vous avoue que le mien est aux abois. Vos deux beaux yeux sont deux piqueurs qui ne lui donnent point de quartier, tous vos chiens, belle Diane, sont sur moi et j'expire si vous ne sonnez le rappel ou si vous ne me faites grâce. »

Semitte tendit à sa belle une petite boîte :

« Tenez, mon ange, elle contient de l'essence de vipères exclusivement nourries de miel et de rosée, desséchées, réduites en poudre et amoureusement distillées dans ma propre boutique pour vous. »

Gabrielle s'évanouit. « C'est l'éveil de l'amour », fit Jean-Baptiste. Nicole, qui avait assisté à la scène, réprimait mal ses sanglots. Elle alla chercher un médecin. La jeune fille n'avait pas retrouvé toute sa lucidité lorsque celui-ci se présenta. Affectée de spasmes, elle articulait quelques mots incohérents. Après un préambule pompeux, le médecin examina le blanc de l'œil, tâta le pouls et considéra les convulsions : « Ces convulsions, dit-il, sont causées par des vapeurs grossières originaires des parties inférieures des intestins. Aspirées vers le haut, ces vapeurs ont occupé les concavités du cerveau. Elles y ont déposé des matières fuligineuses dont elles se sont imprégnées en transitant par le diaphragme. L'intermittence du pouls dénote par ailleurs une arythmie entre systoles et diastoles, laquelle arythmie s'explique par une opilation des veines qui portent le sang aux ventricules. Enfin, l'état léthargique procède d'humeurs soporifères qui supposent la présence d'un ferment narcotique dans la masse du sang. Ceci dit, et toutes choses bien pesées, j'en conclus, Messieurs, que cette fille est folle. »

Rassurés, Jean-Baptiste et Louis Semitte se retirèrent dans le cabinet pour parler affaires.

« A quand le mariage, Monsieur mon gendre ? lança Jean-Baptiste.

— L'amour me tyrannise, marions-nous cet été.

— Certainement pas, Monsieur, en été la bile est trop exaltée par les chaleurs.

— Alors, marions-nous en mai.

— Pas davantage. Les mariages de mai n'ont pas la bénédiction des cieux. On s'y porte souvent à l'étourdie et c'est en ces temps-là que les affections déréglées sortent d'ordinaire hors des gonds, secouant le joug de la raison.

— Eh bien, marions-nous en juin.

— Voilà qui est bien parlé. Nous ferons dès demain le nécessaire auprès de la paroisse. »

Louis Semitte souleva alors le problème de la dot avec d'autant plus de fermeté qu'il était désormais fixé sur la détermination de Jean-Baptiste Perreau.

« Monsieur, vous avez entendu le diagnostic du médecin. Votre fille est folle... enfin, un peu folle... mais je suis sûr que cette petite folie n'est que passagère. Avec le secours de l'art et de ma tendresse, elle guérira. Évidemment, cela demandera du temps, de l'argent... Je vous avais parlé d'une dot de 4 000 livres..., fixons-en le montant à 8 000 livres.

— Vous m'aviez parlé d'une dot de 4 000 livres, seulement ? Je l'avais oublié, en tout cas, vous étiez bien modeste. Et puis la dot est pour moi de peu d'importance. Votre Poisson est la plus belle chose que vous puissiez déposer dans la corbeille de mariée de ma fille.

— Monsieur, vous êtes orfèvre en la matière et vous le savez mieux que moi. »

Cependant, Gabrielle languissait. Les vapeurs ne se dissipaient que lentement. Elle ne mangeait plus, devenait étique. Ses yeux, seuls, étincelaient de beauté au milieu d'un visage décomposé par la douleur. Un matin, Jean-Baptiste vint la voir dans sa chambre. Il se pencha sur elle en lui demandant ce dont elle souffrait vraiment.

« Mon père, lui dit-elle en avalant ses sanglots, je ne puis épouser cet homme.

— Et pourquoi donc ?

— Parce que je ne l'aime pas.

— Et qui vous demande de l'aimer ?

— Il a quarante-cinq ans, je n'en ai que seize.

— C'est un écart raisonnable, on en voit de plus considérables.

— Bref, je n'en veux pas.

— Bref, on ne repousse pas un Poisson, trancha Jean-Baptiste.

— Quand le curé me demandera si je l'accepte comme époux, je répondrai que non.

— Et le lendemain, vous assisterez à mon enterrement. Vous serez la honte, la risée du quartier, plus personne ne voudra de vous... Il vous faudra fuir... sans ressources.

— Alors, j'entrerai dans un couvent.

— Vous n'avez pas la vocation.

— Ce serait pour moi plus doux que la compagnie de votre Semitte.

— Et quel couvent voudrait de vous sur un pareil motif ?

— Alors, je ne veux pas me marier du tout.

— Vous, vieille fille ? Vous ignorez tout du sort d'une vieille fille dans ce monde.

— Ce ne peut être pire que d'avoir incessamment le tableau de votre Semitte sous les yeux.

— Vous m'en reparlerez, ma fille, lorsque votre semence retenue prisonnière à l'intérieur de votre matrice entrera en corruption et que de cette matière superflue s'engendreront des vapeurs putrides qui vous monteront à la tête pour faire de vous une hystérique. »

Gabrielle comprit que son père s'était figé dans un refus définitif. A défaut de le faire fléchir par la raison, il faudrait l'affronter par la force ou par la ruse. Elle mangea de quoi se remettre en état de retrouver Lucien au cours d'une entrevue clandestine qui eut lieu chez Marie Pasdeloup.

La malheureuse ne pleurait plus. Son visage s'était figé dans cette sorte de tristesse impassible qui suit les moments de sanglots. Lucien mesurait enfin la gravité de la situation. Il marmonnait quelques mots. Il parlait de fuite, d'enlèvement. « Jamais, dit-il, je ne laisserai cet homme te toucher. Plutôt mourir que de te voir entre ses mains. Partons. » Gabrielle y avait songé. Mais elle n'envisageait la fuite qu'en toute dernière extrémité. « Mon père est bon, répondit-elle, il veut mon bonheur et il ne transigera pas sur l'idée qu'il s'en fait. Mais il n'est pas très intelligent. C'est notre seule chance. Alors... Lucien... écoute-moi bien. »

***

De retour chez elle, Gabrielle fut prise d'une passion soudaine pour les astres. Elle interrogea son père et découvrit avec une joie indescriptible qu'elle était du Capricorne et que sa naissance était placée sous la conjonction de Saturne et de Jupiter. Peu à peu, on vit renaître sur son visage ce sourire qui en faisait l'éclat. Elle se sentait enfin, disait-elle, attirée par les Poissons et elle en savait la cause. Jean-Baptiste se montra charmé par les nouvelles dispositions de sa fille. Tout rentrait enfin dans l'ordre après les dernières embardées d'une jeunesse qui maîtrise mal ses impulsions. Le calme succéda donc à la tempête et le foyer retrouva sa sérénité.

C'est dans une telle atmosphère que Lucien se présenta chez Jean-Baptiste. Gabrielle lui ouvrit la porte et l'introduisit dans le cabinet de son père.

« Lucien, s'exclama l'astrologue, quel bonheur de vous voir ! Dites-moi vite la raison de votre présence ici.

— Monsieur, depuis le temps que j'entends vanter vos mérites un peu partout, je me suis toujours dit que je viendrais vous consulter un jour ou l'autre.

— Cher Lucien, si l'avenir de tous mes clients était aussi limpide que le vôtre, je fermerais boutique. Il suffit de voir la diligence avec laquelle vous secondez maître Lucas dans ses travaux pour être convaincu de votre bonne fortune.

— Et cependant...

— Je sais, la caution des astres nous est aussi nécessaire. Le talent est, hélas, d'un poids dérisoire lorsque ceux-ci nous sont contraires et nous sommes tributaires à vie de la minute de notre naissance. Mais si j'en crois ce que je sais déjà de vous, votre thème astral ne saurait être qu'en rapport avec une réussite déjà bien affirmée. Quelle est votre date de naissance ?

— Le 4 mars 1663. »

Pareille nouvelle ébranla Jean-Baptiste et le replongea dans une sorte de perplexité douloureuse alors que Gabrielle retrouvait toute sa bonne humeur. Il interrogea longuement sa fille sur le bal de la porte Saint-Martin, essayant de démêler les mobiles qui avaient poussé Lucien à l'y inviter. Quelques jours plus tard, Semitte revint, chargé de petites bouteiiles de décoctions diverses dont il vanta les mérites à Gabrielle. Jean-Baptiste le reçut assez fraîchement en le détournant vers son cabinet.

« Monsieur, lui dit-il, le mariage est une chose importante. J'ai peur... Monsieur... j'ai peur... que nous ne nous soyons lancés avec une célérité coupable dans une entreprise que devraient d'ordinaire précéder de longues méditations.

— Mais Monsieur...

— Monsieur, je ne dis pas « non », mais souffrez au moins que je diffère mon « oui ».

— J'avais dit, Monsieur, sur le mode badin, que je réclamais une dot de 8 000 livres. Il va de soi qu'en considérant les mérites de Mademoiselle votre fille, je mesure l'immodestie de ce propos. Je me contenterai de 4 000 livres... de 2 000 livres...

— Monsieur, il ne s'agit pas de cela...

— Mille livres...

— Monsieur, je vous répète que...

— Eh bien, soit, fit Semitte en soupirant, je la prends pour rien du tout.

— Monsieur, je vous demande seulement le temps de la réflexion.

— Voyons, Monsieur, ne suis-je pas un pur Poisson ?

— Précisément, Monsieur, j'ai interrogé les astres. Mais me suis-je seulement donné la peine d'interroger le cœur de ma fille ?

— Je ne comprends pas, Monsieur, qu'un homme voué aux méditations célestes se rabaisse à de telles considérations. »

Rien n'y fit et Semitte quitta les lieux en criant au

scandale. Le soir même, Jean-Baptiste s'entretint gravement avec Gabrielle.

« Ma fille, lui dit-il, je vous ai bercée d'illusions en vous faisant miroiter l'éclat d'un mariage qui aurait fait de vous une grande dame. N'écoutant que l'élan d'un cœur qui s'était rendu à ma raison, vous cédiez enfin aux charmes de M. Semitte et vous vous attachiez déjà à lui par un lien d'estime fort légitime.

— Mon père, voulez-vous dire...

— Ne me réprouvez pas, vous aussi, ma fille. Je conçois ce que vous pouvez ressentir en un pareil moment. Mes vacillations ne correspondent en fait qu'à l'éclectisme d'un homme en quête de perfection. Cette perfection s'incarne pour vous en la personne d'un mari qui serait né un 5 mars. J'ai cru trouver la quintessence en ce Semitte qui naquit un 1er mars. Je pensais qu'il était difficile de faire mieux et la précision du message astral, si fine fût-elle, ne me permettait malheureusement pas de prévoir que le hasard mettrait sur ma route un homme qui naquit le 4. Tous mes efforts vont tendre désormais à le convaincre de vous épouser au plus tôt et je prie le ciel pour qu'il se rende à mes raisons. Cela peut vous paraître bien étrange en vérité. Mais sachez bien que si demain je découvrais l'oiseau rare qui vint au monde un 5 mars à 6 heures du matin, point recteur de votre mariage, je n'hésiterais pas à renier ce dernier.

— Vous disposez de moi, mon père, avec une assurance...

— Avec l'assurance de faire votre bonheur.

— Dites-moi au moins quel est cet homme.

— Hélas, ma fille, la prestance astrale ne se lit point sur son visage et pour les non-initiés, il en impose bien moins que M. Semitte. M. Semitte avait l'expérience que confère l'âge mûr, celui-ci sort à peine de l'enfance. M. Semitte avait du bien, celui-ci doit vivre chaque jour du revenu de son industrie. M. Semitte était un homme de qualité, il était passé maître en l'art de la décoction et celui-ci n'en est qu'au stade où l'on apprend. Voyez-vous, selon les apparences, je me fais l'artisan de votre malheur.

— Mais qui est-ce... dites... dites.

— Le dernier à qui vous auriez songé... votre camarade... vous voyez de qui je parle ?... celui qui vous a accompagnée un soir au bal de la porte Saint-Martin... le petit Lucien... Lucien Meunier.

— Mon père, que le choix des astres est étrange. J'admire la sagacité avec laquelle vous pénétrez l'impénétrable. Lucien Meunier !... Quel mariage ! Si les mauvais fondements d'un premier refus ne m'avaient convaincue de votre immense sagesse, ce n'est point dans les larmes mais dans un gros éclat de rire que j'aurais accueilli votre proposition. »

Lucien Meunier ne voulut pas se rendre à l'évidence. Il se fit tirer l'oreille par Jean-Baptiste qui avait fait étalage de tous ses livres pour lui prouver que son mariage avec Gabrielle serait béni des astres. « Nous en reparlerons lorsque j'aurai ma maîtrise », disait-il simplement. Il se laissa finalement fléchir en précisant bien qu'il ne succombait, avec un profond sentiment de respect, que sous le poids du savoir de Jean-Baptiste.

Mais Lucien et Gabrielle savaient que le plus dur restait à faire.

IV

Le bruit de ce nouveau mariage éclata avec fracas et submergea le quartier en l'espace de quelques heures. Les commères, qui avaient fait pousser par anticipation des cornes sur le crâne de Louis Semitte, s'empressèrent de flétrir un revirement qui n'en faisait plus que la pitoyable dupe d'une débauchée. Le malheureux, qui venait d'ouvrir sa boutique d'épicier-apothicaire rue Saint-Honoré et qui s'était vanté tout haut d'épouser sous peu la plus jolie femme de Paris, n'osait même plus en franchir le seuil. Quant à la liaison entre les deux jeunes gens, on y vit, plus que jamais, l'expression d'un commerce criminel.

Gabrielle et Lucien se rendirent à l'église. Ils voulaient, disaient-ils, se marier au plus vite. L'abbé Cogniet tenta en vain d'endiguer les débordements d'un amour indomptable :

« Rien ne presse, mes enfants, rien ne presse, leur dit-il. L'estime réciproque qui rapproche deux petites créatures de Dieu est de bon augure. Vous pouvez, quand bon vous semble, prendre la décision de vous marier. Mais le mariage est un sacrement trop important, on ne l'exécute point à la hâte. La publication des bans requiert au préalable un certain nombre de démarches et de procédures.

— Mon père, s'exclama Gabrielle, nous voudrions nous marier dans le courant de la semaine prochaine.

— C'est trop en demander à la poste aux lettres, Gabrielle. Avant que de publier les bans et de célébrer les noces, il me faut l'accord du curé de la paroisse de Lucien Meunier.

— Et quelle raison aurait-il de s'y opposer ?

— Aucune, naturellement. Mais vous avez l'âme pure, mes enfants, et je sais Lucien incapable de transgresser les lois qui régentent ce grand sacrement. Mais il est des êtres vils qui, à la faveur de registres paroissiaux mal tenus ou de l'éloignement, ont le front de pratiquer le crime de bigamie ou de se marier clandestinement pour échapper à l'opposition d'un parent ou d'une personne intéressée.

— Pourtant, j'ai entendu dire, mon père, qu'il existe une possibilité d'obtenir une dispense.

— Sans doute, Gabrielle. Mais l'évêché accorde ces sortes de dispenses lorsque le registre paroissial de l'un des deux conjoints est si lointain que les extraits n'en parviennent pas toujours en sorte que, faute de dispense, l'on verrait les fiancés se couvrir de rides avant que de n'avoir savouré les joies de l'hyménée. Mais ce n'est pas, que je sache, le cas de Lucien. Il est né à Lagny et nous aurons l'accord du curé de sa paroisse d'ici un mois. D'ailleurs, Monseigneur l'évêque n'accorde de dispense qu'après une enquête qui dure parfois plusieurs mois. Vous voyez, mes enfants, que votre emportement n'est pas raisonnable. Je ne vous en blâme pas, bien au contraire. Plût au Ciel que tous les mariages fussent placés sous des auspices aussi favorables. »

Gabrielle et Lucien étaient abattus. L'entretien semblait les avoir foudroyés. Le curé flaira la mauvaise conscience. Pourtant, l'accord du curé de Lagny et l'extrait du registre paroissial arrivèrent. Tout paraissait dans l'ordre et les bans furent immédiatement publiés. Le malheur voulut que Jean-Baptiste y jetât par hasard un coup d'œil. Il s'en approcha, lut, relut, se figea dans une perplexité soudaine, se ravisa, éclata de rire et s'en alla sur-le-champ trouver le curé :

« Mon père, mon père, s'écria-t-il hilare. En voilà une bien bonne. Je viens de lire les bans.

— Et alors, mon fils, quoi d'extraordinaire ?

— C'est que vous avez commis une erreur dans la date de naissance de mon gendre... Il n'est pas né un 8 septembre, mais un 4 mars.

— En êtes-vous bien sûr, mon fils ?

— Ce n'est pas à moi que vous allez apprendre, mon père, quelle est la date de naissance de mon gendre. Vous ne me croyez quand même pas capable de livrer ma fille à un Vierge.

— Êtes-vous bien sûr de ce que vous avancez, mon fils ?

— Mon père !

— Venez, nous allons immédiatement le vérifier. »

L'abbé Cogniet conduisit Jean-Baptiste dans son bureau. Il agita une liasse de papiers dont il tira un document. Il l'examina de près.

« Je ne vois pas d'erreur, tenez, regardez par vous-même, Lucien Meunier est bien né un 8 septembre.

— Le curé de Lagny a dû se tromper, mon père.

— Je doute fort qu'un curé commette un jour pareille erreur.

— Mon gendre m'a pourtant affirmé qu'il était né un 4 mars.

— Êtes-vous bien certain de sa bonne foi ?

— Mais quel intérêt aurait-il eu à me mentir ?

— Réfléchissez bien, mon fils, réfléchissez..., réfléchissez. »

La voix de Jean-Baptiste s'était faite de plus en plus faible. Il se mit à marmonner de façon lancinante : « Un Vierge, un Vierge, un Vierge... » Il quitta l'église, se dirigea vers la boutique de maître Lucas. A mesure qu'il s'en approchait, il hurlait « un Vierge » dans un crescendo fracassant. Il fit irruption dans la boutique et gagna l'arrière-boutique, se précipita sur Lucien, le prit par le col. « Fripouille, cria-t-il en le secouant, c'est une forfaiture, c'est un attentat... un Vierge... et tu aurais voulu me voler ma fille, c'est bien digne du Vierge que tu es. » Il se dirigea ensuite vers l'épicerie de Louis Semitte. Il en franchit le seuil à la façon dont on passe sous les Fourches caudines. Il fit une révérence bien bas et s'exclama : « Monsieur, si vous le daignez encore, je suis votre humble et dévoué serviteur. »

Le lendemain, maître Lucas se rendit chez Jean-Baptiste.

« Monsieur, lui dit-il, en croyant bien faire, vous commettez un crime.

— Monsieur, lui répondit Jean-Baptiste, tout ce qui se situe au niveau du crâne relève de votre compétence. Je ne m'en mêle point. Mes préoccupations me hissent au niveau des astres. Ne faites pas, Monsieur, comme cet insensé de Bellérophon qui, à califourchon sur Pégase, eut la prétention d'empiéter sur les prérogatives des dieux en se lançant à l'assaut des cieux. Il fut désarçonné et se brisa en mille morceaux.

— Je ne connais ni Pégase, ni Bellérophon. Par contre, je sais à quel point Gabrielle et Lucien sont faits l'un pour l'autre. J'aime Lucien comme un fils, j'ai la même estime pour Gabrielle. Ne brisez pas leur bonheur.

— Leur bonheur, Monsieur, leur bonheur. De quel droit parlez-vous de leur bonheur ? Avez-vous seulement sondé les astres pour dire de telles impertinences avec tant d'assurance ?

— Non, Monsieur, mais...

— Alors, Monsieur, faites des perruques.

— Et pourtant...

— Faites des perruques, Monsieur, faites des perruques. »

Et Gabrielle dut de nouveau subir les compliments de Louis Semitte et accepter ses décoctions. On ne la voyait plus jamais seule mais toujours accompagnée de son père ou de Nicole et, par prudence, on lui interdisait de s'approcher de la boutique de maître Lucas. En vérité, l'amour pulvérisait les obstacles. Les amants se voyaient de nuit, dans la chambre de Marie Pasdeloup. Et tandis que cette dernière dormait sur le palier, ils se prodiguaient les témoignages réciproques d'un amour qui avait su garder toute sa pureté en prenant une forme plus concrète. Entre deux embrassements, Gabrielle proposa à Lucien d'aller trouver l'abbé Cogniet. C'était, disait-elle, un homme de cœur, sensible au langage de l'amour. Il l'avait prouvé plus d'une fois dans ses propos. Lui seul était capable de les comprendre et il était aussi le seul à posséder cette autorité morale susceptible d'infléchir la volonté tyrannique de Jean-Baptiste. L'Église était leur dernier recours.

***

Gabrielle avait trompé la vigilance de Nicole en entrant dans l'église sous prétexte d'aller à confesse. En fait, elle y rejoignit Lucien et tous deux se dirigèrent vers le presbytère où se trouvait l'abbé Cogniet :

« Mon père, dit-elle d'un air grave, je m'accuse de commettre dans les jours qui viennent et sous l'invocation du saint nom de Dieu un crime et un péché inexpiables.

— Soyez plus explicite, mon enfant.

— Mon père, lorsque traînée de force au pied de l'autel vous me demanderez si j'accepte en toute liberté de m'unir pour la vie à un homme que j'abhorre, j'outragerais la sainte Église en prononçant le plus grand mensonge de ma vie par une réponse contraire à mes vœux.

— Gabrielle, répondit le curé, cet élan de sincérité vous honore et témoigne de la noblesse de vos sentiments. A la vérité, les procédés de votre père sont bien extravagants. Interroger les astres sur le mariage de sa fille me semble une pratique tout imprégnée de superstition rabbinique. J'aurais préféré, quant à moi, qu'il se déterminât en fonction de la fortune ou de la condition. Mais nous ne devons pas toujours juger les hommes sur ce qu'ils font mais bien plutôt sur ce qu'ils sont. Votre père a l'âme bonne et généreuse. Voyez-vous, nous ployons sous le joug d'une soumission filiale qui nous semble bien cruelle sur l'heure mais qui, lorsque le temps a passé, se révèle avoir été la voie de la sagesse. Votre mariage, mes enfants, m'inspirait, ô combien ! la plus vive sympathie. Et comment ne pas être attendri par deux petites créatures qui s'aiment ? Mais il m'inspirait aussi des alarmes que j'avais du mal à vous dissimuler. Tant d'emportement, tant de zèle ne sont en fait que les marques d'une passion qui, en s'assouvissant, finit par s'émousser en ne laissant derrière elle qu'amertume et chagrin. Et puis, mes enfants, il y avait cet abominable mensonge qui aurait souillé votre union d'une infamie indélébile. Allons plus loin, dites-moi, Gabrielle, dites-moi donc de quoi votre amour pour Lucien est fait.

— Mon amour pour Lucien, mon père, est si fort, qu'il est inexprimable. Si je pouvais dire pourquoi je l'aime, eh bien, je crois que je ne l'aimerais pas vraiment.

— Et pensiez-vous à Dieu lorsque vous l'aimiez ?

— Je ne pensais qu'à Lucien et à personne d'autre.

— Voyez-vous, mes enfants, ceux qui se marient sans penser à Dieu n'ont d'autre but que d'assouvir leur concupiscence comme le cheval ou le mulet qui ne connaissent ni la raison, ni Dieu. De tels mariages deviennent tôt ou tard la proie du démon. Les sept maris de Sarah sont morts en assouvissant sur une épouse trop voluptueuse leur sensuelle brutalité. Souvenez-vous aussi que Dieu avait défendu aux fils de Loth de se marier avec les filles de Caïn. Mais ensorcelés par leurs yeux et charmés par leur beauté, ils succombèrent, eux aussi, sous le poids de l'infernale lubricité. C'est au prix d'un déluge universel que cette faute fut expiée, et cependant, je n'y vois ni inceste, ni adultère, mais rien que de la sensualité, encore de la sensualité et toujours de la sensualité. La chair pour la chair n'est que fornication. Gardez-vous-en et que chacun se comporte envers son époux avec sainteté, dans l'honneur et non pour satisfaire sa passion, ce que faisaient jadis les Gentils qui ne vivaient pas dans la connaissance de Dieu. Et vous, Lucien, pourquoi aimez-vous Gabrielle ?

— Parce que je la trouve belle, mon père.

— Belle, belle... qu'est-ce que cela veut dire ? s'exclama le curé en s'emportant. Comment un garçon de bon sens peut-il se laisser subjuguer par une chose aussi fragile et aussi inconstante que la beauté ? L'âge flétrit la beauté quand la maladie ne la dessèche pas et, tôt ou tard, cette beauté est jetée en pâture aux vers. Elle est comme l'eau, périssable, et comme l'eau, elle ne fait que passer. Même si l'eau nous apporte de grandes commodités, des débordements sont dangereux lorsqu'elle coule, et lorsqu'elle stagne, elle répand l'infection autour d'elle. La beauté est une duperie, elle hurle sans voix, elle brûle sans feu, elle attire sans violence et elle blesse sans armes, sans frapper, mais sans coup férir... Elle est semblable aux sirènes qui attirent les passants par la douceur de leur chant et qui les engloutissent ensuite. Elle ne suscite que jalousie, haine, meurtre et déshonneur des familles. Elle procure la chair, mais point de pain et les jouissances dont elle est la source me rappellent les jouissances de ces galeux qui grattent, qui s'écorchent pour un peu de plaisir et qui ne ressentent plus que la douleur lorsque ce plaisir s'est évanoui. Pauvre Lucien, pauvre papillon, garde-toi des approches de cette chandelle qui brille en brûlant et dans laquelle tu périras en croyant trouver le bonheur.

— Mais mon père, reprit Gabrielle, nous ne pouvons maintenant faillir d'être l'un à l'autre pour toujours.

— Et pourquoi donc, mes enfants ?

— Parce que nous avons fait œuvre de chair.

— *Stuprum !* s'écria l'abbé Cogniet.

— Qu'est-ce encore, mon père ?

— Malheureux enfants, *stuprum* est la défloration de la vierge. C'est un crime érigé par les docteurs en péché mortel. Loin de vous rapprocher l'un de l'autre, il vous écarte sans détours du sacrement. Ce crime ne relève d'ailleurs point de notre propos. Nous en reparlerons dans le secret du confessionnal. Mais désormais, j'ai la preuve qu'en oubliant Dieu, vous vous seriez mariés dans le péché. Acceptez les commandements de vos pères et mères, acceptez les commandements des hommes, acceptez les lois de l'Église et ne vous hantez plus jamais sous peine de prolonger par une détermination funeste les effets d'un péché qui n'est déjà que trop insupportable. »

*
* *

Cet entretien consacra l'amour de Gabrielle et de Lucien. Leurs entrevues clandestines se firent de plus en plus passionnées. Ils brûlaient leur passion avec cette ardeur que donne le sentiment d'avoir peut-être à se séparer pour toujours. Le seul espoir résidait désormais dans la fuite. Il fallait la tenter et la préparer avec une minutie qui ne laisse rien au hasard. Les amants pensaient se réfugier dans un port où ils seraient fondus dans la faune bigarrée des gens de mer. Ils envisagèrent successivement Brest, Lorient, Nantes. Finalement, Lucien apprit d'un ami que les arsenaux de Marseille manquaient de main-d'œuvre. Marseille était d'ailleurs plus lointaine, l'anonymat y était mieux gardé. Ils choisirent de s'y faire oublier et de n'y vivre que pour leur amour. Lucien sacrifierait les économies qu'il avait patiemment amassées en vue de la réalisation de son chef-d'œuvre à la réussite de l'entreprise. Quelques dizaines d'écus couvriraient les frais du voyage et leur permettraient de subsister pendant plusieurs semaines. Chaque nuit, ils apportaient une à une chacune de leurs affaires dont ils emplissaient une malle que Marie Pasdeloup avait entreposée dans sa chambre.

Dans la nuit du 20 au 21 mai, vers deux heures du matin, la chaise de poste que Lucien avait retenue depuis une quinzaine de jours au bureau de louage de la rue des Bons-Enfants se présenta devant le porche de l'immeuble où logeait Marie Pasdeloup. Le cocher et Lucien y déposèrent la malle. Gabrielle embrassa tendrement Marie. Toutes deux pleuraient très fort. La voiture s'ébranla dans la nuit tiède. Elle ne fit que quelques mètres. Arrivée à hauteur de la boutique de maître Lucas, quatre archers et un commissaire en sortirent, interceptèrent l'équipage et firent descendre Gabrielle et Lucien dont ils se saisirent. Gabrielle était frappée de stupeur, son regard s'était figé dans l'épouvante. Lucien était hagard. Les contours de maître Lucas émergeant des ténèbres dans lesquelles sa boutique était plongée se précisèrent sur le seuil de la porte. Il baissait la tête.

« Maître Lucas s'écria Lucien, vous avez trahi.

— Maître Lucas, reprit Gabrielle, vous êtes un fourbe.

— Oui, fit maître Lucas d'une voix pathétique. Il m'en coûte d'avoir fait ce que j'ai fait. Mais il fallait que je le fasse, par affection pour vous. Votre aventure, mes enfants, était sans issue, vouée à l'échec. Depuis quelques semaines, l'étrange manège de Lucien qui vidait consciencieusement sa garde-robe avait éveillé mes soupçons. Je m'en suis ouvert au commissaire Boisseau. Les renseignements précis qui lui furent communiqués au bureau de louage ne firent qu'aviver mes alarmes. C'est sur mon intervention que cette équipée insensée se termine avant même d'avoir commencé. J'assume la pleine responsabilité de cet acte. J'aimerais que vous me compreniez, mais je conçois qu'en un pareil moment vous soyez d'humeur à me haïr.

— Maître Lucas, s'écria Gabrielle, vous n'aviez pas le droit de briser notre amour.

— J'en avais le devoir, Gabrielle, cette entreprise se serait soldée par un désastre. Un mariage clandestin, soit ! Mais tôt ou tard vous auriez été découverts. Pour Lucien, c'était les galères, les lettres G.A.L. gravées sur le front, et pour toi, ma pauvre, le couvent. Passe encore. Parlons du rapt. Pour Lucien, c'était la potence. Est-ce cela que tu recherchais, Gabrielle ?

— Je connais mon père, maître Lucas, il est extravagant, mais il n'est pas sanglant. Il n'aurait jamais articulé une plainte susceptible de vouer Lucien au dernier supplice.

— Permettez, Mademoiselle, fit le commissaire Boisseau. Le désistement de Monsieur votre père eût été de peu de poids. Le rapt *in parentes* est un cas royal. Le crime était constant. La remise de l'injure personnelle n'aurait eu aucune incidence sur l'injure faite à l'ordre public. Le procureur du roi aurait repris l'affaire à son compte et les Messieurs du Parlement n'auraient point balancé pour envoyer votre suborneur à la potence. »

Le commissaire se tourna ensuite vers maître Lucas :

« Merci, Monsieur, vous êtes un fidèle serviteur de la paix des foyers. »

Il fit un signe. Une charrette déboucha de la rue de l'Échelle. Lucien y fut jeté de vive force. L'équipage s'ébranla dans un grand fracas en direction du

Châtelet. Gabrielle s'écroula en larmes. Maître Lucas s'agenouilla, la releva et la prit dans ses bras. Il la consola longuement et tendrement.

« Je ne le reverrai plus, n'est-ce pas, maître Lucas ? dit-elle entre deux sanglots.

— Non, Gabrielle.

— Jamais plus ?

— Jamais plus, ma fille, jamais plus.

— Et j'épouserai Louis Semitte.

— Il n'est plus possible de faire autrement, maintenant... Allons, rentre chez toi, et que ton père ne sache rien de cette pénible affaire. Ce ne serait d'aucun profit pour personne. »

Et maître Lucas, à son tour, se mit à verser des larmes. Le lendemain, il fut reçu en audience au Châtelet par le commissaire Boisseau :

« Monsieur le commissaire, lui dit-il, j'aimerais que la détention de Lucien soit des plus brèves et des plus douces.

— N'ayez crainte, Monsieur, sitôt cette Gabrielle Perreau mariée, il sera élargi et banni pour une durée de neuf ans hors les limites de la prévôté de Paris pour tentative de rapt. Il faut avouer qu'il vous doit une fière chandelle. En lui épargnant la potence, vous l'avez du même coup arraché des griffes d'une fieffée garce.

— Monsieur le commissaire, ne dites pas une pareille chose de cette malheureuse enfant.

— Cette malheureuse enfant, Monsieur, est fort bien connue de nos services. Nous savons qu'elle ameute son quartier par toutes sortes de provocations et de très hauts personnages nous ont déjà donné l'alarme. »

Quelques jours plus tard, Louis Semitte, qui n'ignorait rien des sentiments que maître Lucas nourrissait à l'égard de Lucien et de Gabrielle, lui rendit visite dans sa boutique. Il le salua fort courtoisement et il lui demanda une brosse à perruque d'une espèce un peu particulière. Maître Lucas disparut dans son arrière-boutique pour chercher, entre cent autres, l'objet en question. Louis Semitte regarda autour de lui, sortit de sa poche une paire de ciseaux, découpa un à un tous les boudins de la crinière de lion qui faisait l'orgueil de maître Lucas et le prestige de sa maison et s'éclipsa furtivement. Le lendemain, un 23 juin 1683, il épousait en grande pompe Gabrielle Perreau en l'église Saint-Roch. L'abbé Cogniet fit un sermon de toute beauté qui plongea l'assistance dans une profonde émotion :

« L'épouse, dit-il d'une voix chaleureuse et vibrante, doit être à son mari comme une biche très agréable et le mari à sa femme comme un cerf très cher et très doux. Et quoique le cerf soit un animal extraordinairement craintif, de quel courage n'est-il point capable lorsque sa biche, qui met tout en œuvre pour lui complaire, est en péril. »

V

Louis Semitte avait acheté le domaine de La Croix moins pour en avoir la jouissance que pour enrichir son patronyme d'une particule. Mais le procédé, fort courant, n'en imposait qu'à celui qui en usait. Aux yeux de tous, Louis Semitte restait d'une indécrottable roture. Il avait été laquais dans la maison de Bailleul et il en avait tiré un fort bon parti. Favorisant les intrigues délurées des maris et se faisant le complice des aventures galantes de leurs dames, il s'était laissé soudoyer par les uns et par les autres. En fait, l'équilibre de la maison reposait sur ses épaules et son silence valait de l'or.

Toujours prompt à saisir tous les petits bénéfices semés au gré des circonstances, il n'avait pas tardé à voir son gousset s'alourdir. Son esprit d'initiative avait plu à Henry-Charles de Bailleul qui en avait fait son secrétaire particulier. Aîné de la maison, Henry-Charles avait perdu une partie de sa raison avec l'âge. En confiant la gestion de ses affaires à Louis Semitte, il perdit en même temps une partie de ses biens. Lorsqu'il mourut, en 1666, Louis Semitte comprit que la famille de Bailleul n'était plus pour lui qu'une écorce desséchée. Il se congédia. En se frottant au beau monde, il s'était donné ce vernis de bonnes manières qui s'acquiert en singeant les habitudes du maître et qui s'infiltre par ce biais dans le peuple pour y dégénérer de façon caricaturale.

Ne sachant trop que faire de ses dix doigts et plus soucieux de voir fructifier son petit capital que d'endosser à nouveau la livrée, il rejoignit la cohorte bigarrée des charlatans, des arracheurs de dents et autres opérateurs plus ou moins patentés et munis de privilèges. Il disait avoir travaillé l'alchimie sous la direction d'un juif de Padoue. Cela faisait sérieux. En fait, il se plongea dans les formulaires de Friedrich Hoffmann et bien qu'ignorant le latin, il en savait assez pour retrouver un nom de plante en retranchant de-ci de-là un *us* ou un *um*. Un jour, il tomba en arrêt devant la formule de l'*Orvietanum praestantis*. Aussitôt, il fit le tour des apothicaires de Paris et se porta acquéreur de toutes les feuilles et racines qui composaient l'orviétan. Dosant au gré de son inspiration, il fit une mixture de racines d'aristoloche longue et ronde, d'angélique, de carline, de fraxinelle, de gentiane, de quintefeuille, de feuille de charbon bénit, de sabine et de scabieuse. Il dessécha le tout qu'il assaisonna d'écorces d'orange et de citron. Il y ajouta de la vipère séchée et pilée et il incorpora l'ensemble dans un onguent composé de rob de genièvre et de miel de Pise. Dès lors, il annonça avec fracas qu'il était l'unique dépositaire en France des secrets de l'illustre Jérôme Ferrante d'Orvieto.

Son orviétan était, disait-il, le baume radical. Il guérissait toutes les maladies et principalement les morsures de serpents venimeux. Il s'installa à l'angle de la rue Dauphine dans une officine qu'il flanqua d'une enseigne pompeuse : *A l'image du soleil*. Bientôt, il en confia la direction à un commis et s'en alla dresser ses tréteaux sur le Pont-Neuf. Badauds béats et bourgeois caracolants s'y amalgamèrent. Les affaires furent prospères jusqu'au jour où un certain Nicolo Gili d'Orvieto, qui se prétendait le gendre de Jérôme Ferrante, s'installa en vis-à-vis et se mit à vendre une mixture du même nom. La guerre de l'orviétan était ouverte.

Les opérateurs ne se contentèrent plus de vanter les mérites respectifs de leur onguent. Pour attirer les foules, ils firent représenter sur leur théâtre des farces et des bouffonneries que l'émulation fit dégénérer en prestations contraires à la bienséance. Fainéants, coquins, ribauds et coupe-bourses accoururent. Le procureur général dut intervenir pour mettre un terme au scandale qui prenait de jour en jour des proportions plus inquiétantes et, par arrêt du 18 juin 1672, le prévôt de Paris chargea le lieutenant-criminel de sévir contre les fauteurs de troubles. Les tréteaux furent démantibulés. Louis Semitte et Nicolo Gili se retrouvèrent derrière de simples comptoirs. Loin de s'apaiser, leur haine réciproque ne fit que croître. Aux hostilités ouvertes succéda une guerre faite de coups bas dûment menés par des équipes de sbires stipendiés qui semaient la zizanie dans les attroupements qui se formaient de part et d'autre, détroussant les uns, rossant les autres et faisant fuir les dames par toutes sortes d'attouchements impudiques.

Dans un stade ultime, Semitte et Geli vantèrent moins leur propre produit qu'ils ne dénigrèrent celui de l'autre. On fit voltiger les libelles diffamatoires et la justice fut saisie de plaintes multiples et réciproques. L'affaire fut jugée au Châtelet, mais les ressorts de la chicane la firent monter au Parlement. Geli exhiba son contrat de mariage et Semitte un certificat de la faculté de médecine attestant l'authenticité de son remède. La cour se détermina en faveur de la filiation et, par arrêt du 2 janvier 1674, elle déclara Gili « seul et véritable successeur de Hyeronimo Ferrante » et fit « défense à quiconque n'étant pas de sa famille, à peine d'une amende de mille livres, de le troubler dans l'exercice de son art et la vente de sa drogue ». Semitte ploya sous le joug de la justice. Il reconnut la validité des liens conjugaux qui unissaient son adversaire au grand Ferrante. Mais il porta plainte pour contrefaçon et dénonça l'orviétan de Geli qui, selon lui, n'était qu'une infâme coction de produits frelatés pétris dans un levain morbifique. Entre-temps, trois femmes qui en avaient usé moururent mystérieusement. Geli accusa Semitte de s'être subrepticement introduit dans son entrepôt et d'y avoir déposé quelques boîtes d'orviétan arseniqué. Le ministère public prit l'affaire en main. Des experts furent nommés. Trois médecins et trois apothicaires déclarèrent que l'orviétan de Geli n'était pas conforme à la formule originelle. Plus personne ne vendit donc d'orviétan sur le Pont-Neuf. Mais au bout de six mois, un certain Frescati s'y installa et, muni de lettres patentes dûment délivrées par la cour, il s'érigea en seul et véritable mandataire des secrets de Ferrante.

Semitte parvint alors à s'immiscer dans le groupe des « alchimistes » aux côtés des Vanem, des Chasteuil, des Cadelan et des Bachimont. Mais en 1676, il fut compromis avec eux dans le procès de la Brinvilliers. Contraint de se faire momentanément oublier, il se retira sur ses terres de La Croix où il vécut, pendant un an, sur une partie de ses réserves. Lorsqu'il revint à Paris, l'année suivante, ce fut pour se lancer dans le commerce des eaux minérales.

***

C'est le jeune Louis XIV qui, en 1655, avait donné en France leurs lettres de noblesse aux eaux minérales. Au mois de mai, il se plaignit d'une indisposition qui plongea son premier médecin Vallot dans un abîme de perplexité. En désespoir de cause, Vallot ordonna à son royal client les eaux de Forges. La cure eut lieu à Fontainebleau et c'est en s'y installant que le roi créa et vendit les charges d'officiers du gobelet à cheval. Ces gentilshommes, après avoir pieusement recueilli quelques pintes d'eau de source, les remettaient pompeusement à des officiers du gobelet à pied qui les déposaient entre les mains de Sa Majesté. Louis XIV en usait comme à l'ordinaire, après avoir subi sa saignée et sa purgation quotidiennes. Les premiers jours, il en but six gobelets, et les jours suivants, huit. Mais son état s'aggravant, il fallut suspendre le traitement.

Les eaux de Forges, auréolées du prestige royal, n'en devinrent pas moins la folie des Parisiens. Parmi les mondanités les plus prisées, boire quelques gobelets de ces eaux figurait en bonne place. En 1677, l'engouement ne s'était point dissipé. Louis Semitte s'installa donc, sur les bords de la Seine, dans l'une des boutiques de la façade du Collège des Quatre Nations. Il importa de l'eau de Forges qu'il fit vendre par deux jolies nymphettes d'une quinzaine d'années qui firent autant, sinon plus, pour sa renommée que la réputation des eaux elles-mêmes. Mais le transport en altérait la qualité tout en grevant son coût. Louis Semitte résolut les deux problèmes en même temps. Au lieu de vendre de l'eau de Forges, il vendit de l'eau de Seine sous la même étiquette et à plus haut prix. La pureté originelle de l'eau de source ainsi retrouvée fit courir tout Paris.

Porté par la faveur du public, l'opérateur imagina de vendre aussi ses eaux de Forges sous la forme d'élixir de jouvence. Il fit circuler dans tout Paris une brochure pour annoncer qu'il avait découvert la pierre médicinale. En fait, le petit grain vert que l'on voyait au fond de chaque bouteille n'était qu'un grain d'antimoine vitriolé. Sa petite taille en faisait tout le prestige, et aussi, par bonheur, toute l'innocuité. Le mystère dont il était auréolé lui conférait enfin le sceau de la fontaine de jouvence. Cette eau de longue vie et de santé se payait jusqu'à 30 louis la pinte. Pour couronner le tout, Louis Semitte, qui n'avait jamais bu de sa vie que du vin, se décerna le titre de Maître des eaux du Collège qu'il apposa à l'enseigne de son échoppe, et comme personne ne savait au juste à quoi correspondait cette distinction, personne ne la lui contesta. Il était au seuil d'une fortune fabuleuse lorsque deux événements vinrent ruiner tous ses espoirs.

Il fut lui-même l'artisan maladroit de son premier déboire. Bien que le bruit de sa forfaiture se fût répandu dans certains milieux, personne n'y croyait vraiment et les affaires allaient bon train. Mais un jour, un grand seigneur se sentant fort mal chargea l'un de ses laquais d'aller chercher chez Semitte une bouteille d'eau de Forges. Le laquais dépensa tout l'argent et revint au logis avec une bouteille qu'il avait remplie dans la Seine. Cette eau fit miracle. En l'espace de deux heures, le grand seigneur était sur pied et il s'en alla, tout gaillard, vanter à Semitte les mérites de son eau.

Semitte eut alors une réaction d'une naïveté à peine croyable mais fort peu surprenante, au fond, de la part d'un homme qui ne vit que de la naïveté d'autrui. Il lui déclara avec assurance et désinvolture qu'il n'avait jamais vu son laquais. Interrogé par son maître, l'imposteur passa aux aveux et la nouvelle, en se répandant dans la capitale, ébrécha considérablement le prestige de Semitte.

On peut attribuer le second événement à la fatalité. Lorsque Louis XIV s'installa à Versailles, Colbert demanda à l'académie des Sciences, par un ordre en date du 11 août 1682, de « travailler à l'examen des eaux de sources de Versailles » et de déterminer celles dont les qualités seraient dignes du roi. Le docteur Bourdelin, délégué par ses collègues, alla recueillir des échantillons provenant de dix sources : celles de Saint-Cyr, de Maltourte, du Chesnay, de Rocquencourt, des Crapaux près de Trianon, de Saint-Pierre, de Saint-Antoine, de la Porte du parc de Bailly, de Trianon et de Ville-d'Avray. Après de minutieuses recherches, l'académie fit savoir au ministre « que les eaux de Versailles égalaient en bonté celles que l'on estime les meilleures du Royaume ». Colbert porta son choix sur la source de Ville-d'Avray et tout Paris ne jura plus désormais que par l'eau de cette source. Les eaux de Forges tombèrent en désuétude. Semitte en avait épousé la gloire, il dut en supporter la disgrâce. Il ferma boutique.

C'est vers cette époque qu'il se mit donc en tête de devenir épicier-apothicaire. Ce métier venait au second rang parmi les six corps officiellement considérés comme les plus prestigieux de la capitale. Mais l'accession à la maîtrise nécessitait un apprentissage de quatre ans et un compagnonnage de six. Semitte n'avait plus l'âge de se soumettre à ce genre d'exercice. Il n'en avait pas davantage l'humeur. Mais il savait que la corporation accordait des dispenses aux veuves et aux enfants de maîtres. Il trouva donc logique qu'elle en usât de même avec les gens fortunés. Or, il avait conservé de son négoce des eaux un certain pécule. La moitié de ce pécule n'eut aucun mal à convaincre les six gardes de la corporation de ses talents de futur apothicaire. Le reste de son capital suffirait à couvrir les taxes et les droits prélevés par la ville, par la corporation, par la Faculté, par le roi, les gratifications gracieusement offertes aux membres du jury et les frais du banquet.

Restaient les examens. Semitte ne suivit que quelques cours de pharmacie professés par un docteur régent de la faculté de médecine. L'épreuve de grammaire, qu'il avait préparée la veille avec l'un des jurés grassement rémunéré, se déroula dans de bonnes conditions. Il fut ensuite interrogé par onze maîtres, dont les six gardes, sur la composition de différents onguents. L'examen dura trois heures au terme desquelles le jury rendit son arrêt à la majorité des voix. Par six voix contre cinq, Semitte fut admis à l'épreuve suivante : l'acte aux herbes. Il s'agissait de reconnaître plusieurs substances médicinales et d'en indiquer les vertus. Au lieu de cela, on lui présenta, à six reprises, deux substances. Un juré énonçait le nom de l'une d'elles, à charge pour Semitte de la reconnaître, en vertu de quoi, il avait une chance sur deux de ne pas se tromper. Venait enfin le chef-d'œuvre. Semitte comptait sur son flair. Il fit un onguent de sa façon qui contenait suffisamment de substances opiacées pour endormir une troupe d'éléphants et une quantité de salpêtre propre à faire sauter la Bastille. Normalement, il aurait dû en goûter. Mais les jurés, qui préféraient l'accompagner au banquet plutôt que de le suivre jusqu'à sa dernière demeure, lui épargnèrent cette ultime épreuve.

En présence des membres de la corporation, du

lieutenant de police et d'un docteur-régent délégué par la Faculté, Louis Semitte termina l'épreuve en apothéose par une solennelle prestation de serment :

« Je jure, dit-il avec emphase, de rapporter tout ce qui me sera possible pour la gloire, l'ornement et la majesté de l'apothicairerie ; de n'enseigner point aux idiots et ingrats les secrets et raretés d'icelle ; de ne toucher aux parties honteuses et défendues des femmes, que ce ne soit par grande nécessité, c'est-à-dire, lorsqu'il sera question d'appliquer dessus quelque remède ; de ne donner jamais aucune sorte de poison à personne et ne conseiller jamais à aucun d'en donner, pas même à mes plus grands amis ; de découvrir et fuir comme la peste la façon scandaleuse et totalement pernicieuse des charlatans, empiriques et souffleurs d'alchimie à la grande honte des magistrats qui les tolèrent. »

Sur quoi, le 6 novembre 1682, Semitte accéda au grade d'épicier-apothicaire.

***

Il s'installa rue Saint-Honoré vers le mois d'avril 1683. Son officine d'épicier-apothicaire, baptisée *A la corne de cerf*, était l'une des plus élégantes du quartier. L'enseigne, qui portait le blason de la corporation, un palmier entortillé d'une vipère, annonçait déjà, par son éclat, un intérieur somptueux. Il avait fait appel aux meilleurs artisans de Paris pour l'embellir de boiseries et de lambris finement ciselés. Des rangées de tiroirs en bois d'ébène et de rose alternaient avec des séries d'étagères sur lesquelles il avait disposé d'énormes mortiers en fonte destinés aux pulvérisations, de lourdes amphores de terre cuite et une multitude de silènes en faïence rehaussées de peintures joyeuses et frivoles représentant harpies, satires, oisons bridés, lièvres cornus ou centaures à cul pelé. Le nom de l'ingrédient qu'elles contenaient y était inscrit en lettres d'or et d'azur. On y trouvait notamment de l'ambre gris, du musc, de la civette, de la cannelle et de la quintefeuille. Bien en vue trônaient quelques folios d'autant plus reluisants que Semitte ne les avait jamais ouverts : l'*Antidotaire* de Myrepse, la *Pharmacopée* de Bauderon, les *Institutions pharmaceutiques* de Jean de Renom et, surtout, le fameux *Codex*, véritable bible des apothicaires, qui avait reçu en 1637 la caution officielle de dix-huit commissaires délégués par la faculté de médecine. Un établi, chargé de bocaux, de fioles et d'alambics, occupait le fond de la boutique. Par cette belle ordonnance, Semitte soulignait de façon symbolique qu'il n'était pas un marchand quelconque, mais le détenteur de secrets redoutables qui, selon l'usage qu'il en faisait, pouvaient devenir bénéfiques ou redoutables. En vérité, il ne se faisait guère d'illusions sur la vertu des mixtures qu'il mettait à la disposition de ses clients. Il avait notamment raclé dans les jardins du quartier toutes sortes d'herbes qu'il vendait sous le nom de rhubarbe. Mais il comptait surtout faire fortune grâce au commerce de l'eau-de-vie. Il se plongea donc dans les grimoires d'Albert le Grand et d'Arnaud de Villeneuve, requit l'aide du curé qui mit ses talents de latiniste à sa disposition et fit macérer dans du vin toutes sortes de racines et de fruits dont il chercha à recueillir la quintessence par distillation. Pour une fois, ses recherches n'eurent rien de fantaisiste. En la circonstance, pensait-il avec raison, on le jugerait effectivement en fonction de la qualité de sa marchandise et non pas du panache dont il saurait l'auréoler.

L'eau-de-vie jouissait alors d'un prestige exceptionnel. On la désignait à travers une foule de métaphores qui en rehaussaient l'éclat : eau d'or, eau ardente, eau éternelle.

En même temps qu'il mettait à la disposition de ses clients les premières gouttes de sa mirifique liqueur, Louis Semitte s'était fixé deux objectifs : faire la conquête de Gabrielle dont il avait remarqué la beauté avant même d'avoir ouvert boutique et s'assurer le monopole du commerce de l'eau-de-vie dans son quartier. Il y avait, en ce temps-là, dans les rues de Paris, quantité de petites gens qui vivaient de la vente ambulante d'une eau-de-vie qu'ils débitaient au détail. Sortes de regrattiers, on les voyait déployer leur cabaret aux coins des rues à l'heure d'ouverture des boutiques. D'autres, que l'on appelait aussi porte-col, arpentaient les rues, une manne chargée de bouteilles et de verres en bandoulière, en criant *eau de vin* car les règlements corporatifs leur interdisaient de parler d'eau-de-vie. Les femmes étaient généralement sédentaires, les hommes itinérants.

Cette misérable cohorte de criailleurs publics n'effrayait guère Semitte. Les vicissitudes de son épopée mercantile l'avaient confronté à des adversaires autrement redoutables. Avec l'envergure d'un conquistador de quartier, il déploya ses griffes de rapace et se mit en campagne. Il fit d'abord assaut de courtoisie et tenta d'obtenir le départ de ces malheureux contre une obole de quelques pistoles. Ils ne tendirent point la sébile. Semitte passa aux actes, stipendia quelques sbires, fit donner la bastonnade et casser le matériel. Mais leur détermination n'en fut point entamée. Il fallut donc faire appel à la compréhension intéressée d'un commissaire au Châtelet. En l'espace d'un quart d'heure, la maréchaussée épura le voisinage de cette racaille que l'on fit croupir une quinzaine de jours à l'Hôpital général. A leur sortie, les gueux reprirent possession des lieux. Semitte, qui ne comprenait pas les motifs d'un pareil entêtement, se persuada alors que ses concurrents ne cherchaient qu'à le persécuter. A défaut d'avoir pu entamer leur moral, il sacrifia, non sans une amère résignation, le maigre capital qui restait en sa possession et s'en alla graisser la patte du lieutenant-criminel. Dans les jours qui suivirent, il y eut dans le quartier une grande rafle de mendiants, de vagabonds, de gens sans aveu et de fainéants. En vertu d'une ordonnance spéciale émanant de la prévôté de Paris, deux porte-col furent décrétés de prise de corps pour vagabondage. Condamnés chacun à dix ans de galères, ils furent dirigés vers Marseille par la chaîne du mois suivant. Semitte put enfin parader à la tête d'un monopole sans partage. Le jour même, il obtenait la main de Gabrielle Perreau. Son répit fut pourtant de courte durée. Une semaine plus tard, il voyait surgir sur sa route un obstacle autrement épineux.

Jusqu'en 1676, le commerce de l'eau-de-vie figurait encore au nombre des métiers libres. Mais au mois de mars de cette même année, une ordonnance royale incorpora la vingtaine de marchands qui en contrôlaient le commerce sur la place de Paris à la corporation des limonadiers qui, en même temps que celle des droguistes et des vinaigriers, obtint de Colbert le monopole de la distillation et de la vente de l'eau-de-vie. Les trois corporations en question se coalisèrent contre Semitte et portèrent plainte pour « usurpation de droits et de privilèges ». Saisi de l'affaire, le Châtelet se prononça de façon expéditive et, par une sentence du 3 mai 1683, il condamna « le sieur Semitte avec dépens » pour « abus de prérogatives » et lui fit défense expresse « de distiller, de fabriquer de quelque façon que ce soit, de contrefaire et de vendre toute liqueur connue sous le nom d'eau-de-vie, à peine pour lui d'une amende de 2 000 livres ». Lorsque la sentence fut portée à sa connaissance, Semitte tomba en syncope et il fallut faire usage de tous les sels qui se trouvaient dans sa boutique pour lui rendre ses esprits. La cause semblait désespérée. Cette fois, il ne possédait pas le centième de la fortune nécessaire pour stimuler la générosité de ses juges : il croulait sous le poids de trois corporations. Mais dès le 4 mai, et sur les conseils de son procureur, il passa un acte par-devant notaire stipulant qu'il ne vendait sous le nom d'eau-de-vie qu'une potion médicinale n'ayant de l'eau-de-vie que les vertus gustatives et contenant en vérité tous les principes propres à guérir la paralysie, la fièvre quarte, l'épilepsie, la taie de l'œil, le cancer de la bouche, les gangrènes et autres pourritures. Il déposa une copie de cet acte au Châtelet et apposa sur toutes les bouteilles d'eau-de-vie qui se trouvaient dans sa boutique une étiquette portant la mention « potion médicinale » accompagnée d'une formule latine d'Arnault de Villeneuve qui vantait les vertus universelles de la recette dont il s'était inspiré pour composer sa liqueur : « *Quidam appellant eam aquam vitae, et certe et vidi quibus expedit bene convenat nomen rei, ita quod dixerint aliqui de modernis quod est aqua perennis et aqua auri propter sublimates operationis ipsius.* »

A la lumière d'un complément d'information d'un si grand poids, le prévôt ordonna la révision de l'affaire. Semitte obtint une sentence d'appointement suivie d'un interlocutoire. Sans toucher au fond du procès, une enquête fut donc ordonnée afin d'en éclaircir de nombreux points. Des experts de la faculté de médecine furent mandatés pour se prononcer sur les propriétés de la fameuse potion. C'est dans ces circonstances qu'intervint l'arrêt du 12 juin « suspendant provisoirement les conclusions de la susdite sentence du 3 mai 1683 et donnant permission provisoire audit Semitte de vendre sa potion, à charge pour lui de prouver qu'elle n'a d'eau-de-vie que les qualités gustatives n'étant en vérité qu'une potion médicinale ».

Semitte put dormir sur ses deux oreilles. Une instance pendante dans de telles conditions avait tout lieu de le rester pendant près d'un siècle. Le procès avait d'ailleurs conféré à sa liqueur une très grande notoriété. Et comment résister à une potion qui, derrière le goût exquis de l'eau-de-vie, cache tant de vertus curatives. Les prix doublèrent, les ventes quadruplèrent. Certains limonadiers du quartier durent fermer boutique.

En ce 23 juin 1683, alors même qu'il traînait Gabrielle éplorée au pied de l'autel de l'église Saint-Roch, Louis Semitte avait tout lieu d'arborer un sourire radieux.

VI

Lorsque Gabrielle pénétra dans l'univers trouble de Louis Semitte, elle n'avait rien perdu de sa fraîcheur juvénile. « Gabrielle, lui avait dit Nicole la veille même de ses noces, tu entreras dans la chambre nuptiale la rougeur sur le front et avec résignation. Tu te déshabilleras sans être vue de ton mari, tu garderas avec lui toute la décence que comporte l'accomplissement de ton premier devoir conjugal et tu feras dans la dignité le sacrifice de ta fleur de jeunesse. »

Mais cette nuit-là, Gabrielle ne fut ni rouge, ni résignée. Elle fut de marbre. En fait, elle avait perdu toute sensation d'exister en sombrant dans une sorte de néant glacé et le refuge qu'elle trouvait dans l'oubli du moment lui donnait le sentiment de rester fidèle à Lucien.

Louis Semitte ne chercha même pas à sonder les états d'âme de son épouse. Demandait-on à une femme de jouir ? Il se vautra sans scrupules sur ce corps tout frêle et il réitéra ses effusions sans mettre de bornes à ses instincts. Son appétit n'était pas plus tôt apaisé qu'il se ruait de nouveau sur la chair fraîche.

Au bout de quelques semaines, il attrapa la gale. Gabrielle bourgeonna à son tour. Le médecin en conclut qu'un intense mélange de chair avait recuit le sang. Cette cuisson amoureuse produite par le frottement des corps avait engendré, disait-il, une corruption des humeurs qui, en devenant plus âcres, avaient provoqué un grand prurit. Il fallut, pendant plusieurs jours, se tremper dans toutes sortes de décoctions aromatiques pour que le sang pût se purger de cette âcreté par les pores déliés.

En l'espace de quelques mois, Gabrielle avait considérablement changé. Son visage n'étincelait plus de jeunesse mais il était toujours aussi beau, et plus encore, peut-être. Son regard morose avait acquis une profondeur poignante. Ses traits, figés dans la tristesse, avaient gagné en dignité ce qu'ils avaient perdu en gaieté. Le refus de s'avilir face à l'individu qu'elle subissait avait, par contrecoup, intensément développé en elle cette distinction innée qui contrastait de façon si frappante avec la vulgarité de son mari.

Les métamorphoses dont sa femme faisait l'objet échappaient totalement à Louis Semitte. Il trouvait tout à fait naturel que la possession et la jouissance d'une jolie femme sanctionnassent une réussite sociale qui ne cessait de s'affirmer. Il parlait à Gabrielle le langage du maître. « Ma femme, lui dit-il un jour, sachez qu'en toute chose vous devez m'être soumise. Le mariage est un contrat sanctionné par Dieu. L'homme apporte sa protection généreuse. En échange, la femme lui doit faire l'hommage de sa douceur, de ses charmes, de ses services. Dans toute société, il faut un chef, parce qu'il faut une tête, une volonté. Acceptez toujours ce doux servage que Dieu ordonne avec le zèle que l'amour vous inspire aujourd'hui et que la raison devra vous inspirer demain. Songez à l'histoire de ce serpent dont la queue, qui ne voulait plus être à la traîne, se rebella contre la tête et en usurpa les droits. Il en advint ce qu'il devait en advenir. La queue, qui n'avait ni vue, ni ouïe, chemina à l'étourdie au milieu des ronces et des orties et le serpent fut tout entier déchiqueté. Qu'en adviendrait-il de même si, demain, mes pieds s'avisaient d'usurper les droits et prérogatives de ma tête et si, vous-même, séduite par l'exemple de mes pieds félons, prétendiez un jour marcher à la tête ? »

Vers la même époque, le ménage embaucha Catherine Labbée, une servante du même âge que Gabrielle. Elle avait ce brin de vulgarité que Semitte aimait tant mais dont sa femme était totalement dépourvue. Un soir, Gabrielle demanda à Catherine de lui laver les cheveux. Semitte et sa servante échangèrent un regard complice. Consumé par le désir, il glissa dans sa poche deux pistoles. Catherine barbouilla les yeux de sa maîtresse de mousse de savon. Son maître lui troussa la jupe par-derrière et il la besogna consciencieusement en se laissant bercer par les mouvements qu'elle faisait en frottant énergiquement la tête de Gabrielle. Il déclara ensuite à sa femme que rien n'était plus beau, plus resplendissant que ses cheveux propres et il lui recommanda d'en prendre très souvent soin avec la même diligence.

Gabrielle se réfugiait quant à elle dans ses souvenirs. Elle profitait de ses moments de solitude pour penser à Lucien. Mais ces moments étaient d'autant plus rares que Semitte était souvent près d'elle. Or, elle ne pouvait pas, sans flétrir l'être qu'elle aimait, associer une pensée si douce à la vision d'un homme si vil. Elle était malgré tout une épouse ponctuelle, soumise, exemplaire, et c'est en vain que le quartier tout entier se mit à guetter les premiers signes d'une lascivité qui devait, de toute évidence, se manifester incessamment. Contre toute attente, on s'aperçut que Semitte, qui avait été voué à un cocuage précoce, se montrait d'une pétulance inattendue dans ses rapports avec sa servante. On s'étonnait, notamment, de l'entendre vanter, à grand renfort de détails, les mérites de son croupion. Ce comportement insolite contrastait fort avec l'austérité de Gabrielle. Tout le monde en fut déçu. On se sentait frustré, trompé dans son attente et dans ses prévisions. Il s'en fallut de peu qu'on ne lui reprochât d'être fidèle.

La surprise fut encore plus grande lorsque Gabrielle se mit à seconder diligemment Louis Semitte dans son travail. Bientôt, elle trouva une sorte de compensation dans la fabrication de liqueurs italiennes dont elle se fit une spécialité. Elle excellait, notamment, dans l'art de préparer les *rossoli* de Turin, boisson à base d'eau de vin brûlée, de sucre, de cannelle et autres parfums, le *popolo*, composé d'esprit-de-vin, d'essence d'anis, d'un peu de musc et d'ambre et enfin le *ratafia*, sorte de décoction de cannelle, de noix muscades, de clous de girofle et de piments rouges dans un sirop d'abricot, d'écorce d'orange et de citron. Quant à Semitte, il déployait ses talents de magicien en investissant, au gré de sa fantaisie, ces électuaires de vertus médicinales. La qualité des liqueurs et le spectacle de Gabrielle, que l'on surnommait maintenant la belle épicière et dont on parlait déjà dans tout Paris, firent flamber les recettes.

***

Louis Semitte avait embauché un apprenti et un compagnon. Julien, l'apprenti, n'avait que quatorze ans. Il était d'une grande gentillesse. Gabrielle le prit en affection et le considéra bientôt comme son petit frère. La pureté de ses traits et sa douceur naturelle contrastaient fort avec la personnalité de Semitte. Il devint, pour la jeune épouse, une consolation dont la présence rachetait un peu celle de son mari et opérait dans son âme l'effet d'un contre-poison. Le jeune homme, sensible à tant de bonté, éprouvait pour sa maîtresse les mêmes sentiments. Ils s'appelèrent bientôt « petite maîtresse » et « petit Juju ». Lorsqu'ils se voyaient, le matin, ils s'embrassaient sur les joues. Un jour, Semitte s'en aperçut. Il gifla sa femme et rossa l'enfant en le menaçant d'un renvoi, pour les punir, disait-il, d'une familiarité indécente qui portait ombrage au prestige et à l'honnêteté de son officine. Gabrielle et Julien ne se prodiguèrent désormais leurs marques d'estime qu'en l'absence de Semitte.

Quant au compagnon, Emmanuel, il était d'une compétence et d'une efficacité remarquables. Il écrasait son maître par son adresse et par ses connaissances. Mais ce dernier, qui se moquait des herbes pour ne s'intéresser qu'à l'eau-de-vie, dédaigna les leçons et le savoir du compagnon grâce auquel, il faut bien le reconnaître, plusieurs personnes du quartier étaient encore en vie, car s'il eût fallu s'en remettre à sa seule expérience, Semitte aurait déjà envoyé dans l'autre monde la moitié de sa clientèle.

Louis Semitte avait d'ailleurs des affaires beaucoup plus urgentes à régler. Son procès avec les trois corporations de limonadiers, de droguistes et de vinaigriers s'éternisait. Il fallait lui consacrer du temps et de l'argent. Aussi n'était-il pas question de tolérer la moindre infraction au monopole de *La corne de cerf* dans le quartier. Or, depuis que le doyen Gui Patin avait déclaré la guerre aux apothicaires qu'il mettait au nombre des charlatans et des empiriques, il s'était créé dans le public un courant hostile à la pratique de cette profession. Certains, qui ne voyaient dans les ténèbres qui entouraient la préparation des drogues que de vains artifices, accordaient leur préférence aux recettes de petits ouvrages qui se vendaient fort bon marché. On trouvait donc, chez tous les libraires du coin, *Le Naturaliste charitable, L'Opérateur ingénu, L'Ombre d'Esculape, L'Empiric charitable* de Martin de la Martinière et surtout *Le Médecin charitable* de Gui Patin qui enseignait « l'art de faire et de préparer à la maison avec facilité et peu de frais, les remèdes propres à toutes sortes de maladies ».

Semitte, qui avait solennellement juré de « découvrir et fuir comme la peste la façon scandaleuse et totalement pernicieuse des charlatans, empiriques et souffleurs d'alchimie à la grande honte des magistrats qui les tolèrent », se tourna donc vers ces derniers, au nom de son serment, déclarant qu'il était le serviteur et le défenseur beaucoup trop zélé de sa profession pour souffrir que de vulgaires marchands de papier missent à la disposition du public ces sortes de feuilles volantes susceptibles d'altérer la santé du voisinage. Son procureur déploya dans cette affaire un tel zèle que le ministère public, sensible à l'argument, prit l'affaire en main et obtint de la Librairie royale le retrait pur et simple de tous ces petits livres dans un rayon de mille pieds aux alentours de *La corne de cerf*.

Mais un danger encore plus grand menaçait les apothicaires. Avec la saignée et la purge, le clystère était à la base de toute bonne thérapeutique et Louis XIV, qui se nourrissait d'aliments riches et constipants, en usait sans retenue, auréolant les lavements d'un prestige incomparable. Il revenait de droit à tout apothicaire, non seulement de composer le clystère sous la direction d'un médecin, mais encore de l'administrer, opération d'autant plus délicate que la seringue était un instrument rigide et peu maniable. Il y avait naturellement des femmes, et même quelques hommes pudiques, qui ne confiaient leur derrière à l'apothicaire qu'avec une extrême retenue. Mais la santé étant le bien le plus précieux, on surmontait généralement ces réticences, d'autant que Sa Majesté ne pouvait que donner le bon exemple à ses sujets. Or, en 1668, un médecin hollandais, Regnier de Graaf, inventa une seringue à tige flexible qui, en permettant au patient de s'administrer un clystère sans l'aide de l'apothicaire, ménageait la vergogne des dames. La même année, Regnier de Graaf publiait un traité intitulé *De clysteribus* dans lequel il enseignait l'art d'utiliser l'appareil.

Vers 1680, la seringue de De Graaf commençait à se répandre en France, dans les milieux bien-pensants notamment. Semitte se mit donc en demeure d'affronter de Graaf et il se lança dans la rédaction d'un petit traité qui dénonçait les dangers de son invention.

« Amy lecteur, écrivait-il dans son introduction, un certain De Graaf, Hollandais de Nation, qui se dit médecin et que personne ne connaît, est très versé en l'art de raconter des sottises. En observant les testicules de lapines et de vaches, il a décidé, contre les décrets d'Hippocrate, que la femme n'émet point de semence dans l'œuvre de génération, mais que, à la manière des poules et autres volatiles, elle pond des œufs, fût-elle vierge. Or, voilà que ce nommé De Graaf, après avoir, par une impertinence sacrilège, insulté Hippocrate et les femmes, s'en prend maintenant aux apothicaires qu'il prétend d'un vain secours dans l'art subtil d'administrer le clystère.

« Je dis, moi, qu'un homme qui connaît si mal la matrice des femmes, ne saurait avoir qu'une connaissance exécrable de leur anus et qu'il n'est qu'un empiric et un charlatan. Son appareil présente les plus graves inconvénients. Il provoque hémorroïdes, saignements, éclatements de veines, boursouflures du sphynxter et autres incommodités que je décrirai plus loin.

« Mais cela ne serait que peu de chose si, en donnant l'occasion à une seule personne de pratiquer sans retenue, avec le secours de ce petit engin et sous l'invocation d'Esculape, une intromission dans un vase que Dieu réserve à l'expulsion, il n'encourageait un crime d'une impiété si abominable que les hommes ne luy ont point encore trouvé de nom. »

Contre une aumône pour les pauvres de quelques deniers, Semitte fit traduire son ouvrage en latin par l'abbé Cogniet. Le *Contra de clysteribus* fut alors soumis à la faculté de médecine qui l'approuva après un débat houleux. Il obtint ensuite un privilège royal et un éditeur se chargea même de le publier en latin et en français. Ce traité, qui eut une vaste audience, et la querelle du clystère qu'il suscita, conférèrent à son auteur un prestige sans partage sur la place de Paris. Plusieurs théologiens évoquèrent le problème en Sorbonne et ils déclarèrent, au terme d'une consultation écrite, que « la pratique solitaire du clystère est dangereuse pour l'âme, l'anus étant chose trop délicate pour être laissée à la seule discrétion du fidèle et manipulée hors la présence des hommes de l'Art ».

***

Grand amateur d'eau-de-vie, le curé de Saint-Roch n'était pas le dernier à hanter la boutique de Louis Semitte. S'étonnant de ne plus voir Gabrielle à la confession, il lui en fit un jour la remarque. Gabrielle lui répondit qu'elle ne voyait rien à se reprocher. L'abbé Cogniet lui conseilla de se montrer plus modeste dans ses propos. « Il est des péchés, dit-il notamment, qui n'en sont point encore mais dont le germe sommeille dans l'âme. C'est au confesseur d'en déceler la présence et d'extirper le mal avant qu'il n'ait atteint cette dimension qui rend le fidèle coupable aux yeux de l'Église. » Gabrielle s'en alla donc à confesse.

« Ma fille, dit le curé, il est des victoires dont un serviteur de Dieu peut s'honorer sans pécher par orgueil. Vos bonnes dispositions, votre conduite, dont chacun sait qu'elle peut servir de modèle à toute épouse chrétienne, sont les fruits du triomphe de la raison et je puis me flatter avec humilité d'avoir été l'un des artisans de ce triomphe. Votre inexpérience, Gabrielle, a bien failli vous précipiter dans le gouffre du péché. Dieu soit loué, l'ordre des choses, un instant renversé, est désormais rétabli. Mais je n'aurai vraiment l'âme en paix que lorsque je serai certain que ce gouffre, sur le bord duquel vous vous trouviez, est désormais bien lointain et qu'il ne vous est plus possible d'y trébucher. Voyons, mon enfant, prolongez-vous par les ressorts d'une imagination coupable les effets d'un péché dans lequel vous n'avez, j'en rends grâce à Dieu, que fort peu trempé ? Pensez-vous encore à Lucien ?

— Il m'arrive d'y penser.

— Croyez-vous encore l'aimer ?

— Certes.

— Je ne puis vous en blâmer, Gabrielle. Une volonté délibérée commande les mouvements de nos mains et de nos pieds. Mais les impulsions d'une imagination jeune et ardente ne se contrôlent pas. Il suffit, pour l'instant, que la sagesse de votre conduite réponde de la pureté de votre âme et de la bonté de vos sentiments. Le temps fera le reste et domptera la rébellion d'une imagination encore frappée. Vous n'aurez point de pénitence, à moins que vos pensées fantasques ne vous hantent en cet instant précis qui est la raison d'être du sacrement du mariage.

— Je ne comprends pas bien, mon père.

— Voyons, mon enfant, lorsque votre époux s'approche de vous, associez-vous l'image de Lucien au plaisir que vous ressentez alors ?

— Je n'y puis associer aucune image, mon père, car je ne ressens aucun plaisir et je crois même qu'en ces moments-là, je cesse d'être.

— Vous ne ressentez aucun plaisir, Gabrielle ?

— Aucun, mon père.

— Cette indifférence est soit blâmable, soit louable. Elle est blâmable si elle est l'expression d'une marque de mépris à l'égard de votre mari. Elle est louable si, en faisant don de votre corps selon les commandements de l'Église, vous renoncez à toute satisfaction charnelle accédant par là même à cet état de pureté que Dieu, par une grâce spéciale, ne confère d'ordinaire qu'à ces vestales qui renoncent au siècle et font vœu de chasteté. Ils seront deux en une même chair, a dit le Tout-Puissant. Le devoir conjugal est un impératif fondamental. C'est un remède qui nous soulage des affres de la concupiscence dont Dieu nous a affligés pour nous punir du péché originel. Mais il n'est point dit dans les Écritures qu'il faille y associer la jouissance. Je vous sais trop bonne, Gabrielle, pour vous croire capable de mépriser votre mari. Je pense au contraire qu'en trouvant refuge dans une pieuse abnégation en de tels moments, vous vous rapprochez un peu plus de Dieu. Toutes ces questions et toutes ces réflexions peuvent vous sembler bien excessives. Mais le commerce de la chair est une chose à la fois trop nécessaire et trop grave pour être confié à la discrétion de fidèles que la sagesse ne met pas toujours à l'abri d'un instinct qui n'a que trop tendance à s'emporter. Dieu soit loué, l'Église veille. C'est pourquoi j'ai le devoir de savoir jusqu'à quel point le nombre de vos effusions n'outrepasse pas les limites qu'impose la décence.

— Je l'ignore.

— Il est vrai, Gabrielle, dit le curé en souriant, que ces choses ne sont point de celles qui se comptent sur le bout des doigts, mais vous devez malgré tout savoir si votre mari en use modérément, une fois par semaine, comme il convient, deux fois, par une sorte d'impertinence que Dieu tolère, ou plus encore, ce qui deviendrait une usurpation des droits que les époux se donnent l'un sur l'autre.

— Je crois, mon père, qu'il ne se passe pas de nuit sans que mon mari ne m'approche. »

Le silence qui s'ensuivit ne fut ponctué que par les soupirs du curé.

« Ma fille, reprit ce dernier, je n'ai jamais eu l'honneur de voir votre mari à la confession. Je me permets de vous y faire venir car je vous connais depuis fort longtemps et j'ai sur vous les droits que me confère une sorte de paternité spirituelle. Mais je n'en puis user de même avec le sieur Semitte, que je ne connais pas, et sur lequel je ne porterai aucune condamnation puisqu'il ne s'agit ici que de la tranquillité et du salut de votre âme. Plaise au Ciel que les maris, dès le commencement de leur mariage, fassent savoir à leur épouse qu'ils ne veulent pas être les ministres de leur volupté, mais les aides de leur nécessité. S'il advenait que le contraire se produisît, il faudrait alors que les femmes aient la sagesse de mettre un frein aux débordements de leur époux. Je vous ai dit, Gabrielle, que votre ignorance du plaisir vous sanctifiait. Je vous dis maintenant que votre complicité est coupable, fût-elle le fruit de votre complaisance ou de votre luxure. Si la réitération de vos embrassements devait à l'avenir outrepasser les limites que la bienséance et le respect de Dieu commandent, je serais dans l'obligation d'y voir un péché véniel et de vous ordonner une pénitence. Allez, Gabrielle, songez-y, et vivez toujours dans l'amour de Dieu. »

Les paroles de l'abbé Cogniet firent sur Gabrielle l'effet de la bise sur le chêne. Quelque temps plus tard, elle mit au monde un enfant. Lorsque Semitte apprit que c'était une petite fille, il s'en alla sur-le-champ crier dans tout le quartier que sa femme avait fait une fausse couche.

Le temps se figea. Quatre ans s'écoulèrent. Un jour, le procureur Aliger se présenta à *La corne de cerf*.

VII

La verve railleuse de Gabrielle était restée inscrite avec rancœur dans la mémoire d'Aliger de façon indélébile, mais la jeune femme ne se souvenait même plus de cet infortuné soupirant, qu'elle avait oublié comme tous les autres petits-maîtres qui formaient jadis la cohorte de ses courtisans. Il lui parla avec amabilité, elle lui répondit courtoisement. Il se tourna ensuite vers Semitte et lui demanda un entretien particulier. Tous deux s'installèrent dans l'arrière-boutique.

« Je n'ai pas eu encore l'honneur de vous être présenté, Monsieur Semitte de la Croix, fit le procureur, mais je vous connais déjà fort bien. L'un de mes amis m'a offert une bouteille de votre élixir et je dois vous avouer que ma maison a tout lieu d'en être satisfaite. Ma femme, sans cesse tourmentée de vapeurs, en use de façon constante et ma foi, elle s'en félicite. Me voilà donc au nombre de vos fidèles clients. »

Semitte répondit avec modestie qu'un tel compliment le flattait sans l'étonner. Aliger déclina alors ses nom et qualités.

« On m'a dit, Monsieur, poursuivit le procureur, qu'une bande de marchands de vinaigre vous faisait un méchant procès et j'ai peine à le croire.

— Monsieur le procureur, répondit Semitte, cette affaire n'est que le tribut de la jalousie, et la jalousie n'est elle-même que la rançon de mon talent.

— Je ne comprends pas, Monsieur, qu'une justice, d'ordinaire si prompte et si diligente, hésite à faire basculer la cause en votre faveur alors que sur les plateaux de la balance, je vois d'un côté un flacon de votre électuaire et, de l'autre, une bouteille de vinaigre.

— Je suis seul contre tous, Monsieur.

— Seul, Monsieur, et que faites-vous de vos talents ?

— Chacun en est averti, certes. Mais le talent n'est pas de ces choses qui s'inscrivent noir sur blanc sur une feuille de papier que l'on verse dans un dossier.

— Et votre procureur ?

— Mon procureur fait ce qu'il peut. Mais cela demande du temps et de l'argent.

— J'ignore qui est votre procureur, Monsieur, mais je puis vous affirmer que l'affaire ne traînerait pas si elle était entre mes mains.

— Je n'en doute pas, Monsieur. Hélas ! l'état de mes finances m'interdit de me payer le luxe d'un second procureur.

— Payer, Monsieur, mais qui vous parle donc de payer ? J'ose à peine solliciter l'honneur de défendre les intérêts d'un savant éminent, mais si d'aventure vous me le demandiez, j'en serais si flatté qu'il ne me viendrait même pas à l'idée d'en tirer le moindre profit. Vous êtes un honnête homme, Monsieur de la Croix, et vous savez comme moi que l'honneur ne se monnaye pas. Lorsque nous avons le privilège de servir la science et de faire triompher les lumières, la gloire doit être l'unique récompense de nos efforts et dans l'affaire qui vous préoccupe, je n'échangerais pas cette gloire qui rejaillirait sur moi contre mille écus.

— Monsieur le procureur, je n'ose y croire et j'ai même l'impression de rêver.

— Monsieur de la Croix, j'éprouve aussi le même sentiment. Il est à peine croyable que d'autres ne vous aient pas encore tenu le même langage. Oui, le siècle dans lequel nous vivons est un siècle d'ingrats. On veut bien profiter des bienfaits que vous prodiguez avec tant de bonté, mais lorsqu'il s'agit de donner de sa personne pour vous seconder avec modestie dans vos projets sublimes, les gens se font d'une discrétion qui me laisse pantois. Je n'ignore rien, quant à moi, de la lutte héroïque que vous menez, tout seul, et à vos dépens, contre ces hordes de misérables, de charlatans et d'empiriques qui empoisonnent les populations. Je me flatte de compter au nombre de mes amis un président à mortier. Ces sortes de gens sont de ceux que l'on ne dérange d'ordinaire que pour de grandes causes et je serais mal avisé de l'entretenir sur un quelconque chapitre de succession. Mais pour ce qui est de votre affaire, je n'aurais aucun scrupule à la lui soumettre et je suis par avance convaincu qu'il se sentira personnellement concerné par la noblesse de la cause. Monsieur, jeudi prochain, je donne un souper. J'ai invité des hommes de lettres, des hommes de loi, des banquiers et certaines personnes bien en cour. Mais je n'ai pas de savant et je serais particulièrement flatté si l'homme qui s'est si brillamment illustré dans la querelle du clystère daignait, aux côtés de Madame son épouse, s'asseoir à ma table. »

Les paroles du procureur Aliger plongèrent Semitte dans une sorte de ravissement. Il se sentait enfin au seuil d'une consécration officielle et de l'immortalité. Une telle visite lui paraissait tout à la fois étonnante et naturelle. Étonnante parce qu'il ne s'y attendait guère et que personne ne lui avait, à ce jour, offert de services à titre gracieux. Naturelle, parce qu'il était impossible que le monde l'ignorât plus longtemps. Il avait partagé l'indignation de son interlocuteur devant l'ingratitude du siècle et il lui semblait naturel que des hommes de bien se penchent enfin en philanthropes sur sa condition. Il était même surprenant que ses travaux n'aient pas encore attiré l'attention d'hommes célèbres et bien en cour. Lorsqu'il fit part de ses réflexions à Jean-Baptiste Perreau, celui-ci trouva tout naturel que les allées du pouvoir et de la cour s'ouvrissent devant son gendre. N'avait-il pas lu dans les astres que sa fille serait un jour une très grande dame ?

***

Jérôme Aliger n'était ni le plus coté, ni le plus habile des hommes de loi, mais il n'en était pas pour autant le moins en vue. Bien au contraire, il était l'un des personnages les plus connus dans cette faune un peu particulière qui, au XVIIe siècle, gravitait tout autour du Châtelet, du Palais de Justice, de Notre-Dame, sur la paroisse Saint-André-des-Arts et sur les quais. Sergents ou huissiers, clercs, procureurs, avocats, conseillers et magistrats avaient toujours une physionomie à part, avec leur visage figé et comme absorbé dans de profondes méditations. Ces gens-là parlaient peu, mais lorsqu'ils ouvraient la bouche, le sérieux de leurs propos se lisait sur leurs lèvres. Vêtus de noir, plus rarement d'écarlate, portant le rabat, le bonnet carré, le manteau ou la robe rehaussée quelquefois d'hermine chatoyante, les mains souvent embarrassées de sacs à procès ou chargées de liasses, ils se laissaient drainer, dès sept heures du matin, vers la chapelle du Palais pour assister à leur messe quotidienne. Ils y communiaient et priaient pour que le Ciel fît souffler sur le prétoire l'esprit de Thémis. Ils se rendaient ensuite aux audiences. L'après-midi, ils réintégraient généralement leurs études où les attendaient les affaires en cours et, du moins, l'espéraient-ils, de nouveaux clients et de nouvelles épices.

Tout au long de sa jeunesse estudiantine, Aliger s'était illustré par sa turbulence au sein de la Bazoche. Le Royaume de la Bazoche était une juridiction instituée par les clercs de procureurs pour juger les différends qui s'élevaient entre eux. Cette cour, organisée de façon dérisoire, sinon caricaturale, sur le modèle du Parlement, comprenait un chancelier, élu chaque année, plusieurs maîtres des requêtes, un grand audiencier, un procureur général... en vérité, la farce était reine au Royaume de la Bazoche dont les sujets étaient plutôt de joyeux lurons un peu contestataires et toujours à la recherche de bons coups. Comme ses camarades bazochiens, le jeune Aliger hantait le soir les cabarets de la Madeleine, de la Grosse Écritoire, de la Belle Hélène où tous les clercs, déjà noyés dans la chicane, bougonnaient à l'unisson contre le procureur sous la direction duquel ils accomplissaient leur stage de dix ans. Alors qu'il n'était que simple membre de la Bazoche, Aliger se rendit célèbre par un coup d'éclat qui, en l'espace de quelques jours, le hissa au poste de chancelier.

D'une plume trempée dans le venin, il rédigea

une satire burlesque qu'il intitula pompeusement *La Misère des clercs de procureurs, ou le Triomphe de la Bazoche*. Il imaginait qu'un procureur véreux avait tenu des propos injurieux contre le Royaume de la Bazoche. Aussitôt, l'avocat général de la communauté lui répondit par une virulente diatribe qui, d'un vigoureux coup d'ailes, érigeait les Bazochiens en justiciers suprêmes tandis que le misérable procureur, ravalé au rang de diffamateur, était mis en demeure de demander pardon à genoux devant les membres de la Bazoche réunis en assemblée plénière. Aliger ne nommait personne, mais derrière le libelle, chacun voyait se profiler l'ombre de son procureur. Tourné en dérision, le malheureux en crut mourir de honte et, de ce jour, il n'osa plus mettre le nez dehors de peur que le ridicule ne le tuât. Après avoir décrit par le menu la corruption de son triste sire et raconté sans complaisance les sévices qu'il exerçait sur ses clercs, Aliger passait à l'acte d'accusation :

« Petit procureur, on m'a donc fait une dénonciation si forte que, par une exquise bonté d'âme, j'ai bien voulu en arrêter le cours pour m'informer plus précisément par quelles heureuses dispositions vous désireriez réparer l'outrage perpétré contre le corps que vous venez d'insulter. »

Sur quoi, le dignitaire de la Bazoche brossait le tableau dantesque d'une justice privée de clercs.

« Les procureurs ne trouvant plus de clercs, écrivait-il, les huissiers resteront à sec, les greffiers sans peau, les conseillers sans épices, les présidents sans vacations et les plaideurs sans expéditions. Quel étrange bouleversement dans l'ordre judiciaire ! Vous voulez couper d'un seul coup le bras droit de la justice, la faire aller à cloche-pied, et lui faire traîner la savate, sans avoir seulement de quoi payer le savonnage du bandeau qu'elle a sur les yeux ; son épée serait mangée par la rouille, sa main couverte de toiles d'araignée, et sa bouche, d'où sortent tant d'oracles, serait réduite au silence. En un mot, le Palais deviendrait désert et ne servirait plus que de repaire aux hiboux et à tous les oiseaux de mauvais augure. »

C'est ce morceau de bravoure qui, en soulevant l'enthousiasme des bazochiens, porta Aliger au faîte de la gloire. Il troqua son habit noir de simple membre pour la robe rouge et le bonnet de chancelier. Ainsi harnaché, il se donna des allures de grand seigneur et toisa de haut son procureur qui tomba en décomposition et mourut.

Devenu procureur, Aliger embaucha dans son cabinet une dizaine de clercs stagiaires dont il abusa sans vergogne. Il avait charge de les nourrir, mais il leur donnait tout juste de quoi survivre. Il avait charge de les loger, mais il les logeait sous les combles ou dans d'immondes taudis qu'il louait à vil prix. Les jeunes gens se couchaient tard, se levaient tôt et descendaient à l'étude pour préparer le travail du maître avant que celui-ci ne revînt de la messe du Palais ou pendant qu'il siégeait à l'audience. Aliger leur interdisait formellement de s'inscrire à la Bazoche. Il ne souffrait même pas que le mot fût prononcé en sa présence sous peine d'exclusion. Madame la procureuse savait, elle aussi, tirer le meilleur parti de ces malheureux. Sous sa férule, le clerc se transformait parfois en marmiton et lâchait la plume pour la broche. Certains allaient aux halles, d'autres étaient chargés du ménage ou affectés au service de la demoiselle de famille. Lors des réceptions, les clercs faisaient office de laquais ou de maître d'hôtel, servaient, versaient à boire. Et c'est encore un clerc qui, le flambeau à la main, reconduisait chez eux les invités.

Comme tous ses collègues, mais avec une plus grande maîtrise, Aliger avait l'art de s'éterniser sur les affaires de ses clients et de les embrouiller à loisir en les jetant dans le labyrinthe infernal de la chicane. Il enflait les écritures en usant d'un style emphasé, d'une orthographe désuète et en agrandissant démesurément les lettres au point de ne pouvoir écrire plus de deux mots par ligne. Encore les gains sur les écritures étaient-ils légitimes. Mais malheur au plaideur qui osait se présenter chez lui les mains nues. Sans doute refusait-il les épices, prétendant hautement qu'on voulait attenter à son honneur. Mais ses clients bien avisés savaient qu'il fallait s'y prendre avec plus de délicatesse. C'est ainsi qu'Aliger parsemait son cabinet de babioles achetées à bas prix. Les plaideurs faisaient semblant de tomber en extase devant de tels chefs-d'œuvre et s'en portaient acquéreurs à haut prix. Le procureur se récriait en jurant par tous les dieux qu'il s'agissait de souvenirs de famille dont il ne se séparerait à aucun prix. Les autres insistaient et, finalement, Aliger cédait, la mort dans l'âme. Aussitôt acheté, l'objet allait au panier. Parfois, les plaideurs multipliaient les demandes onéreuses de doubles dont ils n'avaient que faire ou graissaient la patte des clercs en présence du maître, dûment informés de la destination finale de leur argent.

Aliger en avait un besoin d'autant plus pressant qu'il n'était pas de ces procureurs modestes qui se contentent, pour tout loisir, de jouer à la boule sur le quai Saint-Bernard ou au Petit Carreau. Non, Aliger était emporté dans la tourmente d'un siècle en voie de corruption. On le voyait souvent à Vaugirard, à la *Tête du Maure* ou au *Moulin de Javel*, dans ces cabarets que fréquentait la société la plus dissipée de Paris. Il rêvait de se pousser dans le monde et d'accéder à la noblesse, à l'image de son collègue Portail qui venait d'acquérir une charge de secrétaire du roi et de se faire adjuger le château et la seigneurie de Montaterre avec les seuls revenus d'une instance qui durait depuis onze ans et dont le fond n'était pas encore jugé.

Aliger souffrait enfin de son infériorité vis-à-vis des avocats. Il jalousait le chaperon fourré qu'ils portaient sur les épaules et il lui était bien pénible de devoir marcher derrière eux à la procession de la Saint-Martin, et plus encore, d'écouter certains de leurs plaidoyers à genoux. Il considérait l'argent et les relations comme les deux piliers de sa promotion et, dans une sorte de fuite en avant éperdue, il frayait dans le beau monde à grands coups de louis d'or. Il organisait réception sur réception, scrutait, manœuvrait, ployait. C'est ainsi qu'il fit un jour la connaissance du président à mortier Guillaume de Nesmond. Pour lui complaire, Aliger aurait accompli les besognes les plus viles ou consenti aux sacrifices les plus cruels.

***

La réception du procureur Aliger tournait la tête de Semitte qui attendait le grand soir avec une impatience qu'il ne parvenait plus à dissimuler. Il se disait déjà dans l'intimité d'un président à mortier ou se voyait encore dans l'antichambre du roi avec la même sérénité que Jean-Baptiste Perreau voyait sa fille duchesse ou princesse. Ainsi, à travers deux itinéraires différents, le beau-père et le gendre se rejoignaient dans une même attente, dans une même espérance et dans l'inébranlable certitude d'accéder tôt ou tard au faîte de la gloire. Un seul doute hantait encore l'esprit de Semitte : Gabrielle saurait-elle se montrer digne de lui dans les salons de l'aristocratie ? Elle était belle, sans doute, mais était-elle intelligente ? Il ne le savait guère et en vérité, il ne s'en était même pas préoccupé. Mais il avait le sentiment qu'à côté de la procureuse, elle ferait maigre contenance. Il décida donc de lui donner quelques leçons de maintien.

« Ma femme, lui dit-il, grâce à moi, vous allez pénétrer dans le beau monde. J'ai le savoir, vous avez la mine. Je brille par ma culture, vous brillez par votre visage. Vous êtes la belle vitrine d'une boutique dont je suis l'intérieur substantiel. Vous servez d'amorce à une curiosité que je sais satisfaire par l'arsenal de mon savoir et de mon expérience. En deux mots, nous nous complétons et nous sommes faits pour paraître en société. Encore faut-il que chacun respecte son rôle et que cette belle ordonnance ne soit point contrariée par la maladresse insigne de l'un de nous. Supposez un instant que par les ressorts d'une imagination fantasque, je me prenne pour Apollon et que je m'avise de plaire uniquement par ma beauté, minaudant de-ci, muguetant de-là à la façon des petits-maîtres, eh bien, je donnerais de moi la comédie. Supposez de même que vous vous preniez pour Socrate, eh bien, ma fille, vous donneriez la cacophonie. Le beau tableau ! Voyez-vous, c'est en vertu des décrets de la sagesse que nous ordonnons aux femmes un silence perpétuel en toute chose où l'on pourrait remarquer de la légèreté, du déshonneur, de l'impudence ou de la science de mauvais aloi. Si les convives vous interrogent, répondez-leur avec modestie et saluez-les avec civilité, en parlant peu, en sorte qu'on puisse dire que vous n'avez point provoqué ces paroles mais qu'elles auront été provoquées. Oui, ma femme, le meilleur moyen que vous ayez de jeter vos feux dans la conversation est de ne rien dire. C'est là votre plus bel ornement. On ne vous demande pas de vous rendre illustre par des déclamations, on vous demande seulement de vous faire remarquer par un silence qui sera d'autant plus beau qu'il sera profond. »

Le grand soir, Aliger écumait de rage. Il comptait sur la présence de Nesmond pour empanacher sa réception. Mais au dernier moment, le président à mortier lui avait fait savoir, par l'un de ses laquais, qu'une affaire d'importance le retenait auprès du premier président, Nicolas Potier de Novion, duc de Gesvres. Mais il fallait beaucoup moins qu'un président à mortier pour éblouir Louis Semitte. Une dizaine de laquais vêtus d'une livrée bleu roi rehaussée d'écarlate et une quinzaine de chandeliers lui donnèrent le sentiment de se trouver à Versailles.

L'assistance était composée d'un maître des requêtes, d'un auditeur à la cour des comptes, d'un chanoine tout poudré, du banquier Goy de Lachaux et du Sieur de la Chastounière, un homme de lettres dont personne n'avait jamais entendu parler. Aliger présenta Louis Semitte comme le savant de la soirée en soulignant qu'il avait su toucher la faculté de médecine et tous les gens de bon sens en mettant ses lumières au service du clystère et de l'anus.

Lorsque Gabrielle fut présentée au banquier Goy de Lachaux, elle ressentit un trouble qu'elle eut le plus grand mal à réprimer. Nicolas Goy pouvait bien être âgé de trente-cinq ans. Il avait de ces allures de gentilhomme qui en imposent d'autant plus qu'elles ne sont ni affectées ni recherchées. Son langage était simple. Lui-même était beau. Tout ce qui pouvait plaire en sa personne semblait un don de la Providence. Il regarda longuement Gabrielle et Gabrielle ne put détacher son regard du sien. Elle était restée fidèle à Lucien Meunier, mais avec le temps, ce grand amour était devenu une sorte d'abstraction, un idéal de perfection inaccessible. La vue de Nicolas Goy de Lachaux avait soudainement réveillé en elle tous les sentiments qu'une femme peut éprouver lorsque son désir d'aimer a longtemps été réprimé. Comme en ce printemps de l'année 1683, l'amour s'insinua dans ses veines, toucha son cœur, et, par une sorte d'irradiation bienfaisante, répandit de nouveau dans son corps une douce chaleur.

Nicolas Goy fut ensuite présenté à Semitte. « Monsieur Goy de Lachaux, dit Aliger, est traitant de Sa Majesté. Il est l'adjoint de Monsieur Samuel Bernard. Une bonne partie des offices que le roi met à la disposition de ses sujets passe entre ses mains. »

Au cours du souper, la conversation, un peu guindée, roula sur des matières graves. Le maître des requêtes se plaignit de ce que les Français eussent la manie de toujours remettre en cause la chose jugée. « L'Hôtel des requêtes, dit-il, n'est en fait que l'expression d'une justice trop bien réglée et qui ne laisse rien au hasard. Mais il en coûte aux serviteurs qui secondent le roi dans sa charge de justicier suprême. » Le chanoine déplorait que les contraintes imposées par l'administration de son temporel le retinssent si longtemps à Paris, loin de son abbaye. Ses aspirations spirituelles en souffraient, mais le devoir lui imposait dans la capitale une foule de besognes matérielles qu'il accomplissait comme autant de pénitences qui jalonnaient ici-bas son chemin de croix. Quant à l'auditeur à la cour des comptes, il venait d'acheter sa charge et il disait en avoir assez d'entendre parler de comptes du matin jusqu'au soir. Enfin, Louis Semitte se lança dans la conversation. Il s'imagina la tête de De Graaf lisant son *Contra de clysteribus*, mais il était le seul de tous les invités à ne pas savoir que Regnier de Graaf était mort depuis quatorze ans. Nicolas Goy fut beaucoup plus prosaïque, il parlait de la vente de charges de contrôleurs d'étain, de courtiers en vin, de contrôleurs de suifs... Mais il avait toujours un œil en coin pour Gabrielle, et cette dernière le lui rendait bien.

Après le souper, l'atmosphère se détendit. Les

dames, qui s'étaient jusque-là montrées plutôt discrètes, sortirent de l'ombre et dans un concert orchestré par le Sieur de la Chastounière, elles jouèrent à l'hôtel de Rambouillet en devisant sur des thèmes qui n'avaient rien de commun avec l'austère grandeur des sujets développés par le chanoine ou le maître des requêtes. A l'invitation de la Chastounière, elles se demandèrent d'abord si c'est le bouquet qui embellit le sein d'une dame ou si c'est le sein qui embellit le bouquet. Puis, l'homme de lettres se lança dans la lecture d'une apologie du miroir qu'il venait de composer :

« N'accusez point Narcisse, Mesdames, de ne payer que de froideur les plus grandes ardeurs de l'amour des nymphes, et de brûler d'affection pour soi-même en se mirant dans la glace d'une fontaine. Plusieurs de votre sexe ayant appris de leur miroir qu'elles sont encore plus belles que lui, nous embrasent par leur indifférence de feux qui n'ont de douceur que pour elles-mêmes.

« Le miroir est la robe de la superficie des choses sensibles. Grâce à lui, on ne découvre rien, ni de plus noble, ni de plus agréable que soi-même et l'œil, tout étonné, a le plaisir de s'y voir hors de la tête sans en sortir.

« Le miroir accomplit des miracles et renverse les choses. Mettez-le par-dessus vous, il élève ce qui est au-dessous de nos pieds. Mettez-le par-dessous, il abaisse ce qui est au-dessus de nos têtes.

« Siège de la lumière, il fait un ciel de la terre. Déposez-le à vos pieds, Mesdames, par une nuit claire. Aussitôt, les astres semblent descendre de là-haut pour s'incruster dans la terre tandis que, de jour, le soleil reçoit de ce bas monde de l'éclat après lui en avoir donné. »

Sous les applaudissements de ses auditrices, Chastounière leur proposa ensuite de disserter sur le thème de leur délicatesse. La procureuse, qui avait un visage de hibou, une gorge enduite de céruse et des mamelles de chèvre à moitié découvertes sur lesquelles elle avait vainement plaqué quelques mouches, prit d'abord la parole :

« Par une fraîche matinée d'été, dit-elle d'une voix gracile, je me promenais dans le jardin de notre maison de Chaillot chaussée de mules. Je dénudai l'un de mes pieds mignons pour en mettre les petits doigts au contact de la rosée. Mal m'en prit. Une feuille de rosier étant tombée dessus, j'en restai boiteuse pendant trois mois. »

La femme du maître des requêtes, une vieille poulette jaunâtre à la peau parcheminée et aux lèvres rehaussées de baiseuses, emboîta le pas :

« Ma fille de ménage, par une maladresse inouïe, fit un jour mon lit en laissant par mégarde un petit pli au milieu de mes draps de Hollande. Le soir, j'y entrai un peu vivement et je me cassai une jambe contre ce pli. »

La femme de l'auditeur à la cour des comptes, encore toute jeune, ne prit la parole que contrainte et forcée.

« J'ai toujours recommandé à ma fille de chambre de me coiffer en séparant bien mes cheveux en deux parties égales. Un jour, la maladroite laissa trois cheveux de plus d'un côté que de l'autre et pendant trois semaines ma tête pencha de ce côté-là. »

On riait aux éclats. Chastounière se tourna vers Gabrielle, qui n'avait pas ouvert la bouche de la soirée, et il lui demanda de bien vouloir témoigner à son tour. Elle s'y refusa avec modestie, moins par complaisance envers son mari que par indifférence. Tout le monde insista. Semitte, le premier, obtempéra d'un sourire de condescendance :

« Eh bien, fit-elle, il y a de cela quelques jours, j'allais en cet endroit où l'on ne va d'ordinaire que seul, à moins que l'on ne soit le roi. Ma grosse matière, quoique molle, était un peu plus dure qu'à l'ordinaire. Je poussai. Je suis, de ce côté-là, si délicate qu'une veine éclata. Mais Dieu soit loué, mon mari, comme chacun sait, est orfèvre en la matière. Il m'administra un clystère de sa façon qui fit cesser l'hémorragie sur-le-champ et je m'en portai bien. »

Un silence glacé plana sur l'assistance. Semitte en fut momifié. Une étincelle de vie brillait cependant dans les yeux de Nicolas Goy et de Gabrielle. Ils échangèrent un regard complice. Tout au long de la soirée, Aliger avait d'ailleurs observé de très près la connivence tacite qui s'était établie entre eux. Le lendemain matin, il s'agenouilla à côté du président de Nesmond lors de la messe du Palais. « Monsieur le président, murmura-t-il, notre affaire est dans le sac, la bête mord ! »

Et de fait, quelques jours plus tard, Nicolas Goy se présenta à *La corne de cerf*. « Monsieur de la Croix, dit-il, je pourvois tous les jours aux offices de Sa Majesté et je m'étonne qu'un homme de votre compétence ne soit pas encore introduit à la cour. »

VIII

Nicolas Goy de Lachaux était l'arrière-petit-fils d'un fripier de Toulouse. Lorsque son grand-père, Étienne Goy, vint à Paris, il battait la semelle. Il entra au service d'un laquais de Gabrielle d'Estrées, duchesse de Beaufort, alors que celle-ci, au sommet de sa splendeur, avait su toucher le cœur du roi. Lassée des froideurs de son mari, le duc de Liancourt, la belle Gabrielle avait effectivement trouvé de substantielles compensations dans l'intimité d'Henri IV. Étienne lui rendit bientôt de menus services, endossa la livrée et gagna sa faveur en la servant dans ses aventures. Un jour, le Vert-Galant, qui était beaucoup plus avare de ses deniers que de sa virilité, créa un office de trésorier de l'épargne qu'il offrit à sa maîtresse pour ses vingt ans. Elle en voulait 20 000 écus. Étienne Goy se vanta d'en obtenir 30 000. Il s'en fit l'adjudicataire exclusif et tint parole. Son frère, Jean-Jacques Goy, qui s'était enrichi dans la finance, était assoiffé d'honneurs. Il lui fit miroiter l'éclat d'une charge de trésorier de l'épargne et gober l'encens. Mais la somme était trop forte pour lui. Les deux frères intéressèrent un secrétaire d'État, Monsieur de Fresne. Jean-Jacques Goy et Monsieur de Fresne versèrent chacun 15 000 écus et l'office fut acheté en tiers. Par ce biais, Étienne devenait l'un des trois titulaires de la charge. Tel fut le prix de sa commission. Dès lors, il n'eut qu'un but, désintéresser ses deux associés, quels qu'en fussent les moyens. Sa belle-sœur était tombée amoureuse de lui. Il transforma cet amour en passion. Jean-Jacques se déchaîna contre son frère et lui ordonna de cesser son commerce criminel, mais en vain. Il le menaça des étrivières et faillit l'étrangler. Les deux frères ennemis se battirent en duel et s'étripèrent sans qu'aucun des deux parvînt à liquider l'autre. Les amants complotèrent alors l'assassinat du mari importun. Mais en définitive, ils trouvèrent mieux. Ils savaient que le cœur de Jean-Jacques ne tenait qu'à un fil. Ils firent l'amour en sa présence et obtinrent de ces ébats ce qu'ils n'avaient pas obtenu du duel. Le malheureux fut foudroyé sur l'heure. Jean-Jacques Goy ne laissait aucun testament. Sa part de trésorier revint d'office à sa femme. Étienne ne pouvait pas l'épouser. Ce mariage, entaché d'inceste, serait tombé sous le coup des lois de l'Église. Il jura à sa belle-sœur un amour éternel et tous deux décidèrent de vivre comme mari et femme. Par un acte notarié, la veuve lui fit cession de ses droits sur sa charge de trésorier. Sur quoi, il la congédia, la mit dans un carrosse et la renvoya chez ses parents à Bordeaux.

Restait Monsieur de Fresne. Étienne avait ramassé et recollé les débris d'un papier qui pouvait lui porter le plus grand préjudice. Il battit monnaie avec sa trouvaille en le rançonnant à plaisir par l'intermédiaire de son commis. Monsieur de Fresne supportait de plus en plus mal ce rôle de vache à lait. A la fin, il dégaina, et de la pointe de son épée, il expédia le commis dans le chœur céleste. Pistolet en main, il s'en alla ensuite trouver Étienne Goy et le pointa à bout portant. Mais son émotion était si grande qu'il ne le blessa que légèrement à l'épaule. Il prit la fuite, fut jugé par contumace et brûlé en effigie. En guise de réparation, Étienne reçut sa part de trésorier.

Paradant un jour au Louvre nanti de son titre de trésorier de l'épargne, il croisa Henri IV qui le questionna en public sur ses origines. Étienne bredouilla : « Je vois, dit le roi, vous êtes de ces gens qui, sortis de leur maison par temps de brouillard, ne la peuvent retrouver. » Étienne Goy avala l'injure. Mais sa gloriole en fut dégrisée. Il revendit sa charge pour 50 000 écus et acheta le domaine de Lachaux, près d'Angoulême. Il préférait être seigneur sur ses terres qu'officier de fraîche date au Louvre. Il pressura ses paysans et se lança dans la finance. Il épousa une certaine Bénédict Loyson dont la mère était connue pour ses mœurs galantes mais dont personne ne connaissait le père. Son beau-frère, Armand Loyson, n'en était pas moins marquis de Montbrun. Il avait monnayé les charmes de sa sœur auprès du duc d'Harcourt qui, dans un élan de reconnaissance, en avait fait son fils adoptif. La liaison entre Bénédict et le duc n'en suivit pas moins son cours avec la complicité vénale d'Étienne et personne ne sut jamais si Louis-Étienne, son fils, était ou non le bâtard du duc. Certains trouvaient qu'il ressemblait à Étienne, d'autres au duc. Quoi qu'il en soit, l'enfant, futur père de Nicolas Goy, devint, sur recommandation expresse du duc d'Harcourt, page de la duchesse de Savoie, Christine de France. Cette princesse, fille d'Henri IV, avait épousé en 1619 Victor Amédée de Savoie. Il toucha le cœur de sa maîtresse et il serait sans doute devenu son favori si sa verve insolemment railleuse et son grain de folie n'eussent irrité le cardinal de Savoie, frère du duc, qui le fit chasser à coups de bâton.

A la mort de son père, Louis-Étienne dilapida joyeusement le patrimoine familial en faisant figure dans le monde. Il égayait la ville par le luxe de sa mise et promenait sur sa haquenée les modes les plus extravagantes. Son humeur libérale était fort prisée des courtisans qui recevaient la manne paternelle sous forme d'avances non couchées par écrit. Dépouillé des scrupules de son père, il se montra au Louvre où il glana quelques honneurs.

Sur ses terres de Lachaux, Louis-Étienne s'enlisait dans une magnificence ruineuse et dans une sotte vanité. Il raffolait de la compagnie des petits-maîtres et, pour les attirer, il festoyait et leur jetait l'argent à pleine brassée. On ramassait et on se pressait à sa table, happant les meilleurs morceaux et daignant à peine laisser une place au maître de séant. « Çà, çà, mes enfants, réjouissons-nous », criait-il à tue-tête. Et chacun suivait son conseil à la lettre, tant et si bien qu'on finit par lui rendre visite alors même qu'il n'était pas chez lui. Il s'en trouva bien aise et déclara qu'il se flattait désormais « qu'on serve en sa demeure tant en sa présence qu'en son absence ». « Monsieur, lui dit un jour le duc de Châtillon, faites-moi l'honneur de me prendre à vos gages et je renonce à toutes mes prétentions et prérogatives de courtisan. » Louis-Étienne prenait des airs familiers, tutoyait ses convives, disait, parlant de l'un d'eux : « Il est sur l'état de ma maison. » Son faste était le prix de son insolence et l'orgueil seigneurial payait bravement l'écot sous cette forme. Louis-Étienne avait d'ailleurs de quoi se consoler en voyant Monsieur le prince Gaston d'Orléans s'asseoir en personne à sa table. Au bord de la faillite, il s'en fallut de peu qu'il ne vendît la seigneurie de Lachaux. Mais il mourut à temps.

Son fils, Nicolas Goy de Lachaux, recueillit pieusement les miettes d'une grandeur passée. Il n'avait rien de la superbe de son père. Il était au contraire d'une simplicité qui n'était dépourvue ni de grandeur, ni de pouvoir de séduction. Son baudrier, la semaine, était une simple corde et le dimanche, une jarretière bleue. Il visitait volontiers ses paysans à l'heure du repas.

« Compère, disait-il, qu'y a-t-il dans ton pot ?

— Hé ! Monseigneur, répondait-on, il n'y a rien de digne de vous. »

C'était tantôt un morceau de lard trempant dans une bouillie d'épeautre ou un bout de saigneux. « C'est bien là ce que j'aime », s'exclamait-il toujours.

Tel était l'homme qui devait devenir l'un des plus magnanimes sous-traitants de Louis XIV. Car Nicolas Goy n'avait pas l'intention de vivre éternellement sur les vestiges de la fortune de son grand-père. Grâce à ses relations et à ses compétences, il obtint la sous-ferme de l'impôt sur les boissons pour une partie de la province d'Auvergne. Il savait, à une pinte près, ce qui se buvait de cidre ou de vin dans chaque village qui relevait de sa mouvance. En quelques mois, son bien passa de 300 à

4 000 écus. Les gros Messieurs de Paris qui avaient affermé l'impôt sur les boissons tinrent à s'associer ce fin matois qui, disait-on, connaissait par cœur la consommation des huit évêchés d'Auvergne.

A force de labeur et de persévérance, il refit fortune à Paris. La fortune venait même au-devant de lui. Surfaite ou non, sa réputation d'infaillibilité défrayait la chronique et fit tomber dans son escarcelle, sans même qu'il l'eût voulu, le plus gros magot qu'il ait jamais palpé. Un jour, le hasard l'amena à Lyon où séjournait le surintendant des finances qui devait accorder aux financiers de cette ville une concession importante. Ceux-ci s'imaginèrent que Nicolas Goy s'y trouvait en rival et lui offrirent 10 000 écus pour prix de son abstention. Il saisit la balle au bond et ne se désista que contre 30 000 écus dans une affaire dont il ignorait jusque-là l'existence.

L'habileté de Nicolas Goy ne pouvait échapper au banquier Samuel Bernard qui se trouvait alors au seuil d'une fabuleuse ascension et qui commençait à étendre son monopole sur la traitance d'une partie des offices créés par Louis XIV. Il fit appel à lui dans une tâche devenue trop lourde pour un seul homme. Nicolas tissa dans Paris un tentaculaire réseau de connaissances qui lui permit de s'insinuer dans les milieux du droit, de la finance et du commerce. Il se lia d'une amitié intéressée avec le procureur Aliger. Mais lorsqu'il se présenta chez Semitte, il n'était guidé ni par l'amitié ni par l'intérêt.

***

Dès qu'il eut franchi le seuil de *La corne de cerf*, Gabrielle, qui était en pleine préparation de *rossoli*, se mit à faire d'étranges mélanges. Et tout en parlant à Semitte, Nicolas n'avait en fait d'autre dessein que de plaire à la belle épicière. Le roi, disait-il, était incessamment à la recherche d'hommes de valeur susceptibles de le servir à la cour. Mais il ne pouvait être partout à la fois et il avait délégué à Monsieur Samuel Bernard la charge de recruter cette élite de fidèles serviteurs. En fait, Samuel Bernard, lui-même débordé, avait fait appel à Goy qui se flattait d'être son homme de confiance.

« En vérité, Monsieur de la Croix, mes soupers, mes promenades, la fréquentation du beau monde ne font pas vraiment partie de mes loisirs. Je m'y considère au service du roi et sans que personne en sache rien, je scrute mes gens. Le procureur Aliger m'avait déjà signalé vos talents et j'avais depuis peu délicieusement éprouvé les bons effets de vos eaux-de-vie. Chacun connaît vos travaux sur le clystère et l'on dit même que Monsieur Daquin en a personnellement informé le roi à son lever. »

A ces mots, la poitrine de Semitte se gonfla prodigieusement sans même qu'il s'en rendît compte, ses yeux s'illuminèrent et se perdirent dans une sorte d'abîme. Un sourire d'intense vanité se lisait sur son visage. Sa personne tout entière semblait emportée dans un mouvement d'ascension. Pendant un instant, les paroles de Nicolas Goy lui échappèrent, et ses pensées se perdirent dans le flou d'une imagination qui le transporta à Versailles où, sous les applaudissements de sa maison, le roi dégustait un gobelet de son eau-de-vie.

« Monsieur, poursuivit Nicolas Goy, j'aurais mauvaise grâce si un autre que moi vous introduisait à Versailles auprès de Sa Majesté. Ma foi, j'y perdrais ma réputation. Je vous en prie, accordez-moi, Monsieur, le monopole de cet honneur, dût-il m'en coûter une fortune.

— Monsieur de Lachaux, répondit Semitte, je prise les hommes d'honneur. Par une sorte de mystère que l'on a du mal à démêler, il se trouve que vous êtes le premier à me tenir pareil langage. Mais derrière cette anomalie, d'une impertinence à première vue inouïe, je vois se profiler maintenant le dessein d'une exquise Providence qui n'a rien ménagé pour écarter de nos chemins convergents les inopportuns qui auraient pu s'interposer entre vous et moi. Et vous voudriez, Monsieur, que je néglige les avertissements d'une telle Providence ? Non... non... croyez-moi, nous sommes au rendez-vous du destin. Je suis votre homme, Monsieur.

— Je savais, Monsieur, que vous étiez un grand savant. Mais j'ignorais à ce jour que vous aviez de surcroît l'âme d'un gentilhomme de première extraction. L'honneur que vous me faites me touche d'autant plus. Ne laissons rien au hasard. Je crois inutile de vous préciser que j'envisage pour vous la charge de premier apothicaire du roi. Mais il serait malhonnête de ma part de vous la promettre dans l'immédiat. Monsieur Poisson jouit pour l'instant de la faveur du roi et ses trois adjoints, Messieurs Boudin, Hoquincourt et Beaulieu, ont leur office bien en main. Mais en peu de temps, il se passe bien des choses à la cour. Ce qui y brille aujourd'hui s'y éteint demain et le talent finit toujours par triompher dans les parages d'un grand monarque. Messieurs Poisson, Boudin, Hoquincourt et Beaulieu sont versés dans une science qui, il faut bien l'avouer, se situe au ras du sol lorsque l'on s'en tient à la seule connaissance des herbes. Mais votre connaissance de l'anus, Monsieur, donne à votre savoir cette élévation qui vous distingue de tous ces cueilleurs de plantes en vous auréolant déjà d'une majesté médicale. Le roi y sera d'autant plus sensible qu'il vous verra dans cet office peu proportionné à votre mérite. Il faut, Monsieur, que cette affaire soit menée avec exactitude. J'y veillerai personnellement et j'en parlerai dès demain à Monsieur Samuel Bernard. »

Les deux hommes échangèrent révérences sur

révérences, s'embrassèrent et se firent mille caresses. Semitte renouvela ses protestations d'amitié et de reconnaissance. Il promena Nicolas Goy dans sa boutique et dans son arrière-boutique, étala produits et plantes, exhiba le manuscrit de son *Contra de clysteribus*, fit goûter de ses eaux-de-vie... Il était à mille lieues de se douter que la fascination qui se lisait sur le visage de son interlocuteur était tout à fait étrangère à ses talents. En ces minutes où les cœurs de Gabrielle et de Nicolas Goy ne battaient plus que l'un pour l'autre, il en avait oublié jusqu'à la présence de sa femme.

Avant de quitter son apothicaire, Nicolas Goy lui précisa qu'il lui faudrait se rendre en personne dans les bureaux de Samuel Bernard afin d'y étudier sur place les modalités de sa présentation à Versailles. Il lui ferait savoir, par son commis, le jour et l'heure de l'entretien. Là-dessus, il laissa Semitte et Gabrielle plongés dans une sorte de ravissement. Mais leur ravissement n'avait rien en commun.

***

Louis Semitte entama aussitôt son capital et se lança dans un train infernal de dépenses somptuaires. On le vit parader, rue Saint-Honoré, dans une tenue digne des courtisans de la plus haute lignée, avec une pointe de mauvais goût en plus. Il envisageait l'achat d'un carrosse et il en calculait déjà les frais d'investissement et d'entretien. Mais il se transporta dans les bureaux de Samuel Bernard en chaise à porteur louée à la journée. Son équipage passa d'ailleurs totalement inaperçu.

Lorsqu'il pénétra dans le comptoir, il fut comme submergé par une armée de commis, de comptables et d'employés aux écritures qui déployaient une activité intense sous la houlette d'un état-major de directeurs dont la vigilance ne se relâchait jamais. Samuel Bernard jouissait maintenant des faveurs d'un roi qu'il avait su toucher par ses prêts intéressés. Ses bureaux de traitance mettaient en vente des offices de juges, de vérificateurs de rôles, de trésoriers ou de receveurs des greniers à sel. Sur chaque office vendu, il prélevait une remise en dedans, et une remise en dehors qui lui assuraient un bénéfice de 33 p. 100. Mais les commissions occultes et les pots-de-vin arrondissaient grassement ces revenus. Le titulaire de l'office bénéficiait ensuite de gages qui amortissaient son investissement en une douzaine d'années. Honteuse d'emprunter au grand jour, la monarchie débitait l'administration du royaume au détail, au terme d'un marché de dupes. C'est ainsi que Louis XIV établissait sa majesté sur la misère de ses successeurs.

Dans ses vêtements d'apparat, Semitte fit figure d'intrus au milieu de cette cohorte d'affairistes aux manches retroussées. On lui indiqua négligemment le bureau de Nicolas Goy qui lui réitéra ses protestations d'amitié et de fidélité dans un nouvel épanchement lyrique. Il lui apprit que Samuel Bernard, qui avait été retardé dans ses horaires par une affaire de dernière minute, ne pourrait les recevoir qu'avec une heure ou deux de retard. Lorsque les deux hommes furent introduits dans le bureau du banquier, celui-ci était plongé dans une liasse de papiers qu'il feuilletait à la hâte tout en discutant assez vivement avec un secrétaire particulier. Il ne s'était même pas aperçu de la présence de son adjoint et de Semitte qui fit une grande révérence dans le vide. Samuel Bernard les ignora pendant cinq bonnes minutes. Semitte s'impatientait. Goy lui fit un geste d'apaisement. Enfin, le banquier leva la tête.

« Monsieur, lui dit Nicolas Goy en mettant un dossier entre ses mains, je vous ai déjà parlé de Monsieur Louis Semitte de la Croix. »

Avant même d'avoir regardé Semitte, Samuel Bernard jeta un coup d'œil rapide sur le dossier, compulsa un fichier dont il tira un feuillet et s'adressa enfin à son interlocuteur.

« Monsieur Semitte, vous êtes épicier ?

— Épicier-apothicaire, Monsieur de Bernard.

— J'aurai peut-être pour vous un office à la bouche du roi.

— Monsieur de Lachaux et moi-même pensions pourtant que grâce à mes connaissances sur l'an...

— Monsieur Semitte veut dire, interrompit Nicolas Goy, que sa connaissance des herbes lui permettra par la suite de mettre ses talents au service de l'apothicairerie du roi.

— Nous verrons plus tard. En attendant, le roi vient de créer trois offices de serdeau.

— De quoi s'agit-il ? demanda Semitte.

— N'ayez crainte, répondit Samuel Bernard, c'est sans doute à la portée du premier venu. Je mets l'office en vente pour 8 000 livres. Il va de soi que la demande sera sans doute très forte et je me verrai peut-être dans l'obligation d'en augmenter la mise. Monsieur Semitte, on vous tiendra au courant. »

Là-dessus, Samuel Bernard se replongea dans ses liasses et renoua le fil de la conversation avec son secrétaire. Semitte se retira en faisant une nouvelle révérence dans le vide. L'entretient n'avait duré que trois minutes.

« Je m'étonne, dit Semitte, que le roi, qui ne s'entoure jamais que d'hommes de qualité, ait jeté son dévolu sur ce Samuel Bernard.

— J'en conviens. La chose semble très étrange. Monsieur Bernard est un peu rustre. Certains disent même qu'il est juif. Mais ne soyons pas excessifs. En vérité, le roi, dans son immense sagesse, ne fait rien qui ne soit dûment mesuré. Quand bien même serait-il rustre, il apprécie Bernard pour son efficacité au niveau de la traitance. Mais je vous donne la preuve qu'il ne délègue ses pouvoirs qu'à des hommes de qualité pour le choix de ses serviteurs, en sorte que Bernard et moi-même formons à nous deux l'une de ces associations harmonieuses qui sont les fondements de la puissance du royaume.

— C'est bien raisonné. Il n'empêche que je viens de dépenser 1 100 livres pour me vêtir comme à la cour et que 8 000 livres ne sont pas de ces sommes...

— Monsieur, il est fort juste que la présentation à la cour est une entreprise très ruineuse et à première vue étonnante : vous avez la délicatesse de mettre vos talents au service du roi et pour toute récompense, on s'en prend à vos deniers. Mais comment voudriez-vous sinon reconnaître l'honnête homme du vagabond ? Vous avez dépensé 1 100 livres pour vos vêtements, vous allez en dépenser 8 000, au moins, pour l'achat de votre charge. Et ce n'est qu'un début, songez au carrosse. Un homme qui se montre à la cour n'y vient pas en voiture de louage. Mais aussi, pensez à vos gages, pensez à votre clientèle qui doublera, qui triplera lorsque l'on saura partout que vous servez le roi. Tant de garanties répondent de vous au-delà de tout ce qu'un banquier peut attendre de son débiteur. Je vous avais demandé, Monsieur, comme un honneur, de me réserver le monopole de votre présentation à la cour, dût-il m'en coûter une fortune. Je vous signe sur-le-champ un billet contre lequel le caissier de notre maison vous délivrera pour commencer une somme de 5 000 livres prélevées sur mon compte. Il va sans dire que je me couvrirais de honte si je vous demandais sur ce prêt le moindre intérêt. Quant à la reconnaissance de dette...

— Monsieur, il suffit. Sachez mettre un terme au

cours de vos bontés. J'en accepte les bienfaits parce que je suis au service du roi. Mais je refuse ces sortes de faveurs extraordinaires que les seules gens sans aveux acceptent d'ordinaire. Je vous signe immédiatement cette reconnaissance de dette. Fixons-en l'échéance au 31 décembre 1688.

— Plus d'un an ! C'est mille fois plus de temps qu'il ne vous en faudra pour recueillir d'un côté ce que vous aurez donné de l'autre. J'accepte cette reconnaissance, Monsieur, pour ne point vous froisser, car je vous sais trop de courtoisie pour ne pas insister. »

Une semaine plus tard, Nicolas Goy se rendit à *La corne de cerf* pour y acheter quelques bouteilles d'eau-de-vie et pour jeter sur Gabrielle un regard conquérant.

Quelques jours s'écoulèrent. La charge d'officier de serdeau du roi fut adjugée à Semitte pour 12 000 livres. Nicolas Goy avança 10 000 livres et Semitte ajouta à l'enseigne de sa boutique la mention *Apothicaire Serdeau du Roy* avant même de connaître la nature de sa charge.

IX

TRÉPIGNANT d'impatience, le cœur palpitant, Louis Semitte se présenta en carrosse de louage au Grand Commun de Versailles avec une bonne heure d'avance sur l'horaire prévu. Un huissier de service le conduisit jusqu'au premier maître d'hôtel, M. Sanguin, marquis de Livry, qui chargea un maître d'hôtel ordinaire de lui expliquer en quoi sa besogne consistait. Quelques instants plus tard, les trois gentilshommes servants qui, ce jour-là, faisaient office de grand panetier, de grand échanson et de grand écuyer, vinrent contrôler l'état des lieux et superviser le service de la bouche. Semitte les salua. Ils affectèrent de l'ignorer.

Le grand carré des offices communs du Roi, de la Reine, de Monseigneur et de Madame la Dauphine était un vaste bâtiment séparé du château. Éclairé par cinq cents fenêtres, il renfermait soixante-six appartements destinés aux officiers de la maison du roi et un grand nombre de logements pour les gens de service. En tout, mille pièces, mille cinq cents habitants, une chapelle... Au rez-de-chaussée se trouvaient les cuisines où se préparaient la viande du roi et la nourriture des milliers de personnes qui avaient bouche à cour. Semitte se sentit devenir tout petit.

Ce lundi matin, le Conseil d'État s'était terminé un peu plus tôt qu'à l'ordinaire et le roi s'était ménagé quelques instants de détente en se livrant à sa promenade favorite le long du Grand Canal. Il était entouré des plus hauts dignitaires de sa maison. Sur sa droite, légèrement en retrait, le grand chambellan, Godefroy Frédéric Maurice de La Tour d'Auvergne, pair de France, duc de Bouillon, d'Albret et de Château-Thierry. Derrière lui, les premiers gentilshommes de la chambre : François de Beauvilliers, duc de Saint-Aignan, chevalier des Ordres du roi ; Louis Marie de Roche Baron, duc d'Aumont, pair de France ; Léon de Potier, duc de Gesvres et de Fontenoy-Mareuil ; le duc Gréquy de Courtivron, prince de Poix... Suivaient d'autres gentilshommes ordinaires à qui le roi accordait par intermittence le privilège de la promenade. Quelques grandes dames, dont Madame de Toucy, duchesse d'Aumont et Madame Françoise Angélique du Val, duchesse de Gesvres, s'étaient insérées dans le cortège.

Affublés de hauts-de-chausses en damas rouge, bleu ou blanc, de baudriers d'azur ornés de médailles, de manches dentelées à crevés, de souliers vermillonnés garnis de larges rubans dorés, drapés de velours chamarré et de soie brodée de fils d'or et d'argent, épée étincelante au côté, tous ces gentilshommes, qui incarnaient la quintessence du royaume, formaient une cohorte rutilante déployée en un triangle au sommet duquel le roi avançait sans dire mot, bâton d'ivoire à pomme d'or en main, d'un pas cadencé, lent et majestueux. Quelques courtisans parlaient à voix basse. Seule la duchesse d'Aumont égayait quelque peu le cortège en ponctuant le silence de ses rires.

Au château, l'huissier qui avait été averti du retour de Sa Majesté, se dirigea vers la salle des gardes du corps et s'écria : « Messieurs, au couvert du roi. » Puis il se rendit, accompagné d'un garde, à l'office du château où le chef du gobelet venait d'apporter la nef, pièce d'orfèvrerie en forme de navire qui contenait la salière, les serviettes enfermées dans des coussins de senteur et les tranchoirs. Le garde du corps, des gentilshommes servants et des huissiers suivirent le chef du gobelet qui, nef en main, se dirigea vers la chambre du roi où avait lieu le dîner. Sur leur passage, tous les courtisans s'inclinaient respectueusement. D'autres gentilshommes servants dressaient le couvert et faisaient l'essai du pain et du sel.

Au même instant, un cri lancé par le premier maître d'hôtel retentit dans les locaux du Grand Commun : « La viande du roi. » Aussitôt, le cortège de la viande s'ébranla lentement. En tête, deux huissiers marchaient gravement, suivis du maître d'hôtel impavide et muni d'un bâton, du gentilhomme servant panetier, du contrôleur clerc d'office et d'autres gentilshommes servants qui, encadrés par des carabiniers, portaient plusieurs plats de viande. En queue venaient enfin les deux premiers serdeaux, chacun muni d'une carafe. Tout seul derrière eux, le troisième serdeau, Louis Semitte, qui portait trois serviettes sur le bras gauche, fermait le cortège. La viande partit du Grand Commun, traversa la rue, entra dans le château, emprunta une multitude de couloirs et s'arrêta un instant à l'office. Les deux derniers huissiers et les trois serdeaux s'immobilisèrent au garde-à-vous tandis que le reste du cortège poursuivait son chemin en direction de la chambre du roi.

Cependant, Louis XIV et sa suite, après avoir franchi le seuil du péristyle, montèrent au premier étage par l'escalier des petits appartements et débouchèrent dans la Grande Galerie. Le soleil à son zénith y jetait ses feux par dix-sept grandes fenêtres cintrées. Trois cent six glaces à biseau réunies par des cuivres dorés finement ciselés et enchâssées sous dix-sept arcades dorées en diffusaient l'éclat dans toute la galerie que rehaussaient des revêtements de marbre et d'or. Les fenêtres et les arcades étaient séparées par des pilastres de marbre dont les piédestaux et les chapiteaux corinthiens de bronze étaient ornés de têtes de coq, symbole de la France, de soleils, devise du roi, et de fleurs de lys dorées au fer. Des couronnes de France, des colliers du Saint-Esprit et de Saint-Michel rehaussaient la corniche. Le long de la galerie, seize grands chandeliers d'argent étaient portés par des guéridons dorés, par deux rangées de lustres de cristal et aux deux bouts, par deux lustres d'argent à huit branches. Des rideaux de gros damas blanc, brochés d'or au signe de S.M. alternaient avec des tabourets recouverts de velours vert entouré d'une bande de brocart d'or. Trente tableaux de Lebrun ornaient la voûte en forme de berceau en plein-cintre. Encadrés de bordures richement sculptées, ils retraçaient l'histoire du roi en couronnant l'édifice de leur splendeur écrasante.

Lorsque Louis fit irruption dans cette galerie que toutes les nations considéraient comme la plus belle du monde, un Suisse cria : « Messieurs, le roi. » Aussitôt, le silence se fit, les courtisans qui s'y trouvaient se prosternèrent et communièrent dans une même extase. Le cortège royal suivit son cours. Le bâton de Sa Majesté en ponctuait solennellement la progression en martelant de coups secs et réguliers un parquet étincelant que recouvraient par endroits des tapis de la Savonnerie. Louis ne saluait d'un léger signe de tête que les dames qui se trouvaient sur son passage. Quelques servantes munies d'une pelle et d'un balai ramassaient des déjections de courtisans car les architectes de Versailles n'avaient point prévu d'endroits spécialement conçus pour satisfaire à leurs besoins intimes. Le roi tourna légèrement la tête vers son grand chambellan :

« Monsieur de Bouillon, dit-il avec gravité, je vous avais demandé que ce ramassage se fît de grand matin et en dehors de ma présence.

— Majesté, j'avais donné des ordres en ce sens à Monsieur de Marillac.

— Un gentilhomme ordinaire de ma chambre est responsable devant vous, et vous l'êtes devant moi, Monsieur.

— Je veillerai à ce que mes ordres soient dorénavant respectés à la lettre, Majesté.

— Il fallait faire en sorte qu'ils le fussent déjà, Monsieur. »

Là-dessus, Louis s'arrêta, s'inclina respectueusement devant l'une des filles de ménage qui faisait cette besogne sur son passage, car il tirait gloire de se montrer toujours plus courtois envers une domestique qu'envers une grande dame. Les gentilshommes de sa suite l'imitèrent. La servante, visiblement émue, s'inclina à son tour. La matière qu'elle avait collectée s'échappa de la pelle. Le cortège royal s'ébranla. Le roi, qui ne daigna pas faire de détour, marcha dessus, et de proche en proche, les talons et les semelles de toute la suite en furent bientôt imprégnés.

Louis pénétra dans l'Œil-de-bœuf par l'une des trois portes qui le faisaient communiquer avec la Grande Galerie. De cette antichambre, il passa dans sa chambre où l'attendaient déjà les intimes qui avaient le rare privilège d'assister à son petit couvert. C'étaient généralement de hauts dignitaires de la maison de la reine, de Madame la Dauphine, de Monsieur, de la maison de la Trémoille ou de Longueville. Ils se tenaient debout, dans un alignement rigoureux, à quelques mètres de la table, dans l'attente du spectacle grandiose. Lorsqu'ils virent le monarque, ils s'inclinèrent en chœur et ne se redressèrent que sur un geste du roi.

« Décidément, glissa doucement la duchesse de Noailles dans l'oreille de la princesse de Soubise, Sa Majesté ne cessera jamais de nous étonner.

— Eh ! Madame, répondit la princesse, elle nous réserve toujours d'agréables surprises. Aujourd'hui, elle embaume. »

A cet instant précis, le cortège de la viande du roi fit irruption dans la Grande Galerie, transita par l'Œil-de-bœuf et pénétra dans la chambre du roi précédé du marquis de Livry qui le fit défiler lentement devant le souverain en énumérant avec solennité le détail de la prestation :

« *Potage* : deux chapons vieux pour potage de santé, quatre perdrix aux choux. *Petits potages* : six pigeonneaux de volière pour bisque, un de crête de béatilles. Deux *petits potages hors-d'œuvre* : un chapon haché pour un, une perdrix pour l'autre. *Entrées* : un quartier de veau, douze pigeons pour tourte, pièce autour. *Petites entrées* : six poulets fricassés, deux dindons grillés. *Quatre petites entrées hors-d'œuvre* : deux faisans crème, trois poulets gras au jus. *Rôt* : deux chapons gras, neuf poulets, neuf pigeons, quatre tourtes. »

Louis désignait du doigt les mets à son goût. Monsieur Daquin, son premier médecin, considérait avec gravité et appréhension cet étalage de viandes. Il fit écarter les pigeonneaux de volière pour bisque, les poulets fricassés et les poulets gras. Mais lorsqu'il voulut priver le roi de chapons, celui-ci insista :

« Majesté, dit-il, j'ai peur que ces chapons ne vous incommodent par toutes sortes de crudités et de flatulences qui s'engendreront après leur ingestion. »

Le roi insista.

« Alors, j'y consens, mais je supplie respectueusement Votre Majesté d'avoir la bonté de me permettre de porter aujourd'hui le nombre de ses saignées de deux à trois. »

Louis acquiesça et demanda à boire. Le gentilhomme servant faisant office d'échanson s'écria aussitôt : « A boire pour le roi », fit sa révérence, se dirigea vers le buffet, prit des mains du chef-échansonnerie-bouche la soucoupe d'or garnie du verre couvert et des deux carafes de cristal pleines de vin et d'eau, revint précédé du chef et suivi de l'aide du gobelet-échansonnerie-bouche. Tous trois firent la révérence. Le gentilhomme versa un peu de vin et d'eau dans deux petites tasses de vermeil doré que tenait le chef du gobelet, s'inclina de nouveau et présenta au roi la soucoupe d'or. Le roi se servit, but et remit le tout en place. le chef du gobelet et l'aide réintégrèrent le buffet après une dernière révérence.

La viande était découpée par le gentilhomme servant faisant office de grand écuyer tranchant et présentée au roi selon un cérémonial à peu près identique. Louis s'en saisissait alors de ses mains grasses et il y donnait un solide coup de dent.

Lorsque le dîner fut terminé, tout le monde retourna à l'office dans le même ordre. Les trois gentilshommes servants faisant office de grand échanson, de grand écuyer tranchant et de grand panetier se présentèrent devant les deux premiers serdeaux qui versèrent de l'eau sur leurs mains. Puis, ils se dirigèrent vers le troisième serdeau sans même le regarder. Ils prirent à tour de rôle les trois serviettes qui reposaient sur son bras gauche, s'essuyèrent les mains et les remirent négligemment sur son bras droit. Semitte venait d'accomplir la tâche pour laquelle il avait dépensé 12 000 livres. Le cortège de la viande du roi se reforma selon le protocole d'arrivée et regagna le Grand Commun. Semitte était toujours en queue, à la seule différence que ses serviettes étaient sales. Il n'avait même pas entrevu le roi.

* * *

De retour rue Saint-Honoré, l'apothicaire raconta à qui voulait bien l'entendre qu'il avait pratiquement assisté au dîner du roi. Mais en privé, il fit sentir à Nicolas Goy qu'un savant n'avait décidément que faire d'un tel office et que le roi était d'un abord bien difficile. Le banquier lui conseilla la patience. « Un jour ou l'autre, lui dit-il, le destin vous mettra sur le chemin du roi et cette rencontre, à l'image de la nôtre, sera d'autant plus éclatante qu'elle aura été précédée d'une longue attente. »

Après mûre réflexion, Semitte décida de ne compter que sur son propre tact pour paraître à Versailles. Il n'avait pas l'intention de se soumettre aux caprices d'un destin qui risquait de le faire végéter plusieurs années avec trois serviettes sur le bras. Une idée lumineuse germa dans sa tête. L'essentiel, pensait-il en se souvenant des paroles de

Goy, n'était-il pas d'attirer sur soi, sous n'importe quel prétexte, l'attention d'un monarque beaucoup trop éclairé pour ignorer plus longtemps ses talents ? Il passa aux actes et informa un maître d'hôtel ordinaire qu'il avait une communication de la plus haute importance à faire au roi. Il fut sèchement éconduit. « Ce maître d'hôtel, pensa-t-il, est un maître d'hôtel effectivement très ordinaire. » Il s'adressa directement au marquis de Livry qui lui réserva le même accueil. Il essaya de frayer avec des gentilshommes servants, sans plus de succès. Finalement, un premier serdeau lui apprit que n'importe quel sujet de Sa Majesté était en droit de lui adresser une requête en déposant un placet sur une table disposée à cet effet, tous les lundis, dans la salle des gardes. Semitte vit dans ce procédé une marque de la Providence.

Une dizaine de jours plus tard, le roi s'éveilla comme à l'ordinaire vers sept heures du matin après que son premier valet de chambre se fut écrié : « Sire, voilà l'heure. » Monsieur Daquin entra, prit le pouls de son royal patient, et bien qu'il n'eût rien remarqué de particulier, il prescrivit malgré tout un remède.

Alors, tandis que le roi se confiait à son barbier et à son perruquier, la porte qui communiquait avec le cabinet de l'Œil-de-bœuf s'entrouvrit et les grandes entrées commencèrent. Une infime minorité de hauts dignitaires jouissait du privilège de regarder le roi dans les premiers moments de sa journée : membres de la famille royale, princes du sang, grands officiers de la couronne.

A huit heures et demie, un Suisse annonça les secondes entrées tandis qu'un autre Suisse, posté à l'entrée du cabinet de l'Œil-de-bœuf, vérifiait scrupuleusement la qualité des courtisans qui faisaient assaut pour voir le roi à son petit lever. Secrétaires du cabinet, lecteurs de la chambre, intendant de l'argenterie, premiers valets de garde-robe et grandes dames s'amalgamaient pêle-mêle dans une étrange cohue. Quelques-uns, seulement, parvenaient jusqu'au roi.

C'est le moment que Louis XIV choisissait généralement pour prendre place sur sa chaise percée recouverte de velours écarlate brodé de crépines et munie d'un bassin de faïence rose agréablement décoré de scènes champêtres. Il satisfaisait précisément aux besoins inflexibles de la nature lorsque ce matin-là, Louvois vint lui faire la lecture des derniers placets. Cloué à l'entrée de la chambre, l'huissier, imperturbable, continuait d'annoncer : Monsieur le duc de Trémoilles, Madame la maréchale d'Humières, Madame la comtesse de Gramont... Et dans le même temps, Monsieur de Lully, surintendant de la musique du roi, faisait donner les violes.

Louis s'ennuyait à l'audition des placets. Il n'y était question que de requêtes concernant des demandes d'offices, de privilèges ou d'exemptions. Louvois regarda d'un œil distrait le dernier placet et il le jeta au panier sans même se donner la peine de le lire à haute voix.

« Qu'est-ce ? demanda le roi.

— Ce n'est rien, Sire, il ne s'agit que d'un extravagant qui désire vous voir personnellement pour une affaire qu'il prétend d'importance.

— Lisez donc, Louvois. »

Louvois reprit le papier, le défroissa et lut :

« — Sire, je me croirais indigne de l'office de
« serdeau que vous me fîtes la grâce de m'accorder
« si je gardais pour moi un secret d'une telle gravité
« que je ne pourrai le révéler qu'en la seule pré-
« sence de votre adorable majesté. Croyez, Sire, que
« je n'ai d'autre désir que de rester modestement le
« très humble et très fidèle serviteur d'un souve-
« rain sublime qui brille d'un éclat incomparable

« sur toutes les nations policées de ce monde. »

« Et c'est signé, ajouta Louvois, Louis Semitte de la Croix, serdeau du roi, apothicaire.

— Qu'est-ce qu'un serdeau ? demanda le roi.

— C'est le titulaire d'un office sans importance que nous venons de mettre en vente, Sire.

— En quoi consiste cet office ?

— En bien peu de chose, en vérité. Je crois qu'il relève de la bouche et que l'officier en question se contente de verser un peu d'eau sur les mains des gentilshommes servants.

— Louvois, dit le roi en souriant, il faut reconnaître que ce Sam... Sim... Comment dites-vous ?

— Semitte, Sire.

— Que ce Semitte a l'art d'éveiller notre curiosité. Donnez-moi ce papier. Je lui répondrai personnellement. »

Louis se redressa. Deux gentilshommes relevèrent son justaucorps, deux autres remontèrent sa culotte. Et tandis que le souverain se dirigeait vers son prie-Dieu, le gentilhomme préposé à la chaise percée prit possession du bassin en faïence, l'éleva cérémonieusement à hauteur de sa tête et s'avança gravement au milieu des courtisans qui s'écartèrent sur son passage en s'inclinant respectueusement devant la matière du roi.

Quelques jours s'écoulèrent avant qu'un commis de la grande chancellerie ne se présentât à *La corne de cerf* muni d'un pli scellé au sceau du roi et destiné à Louis Semitte. Celui-ci le décacheta, lut et s'évanouit. Gabrielle jeta à son tour un coup d'œil sur le billet :

Monsieur,

Nous avons pris un intérêt personnel au placet dans lequel vous nous informez de votre souci de porter à notre connaissance une affaire d'impor-

tance. Nous vous accorderons un entretien au cours de notre dîner du 17 octobre.

Fait à Versailles, ce 19 septembre 1687.

Louis, Roy de France et de Navarre
par la grâce de Dieu.

Deux heures plus tard, Semitte fit irruption dans les locaux de Samuel Bernard. Il marchait d'un pas décidé, la tête haute, le corps droit. Les trompettes de Jéricho résonnaient dans sa tête. Il pénétra directement dans le bureau de Nicolas Goy, sans se donner la peine de se faire annoncer et alors même que le banquier était en entretien.

« Dites donc, Goy, s'écria-t-il, vous me semblez bien prématuré lorsque vous m'affirmez que je ne verrai le roi que dans quelques années. Tenez, regardez ceci, c'est Sa Majesté en personne qui demande à me parler. »

Il jeta le billet sur le bureau de Goy qui le lut, le relut, le tourna et le retourna dans tous les sens. Le document était bien authentique. Le banquier regarda Semitte avec perplexité et gravité :

« Quelle est cette affaire d'importance ? demanda-t-il d'un air inquiet.

— Mon cher, je ne saurais le dire qu'en présence de Sa Majesté. Ce serait, foi de gentilhomme, manquer d'honneur et faire une sorte de violence à la fidélité que tout officier doit au roi que de vous en parler à vous d'abord. »

Le soir même, Semitte fit une entrée fracassante chez Aliger et se présenta devant le procureur dans des formes aussi peu protocolaires :

« Au fait, mon cher procureur, s'exclama-t-il dans un éclat de voix qui fit vibrer toute l'étude, n'auriez-vous pas quelque chose de bien précis à dire au roi ? Il demande à me voir dans le courant du mois prochain. »

*
* *

Dès lors, Louis Semitte afficha des airs de suffisance et de grandeur qui le rendirent odieux à tout le quartier. Il ne voulait même plus donner de sa personne pour servir sa clientèle et il chargea son compagnon de cette besogne qu'il jugeait indigne de lui. Ses affaires se mirent à péricliter sans même qu'il s'en rendît compte. Au demeurant, il n'en avait cure. Il se laissait bercer par la douce certitude de vivre, tôt ou tard, des deniers du roi.

Dans le même temps, il donna une publicité tapageuse à la liaison qu'il entretenait jusque-là de façon plus ou moins discrète avec Catherine Labbée. Cette dernière, qui nourrissait avec la même vulgarité les mêmes prétentions que son amant, se donnait des allures de duchesse et semblait usurper la destinée que Jean-Baptiste Perreau avait promise à sa fille. Louis Semitte dédaignait d'ailleurs sa femme. Il criait dans tout le quartier qu'il avait épousé une « qui a pris cornes ». Jean-Baptiste était le seul à ne pas comprendre l'astuce. « On ne dit pas — *quiapricorne* — mais capricorne », répétait-il inlassablement en insistant lourdement sur le « ca ». Un soir, Gabrielle reprocha son inconduite à Semitte. Elle lui demanda notamment de régler ses écarts en toute liberté mais avec plus de discrétion. Il la gifla et, pour la punir de cette impertinence, il licencia sur-le-champ Julien, l'apprenti pour lequel elle avait tant d'affection. Il le remplaça par un nommé Jean Petrat. Ce garçon, qui habitait depuis peu le quartier, y avait déjà acquis une fort mauvaise réputation. Le scandale prit bientôt de telles proportions que l'abbé Cogniet décida d'intervenir. Il se tourna d'abord vers Gabrielle et lui conseilla de prêcher la modération à son mari. Puis, il affronta Semitte en personne :

« Monsieur, lui déclara-t-il, j'ai eu l'honneur de

vous seconder dans vos travaux scientifiques que j'admire mais je ne vous ai jamais, que je sache, parlé en termes de religion. Je me sens un peu responsable des bonnes mœurs de mes paroissiens. Vos désordres m'incommodent. Votre femme est bonne, obéissante, charitable. Or, vous la bafouez et vous bafouez votre fille par un comportement indigne d'un chrétien.

— Que je sache, Monsieur l'abbé, répondit Semitte, les maîtresses du roi ne vous incommodent guère. Par quelle étrange subtilité les miennes font-elles violence à vos sentiments chrétiens ?

— Monsieur, les affaires du roi ne me regardent pas. Mais s'il était de mon devoir de lui prêcher la religion, je lui tiendrais le même langage. Au reste, si le roi faute, il ne manque jamais de s'en confesser et votre conduite devrait à cet égard se régler sur la sienne.

— Eh bien, Monsieur l'abbé, lorsque nous aurons besoin d'un ministre de la feuille, nous aviserons. »

Quelques jours plus tard, Goy et Aliger, qui s'étaient concertés sur l'affaire du placet, décidèrent de donner à Semitte quelques conseils pratiques. Tous trois se réunirent chez le procureur. « Monsieur Semitte, fit Goy, je vous avais dit qu'on s'impose à la cour d'autant plus sûrement qu'on s'y est poussé lentement. Vous avez, par une initiative téméraire, sur laquelle vous voulez garder le silence, défié cette loi. Vous en aviez le droit, mais il faut que vous sachiez que vous avez peut-être commis une erreur en bafouant avec tant de hardiesse les règles de la préséance et en négligeant les intermédiaires qui jalonnent d'ordinaire les chemins qui vous permettent d'accéder à Sa Majesté. Mais ce qui est fait est fait, et il est désormais trop tard pour disserter là-dessus.

— Oui, reprit Aliger, vous allez vous entretenir

en tête-à-tête avec le roi. L'enjeu est de taille. Cette sorte d'entretien peut évidemment vous apporter la consécration, mais il peut aussi vous précipiter dans une disgrâce dont personne ne pourra vous tirer.

— C'est pourquoi, enchaîna Goy, nous devons régler avec minutie le déroulement de l'entrevue. Lorsque vous serez en présence de Sa Majesté, faites votre révérence et surtout, gardez le silence. Attendez que le roi vous adresse la parole avant que de la prendre.

— Il vous dira d'abord, poursuivit Aliger, quelques mots sans importance. Lorsqu'il aura terminé, vous vous redresserez et vous lui réciterez votre compliment. Il vous demandera ensuite les motifs de votre requête.

— Et là..., ma foi, balbutia Goy, soyez le plus bref possible. »

Aliger et Goy tournèrent un compliment et ils eurent le plus grand mal à le faire apprendre par cœur à Semitte. « Allons, mon cher procureur, dit ce dernier avant de se retirer, ne vous en faites donc pas, tout ira très bien. »

Goy proposa à Semitte de le déposer rue Saint-Honoré dans son carrosse. « Mon cher de la Croix, lui dit-il en cours de route, vous ne pouvez plus vous présenter désormais à Versailles dans un carrosse de louage. Vous vous devez d'en posséder un à vous... et bien à vous. Tenez, je vous signe de nouveau un billet de 10 000 livres à prélever sur mon compte. »

Le jour en question, Louis XIV se préparait à dîner, entouré, comme à l'accoutumée, des plus hauts dignitaires du royaume, lorsque le Suisse annonça « Monsieur Louis Semitte de la Croix » en donnant deux coups de bâton sur le parquet. Le marquis de Livry pénétra dans la chambre du souverain, suivi de Semitte. Louis XIV, qui s'était assis à table, se releva, prit son bâton d'ivoire à pommeau d'or des mains d'un gentilhomme servant et se donna un air de circonstance, main gauche sur la hanche, bras droit déployé, bâton en main. Semitte, ébloui par le décor de boiseries sculptées et dorées sur fond blanc, par les tableaux du Dominiquin, de Raphaël et de Van Dyck, fit sa révérence dans le plus profond silence.

« Monsieur Louvois m'a dit, Monsieur, que vous désiriez m'entretenir d'une affaire d'importance.

— Sire, s'exclama Semitte d'une voix pathétique, quand je considère Votre Majesté au milieu de tous les grands officiers de votre couronne et de votre maison royale, je m'imagine voir tous les dieux de l'Antiquité sur le mont Olympe que le poète Homère nous décrit si souvent. Je vous contemple comme Jupiter, père des Dieux et roi des hommes, et quand je pense à la déesse Junon, son épouse, je la révère comme l'image de notre auguste reine défunte.

— Monsieur Semitte de... de... de quoi, au juste ? fit le roi en se tournant vers le marquis de Livry.

— De la Croix, Sire.

— Ah ! oui, de la Croix, c'est pourtant fort simple... Eh bien, Monsieur Semitte, votre compliment est des mieux tournés et vous êtes un homme d'esprit.

— Ah ! Majesté, je croule sous le poids de Votre Sire.

— Monsieur, parlez.

— Je croule, Sire.

— Allons, Monsieur, quelle est cette affaire d'importance ?

— Eh bien, Sire, toujours attentif aux intérêts de Votre Majesté et toujours soucieux de la servir de mon mieux en me montrant digne de l'office de serdeau que j'occupe en toute modestie, je veille, j'observe, je scrute. Or, il y a de cela quelque temps, j'ai vu... de mes yeux vu, dans les cuisines du Grand Commun, le galopin Jacques Bigault dérober impunément deux biscuits de Votre Majesté. La chose, en soi, n'est point affaire d'État, j'en conviens, et sur le moment, je n'y attachais guère d'importance. Mais à la réflexion, je me remémorais une petite phrase que me répètent souvent les paysans de mon domaine de la Croix. Ils disent, les braves gens, « qui vole un œuf, vole un bœuf ». Eh bien, Sire, c'est le bœuf de mes gens qui m'a mis la puce à l'oreille. Supposons que Votre Majesté soit tenue dans l'ignorance du fait, demain, le galopin Bigault volera un faisan, après-demain, un sanglier. Ce n'est pas tout. Si le crime reste impuni, il deviendra exemplaire et à l'imitation de ce galopin, nous verrons des cuisiniers, des maîtres d'hôtel ordinaires, un premier maître d'hôtel, un grand échanson, un grand panetier, bref, en deux mots, nous verrons toute la bouche de Sa Majesté se bâfrer goulûment sur son dos. Souffrez, Sire, que par discrétion, je taise le nom de tous ces gens que j'imagine abusant de votre mansuétude, mais à vrai dire, l'idée m'en est insupportable.

— Monsieur, répondit le roi, je suis bien aise d'avoir à mon service un homme si soucieux de l'état de mes deniers.

— Sire, je croule de nouveau.

— Si tous mes serviteurs déployaient le même zèle dans l'accomplissement de leur fonction, le trésor de l'État s'en porterait mieux, nous ne lèverions plus d'impôts et tout le monde serait content. Il faut, Monsieur, que ce forfait soit puni. Ce galopin aura la bastonnade.

— Votre Majesté est trop bonne. Il lui faut la potence.

— Il paraît, Monsieur, que vous êtes épicier.

— Épicier-apothicaire, Sire. A ce propos, j'aimerais attirer l'attention de Votre Majesté sur l'état du chariot de l'apothicairerie. J'y ai découvert des choses étranges.

— Et lesquelles, Monsieur ?

— Par exemple, Majesté, je n'y ai vu ni aconit, ni curare, ni arsenic. Toujours par discrétion, je ne citerai point de noms, mais je me dois de signaler à Votre Majesté l'incompétence, à peine croyable, de certains responsables.

— Nous en dirons deux mots à Messieurs Poisson et Hoquincourt... Au fait, Monsieur Daquin m'a dit que vous étiez un éminent spécialiste de l'anus.

— Pour vous servir, Sire.

— Eh bien, Monsieur de la Croix, je voudrais maintenant vous exprimer toute ma reconnaissance.

— Votre Sire est trop bonne à mon égard.

— Mettez-vous à quatre pattes, s'il vous plaît... Mettez-vous à quatre pattes, vous dis-je... Allons, Monsieur, il faut s'exécuter. »

Semitte se mit dans la position indiquée.

« Monsieur Sanguin, reprit le roi, veuillez relever le justaucorps de ce Monsieur... Monsieur Semitte, vous connaissez fort bien le derrière des autres et c'est pourquoi il me prend subitement l'envie de faire la connaissance du vôtre par l'intermédiaire de mon bâton. »

Là-dessus, Louis XIV donna quatre grands coups de bâton sur les fesses de Louis Semitte. Les uns après les autres, les gentilshommes servants éclatèrent de rire, le premier maître d'hôtel emboîta le pas, le rire gagna enfin les courtisans et, en un éclair, il se propagea d'un bout à l'autre du château de Versailles, de la chapelle au Grand Commun. Seul le roi était resté impassible. Après le dîner, il s'adressa à son grand chambellan alors qu'il se dirigeait vers les appartements de la Dauphine comme tous les jours à la même heure.

« Eh bien, Monsieur, ce Semitte vous a-t-il bien diverti ?

— Majesté, la prestation était éblouissante. J'en ris encore.

— Voyez-vous, de toute cette affaire, je ne retiens qu'une seule chose. Ce malheureux vient de verser plusieurs milliers de livres pour me servir et je me suis joué de sa personne en donnant la comédie à ses dépens sous les applaudissements de tout le monde. A votre avis, cela aurait-il été possible au Louvre, à Saint-Germain, à Fontainebleau ou à Marly ? Non pas. Je ne puis me permettre un tel divertissement que dans un château immense et fastueux. Et ne vous faites aucune illusion, si j'avais pu me doter d'un palais deux fois plus grand et deux fois plus somptueux, c'est à vous, Monsieur le duc de Bouillon, que, sous un prétexte ou sous un autre, et avec le même succès, j'aurais pu donner la bastonnade. Certains disent que j'ai pressuré le peuple pour loger quelques grands du royaume dans le faste et l'opulence. Rien n'est plus faux. En vérité, j'ai donné à l'État son institution la plus forte. Croyez-moi, nous ne verrons plus jamais le peuple se faire un jeu de notre autorité... A propos, Bouillon, ajouta le roi qui venait d'entrouvrir la porte des appartements de la Dauphine, ce Semitte, nous allons le nommer premier serdeau à titre gracieux, et demain, plus encore qu'aujourd'hui, nous le verrons ramper à nos pieds. »

X

Les jours suivants, le bruit de l'éclat se diffusa dans tout Paris et fit abondamment vaticiner les habitants de la rue Saint-Honoré. Louis Semitte se contentait de dire avec une sorte de fausse modestie qu'il avait tout simplement conversé avec le roi de choses et d'autres. Il affectait d'ignorer les propos malveillants qui circulaient sur son compte. Il n'y voyait, disait-il, que la marque de cette jalousie qui s'acharne contre les gens qui montent. D'ailleurs, lorsqu'il apprit sa nomination au poste de premier serdeau, il put enfin prouver qu'il était dans les bonnes grâces du souverain et il finit par en être lui-même convaincu. L'incident, pensait-il, n'était au fond qu'une sorte de taquinerie que les grands monarques ne réservent d'ordinaire qu'à leurs favoris. Il étala une morgue qui le rendit plus insupportable que jamais et il se mit en tête d'écrire un nouveau livre dont il ne trouva jamais que le titre : *Tractatus novus de anusus*. Sa maîtresse endossait désormais des vêtements de plus en plus luxueux et d'un goût de plus en plus douteux. Ces parures ne faisaient d'ailleurs que souligner sa vulgarité et la bassesse de ses origines. Et tandis que Semitte paradait en lui donnant le bras ou en la promenant dans son carrosse, le vide se créait autour de lui.

Une année s'écoula. Le ménage offrait maintenant aux habitants du quartier un nouveau sujet de préoccupation. Tandis que Semitte accomplissait ses fonctions de serdeau à Versailles, Nicolas Goy avait pris l'habitude de se rendre de plus en plus souvent à *La corne de cerf* pour y converser avec Gabrielle. Tous les regards se tournèrent donc vers l'officine dans l'attente impatiente d'un dénouement spectaculaire.

Un jour, le banquier déclara sa flamme à la jeune femme.

« Monsieur, lui répondit-elle, je mentirais si je disais que je suis insensible à de tels propos. Je mentirais si je disais que je n'éprouve pas pour vous les mêmes sentiments.

— Alors, tendre Gabrielle, plus rien ne saurait désormais nous priver du bonheur...

— Je veux bien, Monsieur, que vous me courtisiez, et nul ne saurait vous empêcher de franchir le seuil de cette officine. Mais il faut que vous sachiez que notre amour ne s'exprimera jamais qu'au travers de nos paroles et de nos regards et que je n'ai rien d'autre à vous offrir qu'une oreille pleine de complaisance.

— Tant de retenue, chère Gabrielle, alors que votre époux...

— Cette retenue, Monsieur, ne m'est dictée par aucun sentiment de fidélité à l'égard d'un époux que je méprise. Elle m'est dictée par la sagesse, par la raison.

— Où est donc la sagesse ? Où est donc la raison dans un mariage si mal assorti et si peu proportionné à votre délicatesse ?

— Ce mariage m'a été imposé, il est vrai. Mais le mariage est un lien inexorable et cette sorte de condamnation qu'il fait peser sur moi est une condamnation à vie.

— Condamnation que vous prolongez par les ressorts d'une opiniâtreté...

— Si je cédais à la tentation, je ne ferais qu'aggraver la misère dans laquelle vous me voyez plongée, en accédant, par de trop brefs moments, à un genre de bonheur dont je veux désormais oublier jusqu'à l'existence. Et puis, vous savez que mon mari aurait les lois pour lui et qu'il en userait sans hésiter pour me faire enfermer et se donner la liberté de vivre avec sa maîtresse.

— Votre mari, mon tendre amour, aurait sans doute beaucoup moins de pouvoir sur vous que vous ne le supposez.

— Laissez-moi, je vous prie, en cet état de paix que je trouve dans une sorte de renoncement qui, s'il n'a rien de très plaisant, n'est pas non plus un enfer. Il me suffit de savoir que vous m'aimez pour être un peu moins malheureuse que je ne le suis. Pensons très fort l'un à l'autre, c'est la seule voie qui soit offerte à notre amour. »

Des paroles insidieuses lancées avec plus ou moins de discrétion et de malveillance vinrent aux oreilles de Louis Semitte.

« On raconte, dit-il un soir à Gabrielle, que Goy fréquente l'officine assez souvent.

— Il est vrai qu'il fait grand usage de vos eaux-de-vie.

— On raconte aussi qu'il vous fait la conversation.

— Et cette conversation ne manque ni de charme ni de courtoisie.

— J'imagine que la seule politesse vous incite à supporter les palabres de ce manieur d'argent et que vous le dédaignez.

— Au contraire, mon cher époux, il dit des choses que je trouve fort belles. Mais rassurez-vous, je n'ai nullement l'intention de faire la moindre infraction aux lois du mariage. Le spectacle que vous donnez de vous est beaucoup trop odieux pour que je songe un seul instant à vous imiter, fût-ce avec discrétion et délicatesse. Ainsi, de ce côté-là, vous n'aurez pas le plaisir de vous plaindre de moi.

— Ça c'est trop fort, hurla Semitte. D'abord, qu'a-t-il de plus que moi, ce Goy ? Il ne sait ni distiller, ni se conduire en gentilhomme. Il ne sait que faire trébucher ses écus. Alors, dites-moi, qu'a-t-il de plus que moi ? »

Gabrielle ne répondit pas. Semitte prit un chandelier et il la frappa violemment au visage. Le lendemain, elle s'en alla au Châtelet et demanda à voir le commissaire Boisseau.

« Monsieur, lui dit-elle, voyez mon visage et mon bras. Je voudrais en faire constater l'état par écrit. C'est mon mari qui en est le responsable.

— Pouvez-vous, Madame, me fournir le nom d'un témoin majeur et de bonne réputation ?

— Non, Monsieur, nous étions seuls.

— Alors, Madame, je ne puis rien pour vous. Les lois sont formelles. Dans de telles conditions, la femme n'a pas le droit de porter plainte contre son mari de même qu'un subordonné n'a pas le droit de porter plainte contre son chef. »

Au même instant, Louis Semitte pénétrait dans les locaux de Samuel Bernard et se dirigeait vers le bureau de Goy.

« Monsieur, lui dit-il, on m'a dit sur vous des choses fâcheuses, des choses d'autant plus fâcheuses que j'ai pour vous de l'estime et que je vous tiens pour un honnête homme.

— Ça par exemple, répondit Goy qui resta confortablement installé dans son fauteuil en se caressant le visage avec sa plume.

— Oui, Monsieur, des gens m'ont dit que vous aviez des assiduités pour ma boutique.

— Des gens, Monsieur, quelles gens ?

— Cela ne serait rien, mon cher Goy, s'il ne s'agissait que des propos que tiennent les gens du peuple. Mais j'ai interrogé ma femme sur ce point et elle me l'a confirmé.

— J'ai le droit, Monsieur, d'apprécier votre eau-de-vie.

— Certes, mais d'après ce que m'a dit ma femme, il semble que vous l'appréciez, elle aussi.

— Et pourquoi m'en priverais-je, Monsieur, n'offre-t-elle pas un spectacle agréable ? N'est-il point à votre honneur qu'on l'admire ? Qu'on lui dise des choses aimables ?

— Monsieur, fit Semitte avec emphase, vous connaissez l'honorabilité de ma maison...

— Oui... soit...

— Vous-même avez reconnu que j'étais un homme de qualité et je pense que vous en êtes un autre. Alors, comprenez-moi. Je ne doute pas de la pureté de vos sentiments, mais tout le quartier pourrait s'imaginer des choses qui n'existent pas et dont l'idée seule me fait frémir. Alors abstenez-vous, pendant un certain temps, de fréquenter ma boutique, surtout en mon absence.

— Monsieur, fit Nicolas Goy après un long silence, je vous ai dit, l'an dernier, que votre condition d'officier du roi donnerait de l'éclat à vos affaires et que votre qualité de courtisan me tiendrait lieu de gage. Sur foi de quoi, je vous ai avancé des sommes considérables. Il arrive à tout le monde, même à un banquier, de se tromper et de faire un mauvais usage de ses deniers. Mais en l'occurrence, je ne crois pas avoir fait fausse route. Certes, vos affaires ne vont pas aussi bien que je l'aurais cru. Il est vrai que vous y êtes moins attentif qu'auparavant et que vous menez un train de grand seigneur. Soit ! Quant à la cour, je vous avais bien prévenu que l'on ne s'y pousse que fort lentement... Mais enfin, j'aurais mauvaise grâce de vous reprocher l'état de vos affaires, d'autant que les miennes ne sont pas aussi brillantes qu'elles l'étaient l'an dernier... Et je n'ose pas prévoir ce qui pourrait arriver si la situation s'aggravait d'ici la fin décembre... Enfin, n'envisageons pas le pire. Vous avez du répondant, Monsieur, la valeur de votre femme est une valeur sûre... Allons, ajouta Goy en prenant Semitte par le bras et en le raccompagnant vers la porte, vous voyez bien, Monsieur, que vous n'avez pas intérêt à vous montrer trop exclusif. »

***

Dans le courant de la semaine suivante, Louis Semitte se rendit chez Aliger.

« Mon cher procureur, lui dit-il, je passais tout à fait par hasard dans le quartier et j'en ai profité pour vous faire une petite visite. Mais je vous dérange peut-être, je vous vois en plein travail.

— Mon cher de la Croix, asseyez-vous. Votre conversation m'apporte toujours une détente salutaire. Donnez-moi des nouvelles de la demoiselle Perreau.

— Ma foi, la demoiselle se porte comme un charme... l'insouciante !

— Et vous-même ?

— Je ne saurais en dire autant.

— Mais encore.

— Oh ! rien... les soucis... les soucis, quoi.

— Puis-je quelque chose pour vous ?

— Hélas ! non, ce genre de soucis est irréductible aux lois.

— Laissez-moi tout au moins vous apporter un réconfort moral.

— Eh bien, mon cher ami, c'est de ma femme qu'il s'agit.

— La demoiselle Perreau est pourtant fort belle, besogneuse et très sage.

— J'en conviens. J'en conviens... mais elle me gêne quand même.

— Je ne vois pas très bien.

— Rien de très précis, naturellement... mais vous allez comprendre. »

Louis Semitte posa sa jambe gauche sur son genou droit, enleva sa chaussure et la mit sur le bureau du procureur sans se soucier des documents qui s'y trouvaient.

« Regardez cette chaussure, dit-il, elle est belle, elle n'est pas vieille, lorsque je l'ai achetée elle n'avait encore jamais servi et elle m'est fidèle puisqu'elle ne va avec personne d'autre qu'avec mon pied. »

Semitte reprit la chaussure, la mit sous le nez du procureur et la tordit dans tous les sens.

« Vous voyez, ajouta-t-il, de surcroît, elle est souple et malgré tout cela, elle me gêne. Pouvez-vous me dire pourquoi ?... Eh bien, avec ma femme, c'est pareil. Je ne peux rien lui reprocher de précis, et pourtant, elle me gêne. »

En disant cela, Semitte se rechaussait tandis que le procureur nettoyait ses fiches du revers de la main.

« Monsieur, fit Aliger en levant les bras au ciel dans un profond soupir de désespoir, nous en sommes tous là.

— Tenez, par exemple, vous savez que la jeune Catherine Labbée nourrit de tendres sentiments à mon égard. Évidemment, je ne puis pas dire que de mon côté je ne... enfin, fit Semitte en souriant et en tapant sur le bras du procureur... entre hommes, on se comprend... Bon. Gabrielle m'en fait reproche, c'est naturel, me direz-vous, cela prouve qu'elle m'aime... Mais enfin, de là à me faire des scènes dont je ne veux ni ne peux vous donner les détails !

— Monsieur, répondit Aliger, les femmes nous tyrannisent, c'est bien connu.

— Il y a pis, mon cher Aliger ! Le plus horrible, dans toute cette affaire, c'est que ma femme ne sait pas se tenir dans le monde. Pour un homme qui monte à la cour, c'est gênant. Elle ne peut jamais se taire, et lorsqu'elle prend la parole, c'est toujours pour dire des bêtises.

— Les femmes sont babillardes, Monsieur, croyez-vous que la mienne échappe à la règle ?

— Certes, mais enfin, soyons sérieux, Monsieur, lorsque Madame la procureuse prend la parole, ce n'est jamais que pour dire des futilités ou des niaiseries. La mienne ne dit dans le monde que des grossièretés. Souvenez-vous, lors de votre charmante soirée, il a fallu qu'elle ouvre la bouche pour parler de son... j'ose à peine le dire... pour parler de son derrière. J'en suis resté choqué... profondément choqué.

— Il est vrai, mon cher de la Croix, que de tels propos lancés à la cour vous feraient tomber dans une disgrâce qui ne vous laisserait d'autre choix que de quitter Versailles sur la pointe des pieds.

— Alors, que faire ?

— Rien... Nous n'y pouvons rien... Il nous faut supporter... avec l'espoir d'être veuf un jour... Tenez, cela m'en rappelle une bien bonne, fit Aliger dont le visage s'illumina soudain. Il y a de cela quelque temps, dit-il en souriant, je roulais en carrosse en compagnie de mon ami le président de Nesmond et nous passâmes du côté de Montfaucon. Nous vîmes une potence au bout de laquelle trois femmes se balançaient. Savez-vous la réflexion que me fit de Nesmond ?

— Dites, dites, lança Semitte dans un fou rire grotesque.

— Eh bien, il s'exclama : "Plût au Ciel que tous les arbres portassent de tels fruits !" »

Un immense éclat de rire retentit dans toute l'étude.

« Écoutez, reprit Semitte qui pouvait à peine articuler ses mots, vous connaissez... l'histoire du navire qui est pris dans une tempête ?

— Non... allez-y... racontez... racontez, fit Aliger les yeux écarquillés.

— C'est l'histoire d'un navire qui doit affronter

un terrible ouragan. Le capitaine donne l'ordre aux passagers de jeter par-dessus bord ce qu'ils ont de plus pesant. Là-dessus, un passager descend dans l'entrepont et en revient chargé de sa femme qu'il jette à la mer... et la meilleure... et la meilleure...

— Et la meilleure ? demanda Aliger hilare, ... et la meilleure ?

— Et la meilleure c'est, qu'arrivé à bon port, le malheureux fut acquitté par le tribunal qui estima qu'il n'avait fait qu'appliquer à la lettre la consigne du capitaine. »

Les rires redoublèrent dans un fracas retentissant. Dans la pièce voisine, les clercs se regardèrent interloqués. Ils n'avaient jamais entendu pareil éclat dans le bureau de leur procureur.

« J'en connais une autre, fit Aliger qui, les mains contre les tempes, versait des larmes sur sa table de travail.

— Laquelle... laquelle ?... » demanda Semitte, renversé sur sa chaise.

A ce moment, un clerc montra sa tête dans l'embrasure de la porte et annonça un plaideur. Le procureur, agacé, reprit son air sérieux pendant un éclair de seconde pour lui faire signe de se retirer.

« Laquelle... laquelle... ? disait Semitte qui, dans ses trémoussements, ne s'était aperçu de rien.

— Celle du curé... vous la connaissez ?

— Non, allez-y.

— Eh bien, c'est l'histoire d'un brave curé qui, au cours de son sermon dominical, déclare que tout bon chrétien doit porter sa croix sur son dos, à l'image de Jésus-Christ. A ces mots, un homme sursaute, se dresse au milieu de l'assemblée médusée, et se précipite en courant vers la sortie. Personne n'y comprend rien... Bon... Le curé reprend son sermon et, cinq minutes plus tard, que voit-on ? Le même homme pénétrer dans l'église. Et il portait... il portait...

— Il portait ?... il portait ?...

— Il portait sa femme sur son dos. »

Et le procureur donna deux violents coups de poing sur son bureau.

« Arrêtez..., arrêtez..., s'exclama Semitte en tendant la main comme pour demander grâce, arrêtez... grand blagueur, va... arrêtez... j'étouffe. »

Le fou rire se déchaîna pendant cinq bonnes minutes encore. Peu à peu, les deux hommes retrouvèrent leur calme. Une sorte de résignation morose succéda à l'effervescence. Le silence se fit. Soudain, Aliger reprit la parole.

« Semitte, dit-il gravement, vous me faites bien rire lorsque vous me dites que votre femme vous gênera dans votre ascension à Versailles. Croyez-vous que les femmes ne nous gênent pas, nous autres, hommes de loi ? Il y a trois jours à peine, une bonne femme fut appelée à l'audience pour témoigner. Elle parlait... elle parlait... et plus personne ne pouvait l'arrêter. Il a fallu faire appel à trois archers pour l'expulser, et alors même qu'ils s'en saisissaient, elle hurlait : "J'ai six enfants, et six accouchements, dont deux laborieux, ne m'ont jamais été aussi pénibles que de me taire." Alors comment voulez-vous que la justice suive son cours dans de telles conditions ? D'autant qu'une fois sur deux, au moins, ce sont des femmes qui témoignent. Si vous ajoutez qu'elles ne savent que mentir lorsqu'elles parlent, vous comprendrez que nous ayons, nous aussi, le droit de nous plaindre.

— Je sais bien, je sais bien. Et si ce n'était que cela, que ne devrait-on dire de leur méchanceté !

— A qui le dites-vous ! Les tribunaux en voient de si méchantes qu'elles vont jusqu'à empoisonner leur mari... Encore celles-là sont-elles peut-être les plus supportables. Elles ont au moins l'élégance d'abréger de la sorte les souffrances qu'elles leur font endurer.

— Et voyez-vous, Aliger, la mienne, avec tout le poison qu'elle manipule, n'a même pas trouvé le moyen de mettre un terme à mon martyre.

— Quelle cruauté, répondit Aliger d'un air indigné, c'est à peine croyable !

— Et s'il ne s'agissait que de ma femme.

— Alors là, de la Croix, vous me surprenez. Vous venez d'accéder à l'office de premier serdeau par ordre exprès de Sa Majesté et dans des délais qui ont surpris tout le monde, votre notoriété d'apothicaire s'en est trouvée confortée, vos affaires vont bon train...

— N'en croyez rien, cher procureur, n'en croyez rien. Ma réussite éblouissante suscite la jalousie et fait fuir tout le monde. Il est vrai que je gagne en qualité ce que je perds en quantité et que ma clientèle ne se compose plus guère que de gentilshommes. Mais cette consolation morale n'arrange pas l'état de mes recettes. De plus, il faut paraître..., alors, les vêtements, le carrosse... les dettes...

— Vous vous êtes endetté ? s'exclama Aliger tout étonné.

— De 30 000 livres, et le remboursement devient exigible dans quatre mois, en décembre.

— C'est incroyable ! Et auprès de qui avez-vous contracté ces dettes ?

— De Nicolas Goy.

— Alors il vous accordera un délai.

— Sans doute, mais il m'a laissé entendre qu'il n'y consentirait qu'à des conditions inadmissibles.

— Je vois, un taux usuraire.

— Si ce n'était que cela. Il veut ma femme... j'ai bien dit, ma femme !

— Votre femme ! s'écria Aliger tout à la fois interloqué et incrédule. Au fond, voyez-vous, cela ne m'étonne pas, on m'avait bien dit de lui..., mais je ne voulais y croire... Naturellement, vous lui avez signé une reconnaissance de dettes ? »

Semitte répondit d'un signe de tête où se lisaient son impuissance et son désarroi.

« Alors, mon cher ami, je ne puis rien pour vous. Goy vous tient en sa possession. Dans quatre mois il sera en mesure de mettre en branle contre vous tout l'arsenal de nos lois : saisie, prise de corps..., c'en est fait de vous... Versailles n'était qu'un rêve... A moins, fit Aliger d'un air songeur... et puis non, c'est impossible.

— Dites toujours.

— Non, je rêvais, et je m'en veux presque d'avoir été un seul instant effleuré par de telles pensées.

— Dites... dites.

— Je pensais que si vous pouviez surprendre votre femme dans les bras de votre créancier, cela arrangerait bien vos affaires. Mais la demoiselle Perreau a trop d'honneur pour tomber dans de pareilles turpitudes et entre un Semitte et un Goy, je la sais trop femme de goût, en dépit de tous ses défauts, pour balancer en faveur du second aux dépens du premier.

— Eh bien, c'est là, mon cher ami, que vous vous trompez.

— Quoi ! Que dites-vous ?

— J'ai appris, de son propre aveu, que ma femme succombe déjà à je ne sais quel charme qu'elle trouve à ce sinistre individu. Ils échangent même des paroles de courtoisie. Mais soyez certain qu'on ne les trouvera jamais en commerce de chair. Elle s'y refuse, elle a beaucoup trop de malice.

— Il faudra les y contraindre, Monsieur, il y va de votre situation. Voulez-vous que je prenne cette affaire en main ?

— J'y consens volontiers. »

Aliger se redressa, il rapprocha son fauteuil de sa

table de travail. Il la débarrassa des quelques feuilles de papier qui s'y trouvaient, et posa dessus ses deux mains jointes.

« Monsieur, cette forme d'adultère est ce que nous appelons, nous autres, en termes de droit, adultère blanc. C'est le pire qui soit. Les sentiments et les propos y sont, mais point les actes. Il fait peser sur le pauvre mari la même infamie, le même ridicule et les mêmes souffrances que l'adultère qui se consomme charnellement, il suppose le même péché, la même offense à Dieu, mais il ne tombe pas sous le coup de la loi et c'est pourquoi il est détestable. Lorsqu'il y a abcès, il faut le crever. Nous allons, Monsieur, jeter nos deux tourtereaux dans les bras l'un de l'autre.

— Et comment donc ?

— Je vous l'indiquerai plus tard. Cela dit, vous constatez le délit. Deux solutions. Première solution, vous tuez l'amant sur-le-champ. Plus de bonhomme, plus de dettes. C'est légal à condition que vous liquidiez votre femme dans le même emportement. C'est tout ou rien. Vous tuez l'un des deux, vous êtes un criminel. Vous liquidez le lot, on vous encense. Jusqu'au siècle dernier, les nobles, seuls, avaient le privilège du choix. Mais de nos jours, ils ne l'ont même plus. Que voulez-vous, les traditions se perdent !... Au fait, on vous taquinera peut-être un peu car Goy passe pour avoir quelques quartiers de noblesse et lorsque cette sorte de vengeance s'exerce sur un noble, on risque une peine de bannissement, non pas pour homicide, rassurez-vous, mais pour manque de savoir-vivre. En fait, vous ne risquez rien de ce côté-là, ces Messieurs du Parlement se feront un plaisir de démontrer que la noblesse de Goy n'est qu'une noblesse de pacotille. Certains vous accuseront au pis d'avoir tendu un piège à votre femme, mais cela m'étonnerait. Je me souviens, par exemple, du cas d'un certain Delambre, prévôt des maréchaux de Pontoise, dont je pris jadis la défense. Il suspectait sa femme d'une liaison adultérine. Prétextant un faux départ, il provoque un tête-à-tête clandestin entre les deux amants. Il revient à l'improviste accompagné de l'un de ses archers à qui il donne l'ordre de liquider le couple. Delambre eut quelques peines à faire entériner ses lettres de grâce et de rémission par le Parlement. On lui reprochait d'avoir en quelque sorte tendu un guet-apens à sa femme et d'avoir utilisé la force publique à des fins personnelles. Et pour comble, il fut condamné à une amende au roi de 300 livres. La chicane, quoi... Et puis, je vous préviens, pour que vos lettres de grâce soient entérinées, il faudra que vous vous présentiez en personne devant le Parlement et que vous demandiez pardon à genoux.

— Demander pardon à genoux, et de quoi ? s'exclama Semitte horrifié.

— Vous êtes drôle, Semitte, on dirait que vous me le reprochez. Ce n'est quand même pas moi qui ai fait les coutumes du royaume... Et puis, à mon avis, cette solution n'est pas la meilleure, car vous y perdez la dot, le préciput, le douaire et tous les avantages qui sont stipulés dans votre contrat de mariage. Alors, suivez-moi bien... »

***

Le lendemain, Louis Semitte s'en alla à confesse. « Je vous attendais, mon fils », s'exclama l'abbé Cogniet en le voyant. Le pénitent s'accusa de tous les crimes, de tous les péchés. Dans son zèle, il remonta jusqu'à la puberté et il trouva même le moyen de se confesser de crimes qu'il n'avait pas commis. « Je suis à la fois horrifié et rasséréné, lui dit le curé. De toutes mes brebis, mon fils, vous êtes celle dont le récit m'épouvante le plus, mais aussi, Dieu soit loué, celle dont le repentir me semble le plus sincère et le plus profond. Gloire au Tout-Puissant, les chemins du Seigneur vous sont ouverts. »

De retour chez lui, Semitte licencia Catherine Labbée sur-le-champ en l'accusant d'être une débauchée. Puis, il se tourna vers sa femme.

« Gabrielle, dit-il, j'ignore ce que les saints peuvent bien ressentir lorsque la grâce divine les touche, mais cela doit avoir quelque chose de commun avec cette sorte d'illumination qui me transfigure en ce moment même. Je n'en ferai confidence qu'à vous, et à vous seule, tant la chose peut paraître extravagante. Je crois que la Sainte Vierge vient d'élire domicile dans mon âme.

— Gardez vos billevesées pour vous, mon ami.

— Je sais, je sais, mon adorable, après tant d'écarts, votre incrédulité est bien naturelle. Seul le temps pourra vous convaincre de la sincérité de mon repentir. Je vous envie car vous ignorez jusqu'à quel point les remords peuvent me tyranniser. Riez... riez... vous vous moquez... c'est bon, au fond, cela m'apporte un peu de réconfort... C'est vous, Gabrielle, qui me demandez quels sont ces remords qui peuvent bien me tyranniser ? Oubliez-vous que c'est un vieux barbon comme moi qui vous a arrachée des tendres bras du jeune Lucien Meunier ? Je m'en voudrais d'attenter de nouveau à vos sentiments. Si vous aimez Monsieur Goy, faites avec lui ce que bon vous semble.

— Vous déraisonnez, mon ami. En vérité, c'est la jalousie qui vous abuse.

— Moi, jaloux, Gabrielle ! Réfléchissez, j'ai passé l'âge. Vous pouvez faire ce que bon vous semble, vous dis-je, avec qui vous voudrez, vous m'entendez bien ? »

« Vous m'entendez bien » étaient les paroles qui

terminaient, en ce temps-là, les couplets d'un vaudeville à la mode.

« Gage que non, vous m'entendez bien ? fit Gabrielle en éclatant de rire.

— Gage que si, vous m'entendez bien ? répondit Semitte en souriant.

— Quand bien même vous m'en donneriez la permission, mon ami, je me garderais bien d'en user, et vous savez pourquoi. Oui, vous dis-je, la jalousie vous fait raconter des sottises.

— Gageons, fit Semitte, je relève le défi. »

Il prit un papier sur lequel il écrivit : « Je permets à ma femme de faire avec qui elle voudra, vous m'entendez bien ? » Et il signa en date du 8 septembre 1688. Gabrielle se saisit du papier, elle le serra contre son cœur et elle l'alla ranger sous clef dans son secrétaire.

« Vous êtes une badine, ma femme, jetez ce papier au feu, lui dit Semitte lorsqu'elle revint.

— C'en est fait, mon ami, vos propos insensés s'en sont allés en fumée.

— Je ne vous demande, ma tendre amie, qu'une seule chose : faites ce que bon vous semble, mais de grâce, rendez-moi seulement l'affection que je vous prodiguerai dorénavant.

— Nous verrons bien si votre repentir est sincère. »

Quelques jours plus tard, Goy vint courtiser Gabrielle comme à l'accoutumée. La jeune femme montra le billet.

« Rien d'étonnant, s'exclama-t-il le visage radieux. Il n'y a aucun miracle dans le comportement de votre mari. Il me doit tout simplement 30 000 livres dont il ne possède même plus le dixième. Dans quatre mois, je puis, si je le désire, le faire jeter en prison pour dette ou demander la saisie de ses biens. Ce papier n'est que le prix de ma complaisance. Nous pouvons vivre comme bon nous semble, les lois n'ont plus aucune prise sur nous, ce petit mot annulerait toute poursuite à la base et se retournerait même contre votre mari... Gabrielle, s'écria Nicolas Goy dans un emportement soudain, je t'aime, j'ai sacrifié 30 000 livres pour pouvoir t'adorer en toute liberté et te venger d'un mari qui te bafouait odieusement. Désormais, les rôles sont renversés. Il n'est plus ce maître insolent et stupide capable de te faire ployer sous le poids d'un pouvoir tyrannique, il ne peut plus t'humilier, il ne peut plus t'écraser. Plus jamais, Gabrielle, plus jamais, mon enfant, m'entends-tu ? Tu règnes en souveraine, il est désormais sous ta coupe. Ne repousse pas mon amour, je t'aime, Gabrielle, je t'aime. »

L'émotion était à son comble. Le cœur de Gabrielle se mit à battre violemment. Sa sensualité assoupie se réveilla d'autant plus brutalement qu'elle avait été longtemps refoulée. Son corps tout entier en fut ébranlé. En un instant, le sens qu'elle avait donné à sa vie tomba en déliquescence. Tout l'univers qui l'entourait se mit à vaciller. Elle prit Nicolas par la main et elle l'entraîna dans sa chambre où elle se jeta à ses genoux en sanglotant :

« Mon tendre amour, lui dit-elle, tu m'as délivrée d'un mari haïssable pour faire de moi la captive d'un amant qui a le pouvoir de me faire souffrir encore plus que je n'ai souffert à ce jour, car je t'adore et ma vie ne dépend plus désormais que de toi. Je t'en supplie, ne m'abandonne jamais.

— Gabrielle, mon cœur, j'ai trop attendu ce moment, pour songer un seul instant à t'abandonner. »

Nicolas releva Gabrielle et il la déshabilla tendrement.

Le mois suivant, Aliger rencontra Goy qui l'informa de la teneur du fameux papier :

« J'en suis stupéfait, s'exclama le procureur. Avec

ce papier, mon cher, vous tenez la bête par les cornes. Songez un seul instant que si Semitte se plaignait en justice des dérèglements de sa femme, c'est lui-même que les juges condamneraient pour incitation à la débauche. Non seulement cet homme vous doit 30 000 livres, mais encore ce papier vous donne tous les droits sur sa femme. Je vous en prie, soyez charitable, n'abusez pas des pouvoirs qui font de ce malheureux une marionnette pitoyable entre vos mains. Profitez-en, mais ne le ridiculisez pas publiquement. »

En novembre 1688, Louis Semitte fit un voyage d'affaires de plusieurs jours en province. Il demanda à sa femme de le tenir au courant des affaires concernant *La corne de cerf* et de ne pas omettre d'ajouter à ses lettres, à défaut d'un témoignage d'amour, les marques d'une estime et d'une affection qu'elle lui avait promises. Il lui demanda également de ranger très soigneusement dans ses livres de négoce la correspondance d'affaire qu'il lui adresserait.

Pendant ce voyage, qui dura un peu plus d'un mois, l'amour de Gabrielle et de Nicolas fut porté à son paroxysme et leur liaison éclata au grand jour. Quant aux gens du quartier, ils ne comprenaient décidément rien aux subtilités des liens qui unissaient les époux Semitte. Louis Semitte était devenu un mari vertueux, aimant, exemplaire, et c'est Gabrielle qui versait désormais dans une débauche ouverte.

La jeune femme était grisée par le bonheur. Mais en janvier 1689, Semitte se rendit au Châtelet, demanda à voir le lieutenant-criminel Defita et porta plainte contre les dérèglements notoires de son épouse. Une information fut ouverte sur-le-champ. En l'espace de six jours, le dossier fut constitué. Peu après le commissaire Boisseau fit irruption à *La corne de cerf*, entouré de six archers et muni d'un décret de prise de corps délivré par Defita. Gabrielle fut jetée dans une charrette de police, conduite au Châtelet et incarcérée dans un cachot sordide après que son nom eut été porté sur le registre d'écrou, accompagné de la mention : « Femme adultère, débauche publique. »

Lorsqu'il apprit la nouvelle, Goy se précipita chez Semitte :

« Monsieur, s'écria-t-il dans un terrible accès de fureur, vous êtes fou.

— Monsieur, répondit Semitte avec une belle assurance, vous avez été bien imprudent.

— Monsieur, demain à la même heure, vous serez en prison pour dettes et pour incitation à la débauche.

— Monsieur, vous vous avancez de façon bien présomptueuse. Le papier que vous gardez dans vos coffres n'est d'aucune valeur. Vous pouvez le mettre au panier. Au pis, les juges n'y verraient qu'une folâtrerie sans importance. D'ailleurs, Monsieur, ma femme ne sera pas jugée. Vous ignorez sans doute qu'elle a un passé chargé. Une information a déjà été ouverte contre elle en avril 1683. Les catins de son espèce ne sont généralement emprisonnées que sur simple décret de prise de corps avant que d'être expédiées à l'Hôpital général. Voyez-vous, on ne leur fait même pas l'honneur d'un procès. Dans deux ans, si je le veux, je pourrai l'en faire sortir. Mais il est peu probable que j'en use avec tant de générosité. Elle y sera donc rasée et cloîtrée à vie. Quant à vous, Monsieur, vous ferez l'objet d'un procès en bonne et due forme car je viens de porter plainte contre vous. J'ignore quelle en sera l'issue, mais dès à présent, je puis vous dire une chose : vous ne reverrez jamais vos 30 000 livres. »

Le soir même, Louis Semitte et Jeanne Plisson, la servante qui était à son service depuis quelque temps, furent invités chez Aliger et ils y burent une bouteille de vin de Champagne.

Mais le lendemain, Nicolas Goy consulta son avocat, maître Hognant, qui fit aussitôt verser un double de la permission écrite de Semitte au dossier de l'information. En invoquant l'existence de ce nouveau document, il obtint le pourvoi de Gabrielle devant le Parlement de Paris. Le prévôt nomma Monsieur Le Nain, avocat général au Châtelet, rapporteur de l'affaire. Il fut décidé que le cas de Gabrielle serait soumis à la Tournelle criminelle le 15 février 1689. Le 14 au soir, Le Nain prit possession du dossier. Il comptait y consacrer une heure ou deux, il y passa toute la nuit. Le lendemain matin, il se présenta bouleversé devant la Tournelle où il donna lecture de son rapport d'une voix profondément émue et dans un silence solennel. Lorsqu'il eut terminé, l'avocat général Chrétien François de Lamoignon prit la parole en présence d'un auditoire figé dans une dignité de sénateur :

« Monseigneur, Messieurs les présidents, Messieurs les conseillers, dit-il avec gravité, "Je permets à ma femme de faire avec qui elle voudra, vous m'entendez bien ?". Depuis quand un mari qui se couvre d'infamie en donnant une telle permission à sa femme a-t-il le front de s'en plaindre à la justice du roi ?

— Il l'a dit, Monsieur, en manière de badinerie, remarqua le président de Nesmond.

— Monsieur le président, répondit Lamoignon, chez les chrétiens, le mariage n'est pas un jeu... Je découvre d'autre part dans cette affaire un certain nombre de faits singuliers. Une information a été ouverte contre la demoiselle Perreau dès 1683, mais à la demande de qui et sur quels faits bien précis ? Et sur quels témoignages a-t-on établi le forfait qui justifie une prise de corps ?

— Les témoignages sont nombreux, lança de Nesmond.

— Des témoignages, s'exclama Le Nain, parlons-en : la femme Costa, lingère, la femme Rousselin, boulangère, la femme Fontaine, servante, Catherine Labbée et Jeanne Plisson, servantes de Semitte, Jean Petrat, son apprenti... J'ajoute que la plupart de ces femmes ne savent pas écrire et qu'elles ont signé leur déposition d'une croix... Est-ce sur de tels témoignages que se fait la justice du roi ?

— Des gens de qualité, fit de Nesmond, ont aussi témoigné.

— On ne nous dit point leur nom, Monsieur le président.

— Monseigneur, Messieurs, reprit Lamoignon. J'en viens maintenant à un point qui me tient au cœur. Pourquoi faut-il qu'une pièce aussi importante que la permission écrite de ce mari ait été versée au dossier par une main étrangère et après sa clôture ? Je demande que le sergent qui a mené l'information avec tant de légèreté soit sanctionné.

— Mais enfin, s'écria de Nesmond, cette femme est-elle adultère, oui ou non ?

— Je l'ignore, Monsieur le président, il appartient à la justice de se prononcer sur ce point, et si tel est le cas, c'est aussi à la justice de dire dans quelles conditions elle a été amenée à commettre son forfait. C'est pourquoi, Monseigneur, conclut Lamoignon en se tournant vers le premier président, Nicolas Potier, duc de Gesvres, je demande que la demoiselle Perreau soit jugée au Châtelet sur la base d'une information reprise à son point de départ.

— Messieurs, dit le duc de Gesvres après un instant de silence, dans toute cette affaire, j'ai le sentiment que la justice du roi a été bafouée. Personne, je pense, ne s'opposera à ce qu'un arrêt contradictoire convertisse le décret de prise de corps qui pèse sur cette malheureuse en un décret d'ajournement personnel avant que l'affaire ne soit renvoyée devant le Châtelet pour y être jugée conformément aux lois qui régentent une nation policée. »

Lorsque la séance fut levée, le duc de Gesvres se dirigea vers le président à mortier de Molé :

« Molé, lui dit-il en aparté, je crois me souvenir qu'on disait jadis que de Nesmond fréquentait avec assiduité le cabinet d'astrologue du père de l'accusée. Est-ce exact ?

— Ce n'est un mystère pour personne, Monseigneur », répondit de Molé.

Le lendemain, Aliger se présenta chez Semitte :

« Monsieur, s'exclama-t-il, nous aurions dû choisir la première solution. Vous voilà avec un bon procès sur le dos et votre cause est épineuse. Vous avez eu contre vous le rapporteur, l'avocat général et le premier président. Ils vous ont notamment reproché votre petit papier.

— C'est lamentable... lamentable, s'écria Semitte, un rapporteur... un avocat général... un premier président qui se mêlent d'être honnêtes, maintenant.

— Ne faites pas l'innocent, Semitte, vous n'ignorez quand même pas qu'il existe des gens honnêtes sur terre.

— Je le sais, je le sais... mais ceux-là !

— Précisément, ceux-là. Que voulez-vous, ils ont tout ce qu'ils veulent... l'argent... les honneurs... le pouvoir, ils peuvent se payer le luxe d'être honnêtes... eux.

— Décidément, fit Semitte dans un soupir de désespoir, la vie est bien mal faite ! »

Gabrielle Perreau fut transférée chez son père. L'information ouverte contre elle fut réduite à néant et reprise à la base en vue de son procès qui s'ouvrirait au Grand Châtelet, en juillet 1689.

DEUXIÈME PARTIE

XI

Gabrielle Perreau avait jeté ses derniers feux dans les bras de Nicolas Goy. Pendant trois semaines, elle avait dévoré sa misère en silence dans les cachots du Châtelet et versé les larmes qui peuvent couler des yeux d'une femme dans le cours de toute une vie. Elle était désormais incapable de pleurer, ses yeux resteraient secs à jamais. Entourée de cinq archers, elle fut raccompagnée dans une charrette de police au domicile de son père. C'était une femme brisée, au visage livide, figé, vieilli, mais d'une beauté douloureuse. Lorsqu'elle fut rendue à demeure, un grand attroupement se forma autour d'elle. Mais le regard perdu dans le néant, elle ignora les curieux qui se repaissaient d'un vain spectacle en la dévisageant avec indécence. Jean-Baptiste Perreau, qui avait cassé ses instruments d'astrologie et brûlé tous ses grimoires, se jeta aux genoux de sa fille et lui demanda mille fois pardon. Elle lui caressa le visage avec une sorte d'insensibilité glacée.

Quelques jours plus tard, le rapporteur Le Nain rendit visite à Gabrielle. Après lui avoir prodigué mille marques d'estime et d'affection, il lui apprit à quel point les magistrats du parlement avaient été touchés de compassion à l'audition du récit de ses malheurs et frappés de stupeur devant l'audace et la turpitude de son mari. Il avait personnellement demandé à son ami, maître Arrault, de prendre en charge la défense de ses intérêts à titre gracieux.

Il y allait, ajoutait-il, de l'honneur de la magistrature.

Le prévôt du Châtelet, Charles Denis de Bullion, veilla personnellement à ce que le nouveau sergent royal chargé de reprendre l'affaire à son point de départ fût constamment accompagné d'un greffier et qu'il ne se déchargeât sous aucun prétexte de sa mission sur un adjoint ou sur l'un de ses commis. Les témoins furent interrogés après avoir juré sur les Saints Évangiles de ne dire que la stricte vérité. On leur parla d'enfer, de damnation, de paradis. Ils se firent plus discrets et la moitié des témoignages fut écartée.

Maître Arrault rendit de nombreuses visites à Gabrielle. Touchée par la bonté de ce grand personnage, la jeune femme raconta l'histoire de toute sa vie. Elle lui parla en détail de son amour pour Lucien Meunier, de l'extravagance de son père, de la conduite scandaleuse de son mari, du piège dans lequel il la fit trébucher et de l'intrigue qu'elle avait nouée avec Nicolas Goy.

« Mon enfant, lui dit-il, en ce qui concerne ce dernier point, il faut que vous vous persuadiez qu'il n'y a jamais eu entre Monsieur Goy et vous que de simples rapports de courtoisie. Je veux bien qu'il vous ait fait la conversation, je veux bien que vous l'ayez accompagné à la promenade, je veux bien qu'il vous ait déclaré sa flamme et que de votre côté vous n'y soyez pas restée insensible, nul ne saurait vous en tenir rigueur. Mais surtout, sachez dès à présent qu'il ne s'est rien passé d'autre. Telle est la vérité à laquelle j'entends que vous vous cramponniez désormais et je désire que vous le fassiez de la façon la plus exacte qui soit. Tout le reste ne procède que de l'affabulation de personnes malveillantes. On ne vous a jamais vue en commerce scandaleux avec ce Monsieur, ne l'oubliez pas. Quant à votre dossier, il n'est pas mauvais. En considération des circonstances qui ont accompagné votre mariage, j'ai d'abord songé à invoquer la nullité. L'instance en nullité aurait été préjudicielle à l'affaire en adultère et si elle avait abouti, on n'aurait pu, tout au plus, articuler contre vous qu'une simple accusation sans importance de fornication. J'ai bien étudié cette possibilité. Les présomptions de violence sont très fortes, mais il n'y a point de preuves. La plainte aurait été jugée irrecevable par l'officialité et la démarche se serait en définitive retournée contre nous. On pourra, par contre, jeter dans la balance les dérèglements de Semitte. Sans doute une femme n'a-t-elle pas le droit de porter plainte contre son mari, mais nous pouvons nous en servir comme d'un moyen d'atténuation considérable. Surtout, notre point fort reste évidemment ce fameux billet. Nous en ferons la pièce maîtresse de notre défense. Allons, mon enfant, ayez confiance en moi et soyez sans craintes. »

De son côté, Louis Semitte écumait de rage en voyant sa femme sous la protection d'un grand seigneur du barreau. « Il n'y a plus de justice en ce bas monde », s'était-il écrié en apprenant la nouvelle. D'autant que la plainte qu'il venait de déposer contre Nicolas Goy avait été jugée irrecevable avant la fin du procès. Il dut en outre se contenter d'un petit avocat sans envergure mais retors, maître Vezin, un ami d'Aliger. Tous trois préparèrent le dossier de l'accusation dans une intense fébrilité, accumulant faux témoignages sur faux témoignages, coups bas sur coups bas.

Vers la mi-juin, le dossier de l'information fut remis entre les mains du prévôt du Châtelet qui chargea maître Pierre Antoine de Benoît, avocat du roi au Châtelet, de représenter les deniers du fisc dans une affaire où les bonnes mœurs étaient en cause. Le procès s'ouvrit vers le début du mois de juillet. Amplifiée par la rumeur publique, cette histoire avait fait grand bruit dans le monde. Les abords du Châtelet furent envahis par une foule de curieux et il fallut filtrer scrupuleusement l'entrée du prétoire. Les grands seigneurs et les gens de qualité qui, dès l'aube des jours d'audience, faisaient retenir les premières places par leurs valets, y furent admis en priorité. Cinq audiences devaient être consacrées à ce procès. Au cours de chacune d'elles, Semitte et Gabrielle Perreau allaient s'affronter, par l'intermédiaire de leur avocat, dans un duel sans merci.

***

La première audience fut consacrée à l'évocation du passé de Gabrielle Perreau. Maître Arrault prit la parole le premier.

« Monsieur le président, Messieurs les conseillers, dit-il d'une voix vibrante, je trouve très singulier que sur l'intervention d'un simple particulier qui ne se nomme point, un billet diffamatoire puisse être déposé sur le bureau de Monsieur La Reynie. Le pouvoir discrétionnaire de disposer du sort d'un sujet du roi avant que la justice en ait été saisie n'appartient précisément qu'au roi lui-même qui est le mandataire de Dieu et qui n'est responsable que devant lui. Si cette pratique devenait exemplaire, les magistrats auxquels le roi, dans son immense sagesse, a délégué une partie de ses pouvoirs, ne seraient plus que des objets de dérision et la nation tomberait bientôt sous le joug d'un despotisme tel qu'on n'en voit d'ordinaire que chez les Barbaresques, les Turcs, les Juifs ou autres peuples païens. Or, c'est précisément ce qui s'est passé en 1683. Un libelle diffamatoire a été remis à Monsieur La Reynie et une plainte déposée par-devant le lieutenant-criminel contre les prétendus débordements d'une malheureuse qui n'en savait rien et qui n'avait rien à se reprocher. Je ne vois là que basse besogne, initiative haineuse et vengeance abominable d'un individu vraisemblablement meurtri par un refus de la demoiselle Perreau. Monsieur le Président, Messieurs les conseillers, je demande que les conclusions d'une information ouverte sur de telles bases soient purement et simplement réduites à néant sans autre forme de procès et que des mesures soient prises afin que de pareilles violences ne déshonorent plus la justice d'une nation qui vit en paix sous l'aile protectrice d'un grand monarque.

— Monsieur le président, Messieurs les conseillers, répondit maître Vezin. Dans un parti aussi téméraire, il est bien naturel que l'on cherche à cacher son impuissance sous de beaux discours. C'est précisément ce que vient de faire avec talent mon auguste confrère. Il invoque la grandeur de Sa Majesté, mais il bafoue l'autorité de son lieutenant de police. Comment ose-t-il mettre en doute la bonne foi de Monsieur La Reynie ? Lorsque des informations tombent sur son bureau, fussent-elles, par prudence, anonymes, il s'informe. Si le libelle s'avère diffamatoire, il le jette au panier. Dans le cas contraire, il donne suite. Dans notre affaire, il apprend que la demoiselle Perreau provoque le tumulte dans son quartier. Écartons cette accusation. On me dit qu'elle repose en effet sur une fable de la populace. Soit ! Par contre, peut-on en dire autant de ce rapport de police qui mentionne la présence de l'accusée, le lundi 17 avril 1683, au Cours du Louvre, à une heure où l'on n'y voit d'ordinaire que des femmes de mauvaise vie ? J'ajoute qu'elle nous est décrite dans des postures indécentes en compagnie d'un certain Lucien Meunier, apprenti perruquier. Quelques semaines plus tard, le commissaire Boisseau prévient à temps l'évasion de l'accusée et du jeune Meunier qu'elle avait débauché. Monsieur le président, Messieurs les conseillers, où est la violence perpétrée contre la justice d'une nation policée dans l'ouverture d'une information qui débouche sur de telles révélations ?

— Monsieur le président, Messieurs les conseillers, reprit maître Arrault, devant une telle transfiguration de la vérité, on ne peut qu'invoquer le témoignage d'un homme de cœur que chacun connaît pour son honorabilité. »

Maître Lucas, le perruquier, s'avança timidement.

« Maître Lucas, continua maître Arrault, connaissiez-vous la demoiselle Perreau ?

— Fort bien, maître.

— Connaissiez-vous le jeune Lucien Meunier ?

— Pardieu !

— Pouvez-vous nous dire ce que vous savez de ces deux jeunes gens ?

— Eh bien, Messieurs, Lucien Meunier était mon apprenti. Je l'aimais comme un fils. Je l'avais embauché alors qu'il n'avait que treize ans. Il était bon, affectueux, dévoué. J'éprouvais la même affection pour Gabrielle que j'avais vue naître et dont le père était davantage un ami qu'un client. Ah ! Messieurs, si seulement Gabrielle avait été ma fille nous ne serions pas...

— Monsieur le président, interrompit brutalement maître Vezin, nous ne sommes pas ici pour faire le procès d'une autorité paternelle.

— Monsieur, fit le président, épargnez-nous vos réflexions au conditionnel passé.

— Messieurs, Lucien et Gabrielle s'aimaient profondément. Par un après-midi d'avril 1683, ils s'étaient effectivement rencontrés au Cours du Louvre. Ils s'y étaient attardés imprudemment car l'amour défie le temps. Le spectacle avait changé tout autour d'eux, ils ne s'en étaient même pas aperçus. Lucien m'a tout raconté. Je pense que leur posture ne fut indécente que pour ceux qui la voulurent bien trouver telle.

— Monsieur, demanda maître Vezin, pourriez-vous me dire ce qu'est devenu Lucien Meunier ?

— Il a été banni pour dix ans hors les limites de la prévôté de Paris pour tentative de rapt.

— N'avez-vous pas, en personne, averti la police de ce projet criminel ?

— Effectivement.

— Vous reconnaissez vous-même qu'il y avait crime.

— Il y avait crime dans la forme, Monsieur, et j'ai voulu en prévenir les effets funestes. Mais dans le fond, je n'y ai jamais vu que l'élan de la nature et de l'amour le plus pur qui soit. Le crime, Monsieur, c'est d'avoir séparé ces deux jeunes gens.

— On ne vous demande pas de faire de la morale, Monsieur. Je constate simplement que, sans cette femme, Lucien Meunier serait à l'heure actuelle l'un des meilleurs maîtres perruquiers de Paris. Au lieu de cela, il mène vraisemblablement une existence vagabonde on ne sait où. »

Maître Arrault avait senti qu'en dépit de l'intervention de son adversaire, le témoignage de maître Lucas avait plongé l'assistance dans une profonde émotion. Il préféra conclure avec simplicité.

« Monsieur le président, Messieurs les conseillers, s'exclama-t-il, je n'ai pas voulu intervenir sur ce dernier point car la rhétorique est d'un vain secours lorsqu'il s'agit d'étayer le témoignage d'un homme de cœur.

— Messieurs, enchaîna maître Vezin, mon confrère a déjà tenté de surprendre la justice en tenant de nobles discours. Il fait maintenant appel aux bons sentiments. Il faut pourtant que par un témoignage irrévocable en doute, la cour soit éclairée sur le vrai visage de l'accusée. »

Un personnage magnifiquement vêtu fit son apparition. La poitrine de Semitte se gonfla. Le témoin déclina ses nom et qualités. Il s'agissait de Jean-François Forestier de l'Eschale, marquis de Coigneux, conseiller à la cour des Comptes.

« Monsieur le président, Messieurs les conseillers, s'exclama maître Vezin, de toutes les victimes de la demoiselle Perreau, nous ne connaissons que le jeune Meunier et mon client. Assurément, il en existe d'autres dont nous ne savons, hélas ! rien. Mais nous avons parmi nous un homme qui a bien failli ne pas sortir indemne des griffes de cette demoiselle. Monsieur le marquis, pourriez-vous nous raconter votre aventure.

— Certainement, maître. Monsieur le Président, Messieurs les conseillers, dit le marquis d'une voix grave, il est des maladresses dont on aimerait ne pas avoir à se souvenir et dont il est encore plus difficile de s'expliquer en public. Mais lorsqu'il s'agit de faire triompher la justice, il faut savoir faire le sacrifice de ce genre de scrupules. J'avoue qu'il y a cinq ou six ans de cela, alors que j'étais encore étudiant en droit, il m'arrivait, entre deux périodes de labeur, de chercher un moment de détente au bal de la porte Saint-Martin. Ce sont là, Messieurs, de ces erreurs qui ne sont que l'apanage de l'insouciante jeunesse. Un soir, j'y rencontrai la demoiselle Perreau et j'avoue ne pas être resté insensible à sa beauté. Nous dansâmes à plusieurs reprises. Elle était avec un jeune homme du nom de Lucien et qui semblait fort doux. Vers minuit, elle nous proposa de terminer la soirée chez l'une de ses amies, qui habitait rue Saint-Honoré et qui s'appelait, je crois, Marie. J'acceptai et nous nous y rendîmes dans mon carrosse. Après avoir mis pied à terre nous vîmes surgir, à l'angle de la rue des Fondeurs et de la rue Saint-Honoré, trois goujats qui s'en prirent à la demoiselle Perreau. Ils déclarèrent ne plus vouloir la voir en compagnie de ce Lucien et ils ajoutèrent... en me montrant du doigt... »

Le marquis prit un air embarrassé.

« Parlez, Monsieur le marquis, parlez, dit maître Vezin.

— Et ils ajoutèrent, en me montrant du doigt : "J'espère que celui-là nous vaudra au moins une centaine de livres." Elle répondit qu'elle était libre de mener sa vie à sa guise et qu'elle désirait qu'ils cessent désormais de l'importuner. Sur quoi, ils firent miroiter la lame de leurs couteaux. Je dégainai, je tins deux d'entre eux en respect du bout de mon épée, mais le troisième se jeta avec acharnement sur Lucien sans qu'il me fût possible d'intervenir. Lorsqu'ils se furent sauvés, la demoiselle Perreau me déclara que ma présence la gênait et elle me demanda de déguerpir au plus vite.

— Mais c'est un mensonge odieux », déclara Gabrielle en se dressant.

Maître Arrault lui fit un geste d'apaisement et prit la parole :

« Monsieur le marquis, demanda-t-il calmement, avez-vous des témoins ?

— Mon cocher peut témoigner.

— Monsieur le marquis, reprit maître Vezin, nous ne vous ferons pas l'injure de confronter votre témoignage avec celui de votre cocher. Messieurs, vous avez entendu le récit de l'homme de raison, d'un conseiller à la cour des Comptes. J'aimerais, à mon tour, interroger l'homme de cœur. »

Maître Lucas revint dans un état d'excitation intense.

« Ce marquis, criait-il, est un infâme menteur.

— Monsieur, demanda maître Vezin, avez-vous été le témoin du drame ?

— Non, Monsieur, mais...

— Monsieur, il suffit... Vous m'avez, je l'avoue,

profondément ému en parlant d'amour. Je crois savoir que vous avez été marié. Votre femme est morte, Monsieur, l'aimiez-vous ?

— Oui, Monsieur.

— Et pourtant, Monsieur, vous dites à qui veut bien l'entendre, qu'elle ne vous a jamais donné que deux jours de bonheur, celui de votre mariage et celui de sa mort. Est-ce exact ?

— Je le dis en badinant.

— Je laisse à la cour le soin d'apprécier ce que valent les considérations amoureuses d'un homme qui badine sur la mort de sa femme. D'autre part, Monsieur, vous haïssez Monsieur Semitte. Ce n'est un mystère pour personne. Vous vous vantez même de le tuer un jour ou l'autre.

— Oui, Monsieur. Ce Monsieur a mis en pièces une crinière de lion qui était la fierté de ma maison et à laquelle j'avais consacré deux ans de travail.

— Vous maintenez que c'est Monsieur Semitte qui a commis cette forfaiture.

— Oui, Monsieur.

— L'avez-vous vu ?

— Non, Monsieur, mais il ne peut en être autre...

— Monsieur Semitte, trancha maître Vezin en se tournant vers son client, demandez-vous réparation de l'injure ?

— Non, maître, je n'écoute point ce genre de propos. »

L'audience terminée, maître Arrault obtint l'autorisation de raccompagner Gabrielle au domicile de son père dans son carrosse. A son avis, personne ne s'était laissé induire en erreur par le faux témoignage du marquis. Le procédé de maître Vezin était même surprenant. Il fallait, disait-il, que cet homme fût aux abois pour commettre une maladresse qui, un jour ou l'autre, pourrait lui porter préjudice. Mais la façon dont il avait retourné le témoignage de maître Lucas en sa faveur était infiniment plus subtile. Une sordide affaire de perruque massacrée et une formule de mauvais goût habilement maquillée pouvaient causer bien plus de dommages qu'une grandiloquente histoire d'agression nocturne. Malgré tout, Arrault reconnaissait que Vezin avait eu le dernier mot. Mais en vérité, le procès ne faisaït que commencer.

*
* *

La première séance n'était effectivement qu'un simple préambule. Le problème de fond n'y avait pas été abordé, mais la sensibilité du public s'en trouvait déjà exacerbée. Tout Paris ne retentissait plus que du bruit de *l'affaire*. Les reparties des avocats, les faits évoqués, amplifiés par l'affabulation, volaient de bouche en bouche, de quartier en quartier. De partout s'élevait une étrange clameur.

Avec la deuxième audience, on pénétra dans le vif du sujet. Le témoignage des blanchisseuses et des poissonnières de la rue Saint-Honoré avait été écarté. On n'avait retenu que quatre témoins à charge : Jean Petrat, l'apprenti de Semitte, François Bertrand, son cocher, Catherine Labbée et Jeanne Plisson, ses servantes.

Jean Petrat avoua qu'il avait intercepté les propos galants que Goy échangeait avec sa maîtresse dans la boutique. Mais les effusions verbales se firent de plus en plus brèves car les amants étaient de plus en plus pressés de rejoindre l'appartement qui communiquait avec l'officine.

Catherine Labbée avait été chargée par Goy, qui n'était pas avare de ses deniers à son égard, de l'informer avec exactitude sur les absences de Louis Semitte. Aussitôt prévenu, l'amant se précipitait chez sa maîtresse. Le matin, elle l'introduisait quelquefois dans la chambre de Gabrielle alors même que la jeune femme était encore au lit ou pendant sa toilette. Tandis que les amoureux consommaient leur passion à loisir, elle faisait le guet pour les mettre à couvert d'une irruption impromptue du mari. Parfois, l'heure de son retour approchait sans même qu'ils s'en rendissent compte, car dans leurs moments de transports, ils ne s'embarrassaient point de la notion de temps. Ils en oubliaient aussi le signal convenu. Elle pénétrait aussitôt dans la chambre où elle les trouvait dans des postures dont la décence ne permet pas de parler. Il arrivait même que Nicolas Goy n'eût pas le temps de fuir. Elle le cachait dans sa chambre ou dans quelque autre réduit dans l'attente du moment propice à son évasion. Mais Louis Semitte, qui commençait à nourrir des doutes sur l'honnêteté de sa femme, comprit que ce commerce criminel n'était possible que grâce à la complicité de sa servante. Il la congédia.

Jeanne Plisson lui succéda. Elle ignora, pendant quelque temps, les intrigues de sa maîtresse. L'assiduité de Nicolas Goy ne la surprenait pas. Il était l'ami du mari, dînait souvent chez lui et il n'était pas rare qu'ils parlassent ensemble de leurs affaires. Au début, les tête-à-tête des deux amants ne lui semblaient pas suspects. Elle les attribuait à l'amitié et aux nécessités du négoce. Mais au bout de quelques jours, elle comprit que les affaires de Nicolas Goy étaient d'un genre beaucoup plus particulier qu'elle ne l'aurait d'abord cru. Elle voyait une foule de messages transiter entre les mains de Bertrand, le cocher. Lorsque son maître était de service à Versailles, un carrosse venait la chercher et il s'ébranlait vers une destination dont elle ne savait rien. Partie de très bonne heure, elle rentrait d'ordinaire fort tard. On s'aperçut bientôt que Jeanne Plisson en savait davantage qu'il n'eût été souhaitable. On acheta sa discrétion et on lui demanda de se mettre au service des intrigues de sa maîtresse. Il arrivait souvent qu'après un tête-à-tête amoureux, on la chargeât, juste avant que Semitte ne revînt, de raccommoder promptement le lit que les combats de Vénus avaient mis dans le plus grand désordre.

Quant au cocher, François Bertrand, il se présenta comme le Mercure galant de l'affaire. Il était chargé des billets doux, des poulets et des messages de sa maîtresse. Entremetteur, il était aussi l'agent de toutes les parties de débauche. Son ministère lui était d'autant plus commode qu'il se rendait souvent chez Nicolas Goy, à la demande même de Louis Semitte. Gabrielle, qui s'occupait des affaires de son mari, pouvait en toute quiétude lui adresser des messages sans se rendre pour autant suspecte. De retour de Versailles après y avoir déposé son maître, Bertrand conduisait parfois les amants dans une petite maison du bois de Boulogne dont ils faisaient le théâtre des plaisirs de Bacchus et de Vénus. Il fit d'abord office de domestique. Peu à peu, il devint plus familier, on l'admit à table et l'on ne craignit point de se permettre certaines privautés en sa présence. Enfin, on poussa l'esprit de débauche jusqu'à ne pas rougir de consommer le crime sous ses yeux.

L'audition des témoins terminée, le président donna la parole à maître Arrault. Ce dernier reconnut l'importance des témoignages mais il précisa qu'il n'avait rien à ajouter dans l'immédiat. Un remous parcourut l'assistance. Quelques conseillers se regardèrent tout étonnés en échangeant de brefs propos. Maître Vezin en resta cloué sur place. Il s'attendait à une contre-attaque foudroyante dont il avait étudié la parade dans les moindres détails. Il savait en effet que les dépositions de ses témoins ne deviendraient crédibles qu'après une réfutation en règle des arguments développés par l'avocat de la défense. A défaut d'explications, les artifices et les faiblesses de l'accusation restaient à nu. Ils feraient même l'objet d'une sévère critique au moment du plaidoyer final. Ainsi, l'édifice si patiemment élaboré s'effondrait de lui-même. L'avocat de Semitte se trouvait en présence d'un choix douloureux. Il pouvait s'abstenir de tout commentaire, mais il privait ses témoignages du support juridique nécessaire et des ressources de son éloquence. Son prestige s'en trouverait altéré. Il pouvait encore se lancer dans un plaidoyer justificatif, mais il lui faudrait manœuvrer avec beaucoup d'habileté pour ne pas s'enliser dans les faiblesses de sa stratégie. Il s'engagea malgré tout dans cette dernière voie.

« Monsieur le président, Messieurs les conseillers, s'exclama-t-il, les docteurs nous enseignent que la présomption et la preuve suffisent à la démonstration de crimes occultes comme celui de sorcellerie, d'homicide ou d'adultère. Dans ce dernier cas, paroles indécentes, billets ambigus ou des témoins muets, chaussures d'hommes trouvées, par exemple, au domicile du suppliant, suffisent à convaincre les juges. Or, dans notre affaire, deux témoins, Catherine Labbée et François Bertrand, ont vu les deux amants *complexu veneris juncti illa sub, illo super*. On nous apporte ici, Messieurs, un témoignage direct. »

Maître Vezin enchaîna sur des considérations d'ordre moral, flétrissant la débauche des femmes de mauvaise vie et rappelant aux magistrats que la protection des bonnes mœurs relevait de leur vocation première. Maître Arrault approuvait gravement par des signes de tête qui brisaient les effets oratoires de son confrère. Lorsque ce dernier eut terminé, il prit la parole :

« Monsieur le président, Messieurs les conseillers. Au nom des bonnes mœurs qui viennent d'inspirer un si beau plaidoyer à mon honorable confrère, je demande la récusation immédiate de son premier témoin, Jean Petrat.

— Sur quel mobile ? demanda le président.

— Je remets à la cour un double du décret de prise de corps lancé contre lui sur les conclusions d'une information ouverte à son propos à la sénéchaussée de Lyon sur requête d'Étienne Mounier, épicier-apothicaire à Lyon, pour avoir, conjointement avec une fille de mauvaise vie, volé et recelé des effets audit Mounier et avoir séduit et débauché Jean-Baptiste Mounier, son fils, par des commerces infâmes. »

Le président se saisit du document et le fit circuler.

« Récusation acceptée par la cour, conclut-il.

— Ce témoin, Messieurs, nous permet de juger les autres. Je demande maintenant si des serviteurs peuvent légalement témoigner contre leur maître ou leur maîtresse.

— Les jurisconsultes, répondit Vezin, ont décidé que dans ces matières occultes, les domestiques sont des témoins nécessaires, quelle que soit la déférence dont ils doivent faire preuve vis-à-vis de leurs maîtres. Tel est l'esprit de la règle *Admittitur ad testimonium socium...*

— Je vous remercie, mon cher confrère, trancha Arrault, je voulais seulement m'assurer que vous aviez bien, sur ce chapitre, consulté vos manuels. »

Il y eut quelques éclats de rire dans l'assistance et la cour eut du mal à garder son sérieux.

« Je voudrais vous dire maintenant, poursuivit maître Arrault, combien je vous approuve sur la matière des bonnes mœurs. Au nom des principes que vous venez de développer, il me faut donc évoquer la conduite de votre client... Je sais... je sais, un subordonné n'a pas le droit de se plaindre en justice contre son supérieur, et comme, dans toute société, il faut un chef, il est naturel que l'homme soit le chef de la femme dans la société matrimoniale. Il est donc conforme à la sagesse et aux principes du droit romain que les femmes ne puissent pas se porter accusatrices des débordements de leur mari. Mais c'est précisément parce qu'il est le chef de la femme que l'homme lui doit le bon exemple. C'est pourquoi il est permis à la défenderesse d'évoquer le comportement du Sieur Semitte par voie de défense et d'exception, afin que la cour puisse se faire une plus juste opinion des intentions qui l'animent. Messieurs, fit Arrault en pointant du doigt Semitte, cet homme juge de façon fantasque la faiblesse de sa femme en se fondant sur la faiblesse de ses maîtresses ou sur sa propre faiblesse. »

Semitte sursauta. Il regarda alternativement la cour et son avocat en désignant sa femme d'un geste nerveux, comme pour bien montrer que c'était elle qu'il fallait juger. Son avocat eut beaucoup de peine à le contenir.

« Le sieur Semitte, dit maître Arrault, est un éminent spécialiste des derrières...

— Monsieur le président, trancha sèchement Vezin, chacun sait ici que ma partie a une connaissance approfondie de l'anus, mais... »

A ces mots, l'assistance tout entière éclata de rire et, cette fois, la cour fut elle-même emportée par l'hilarité générale.

« Mais... mais... bredouilla Vezin..., les lumières de mon client sur ce point précis n'ont rien à voir avec notre affaire.

— Je ne lui conteste précisément pas ces lumières, fit Arrault d'une voix sereine... Mais, s'exclama-t-il soudain dans un éclat tonitruant, de tous les derrières, c'est celui de ses servantes Catherine Labbée et Jeanne Plisson qu'il connaît le mieux.

— Mon cher confrère, vous vous avancez.

— Il s'en vante ouvertement.

— Ce sont les dires de la populace.

— Non point, il en disserte longuement à Versailles en présence de gentilshommes-servants, et s'il fallait que ces gentilshommes vinssent témoigner ici même, ils le feraient volontiers. Mais je veux vous épargner de la confusion. Il serait d'ailleurs malséant que ce prétoire devînt le théâtre d'une comédie dans une affaire aussi grave et qu'il retentît à nouveau de ces propos turpides que vous seul avez l'art de susciter par des témoignages qui sont un outrage à la majesté de la magistrature. »

Après l'audience, maître Vezin et Semitte semblaient soucieux.

« En fait, dit Semitte, il n'y a pas lieu d'être si chagrin. Arrault ne nous a pas attaqués sur les points faibles de notre témoignage.

— Précisément, répondit Vezin, j'aurais préféré qu'il le fît. Nous aurions crevé l'abcès dès à présent et nous n'en parlerions plus. J'ai bien peur, maintenant, qu'il n'exploite ces faiblesses dans son plaidoyer final. »

De son côté, maître Arrault réconfortait Gabrielle :

« Allons, mon enfant, lui disait-il, soyez satisfaite. Nous avons largement regagné le terrain que nous avions perdu au cours de la précédente audience. Et la prochaine audience sera consacrée au fameux billet qui est notre point fort. Quant au témoignage de vos domestiques, j'en fais mon affaire. »

XII

« “JE permets à ma femme de faire avec qui elle voudra, vous m'entendez ?” Cette permission écrite est signée de Louis Semitte et datée du 8 septembre 1688, lança maître Arrault dans le prétoire d'une voix solennelle. Monsieur le président, Messieurs les conseillers, on reste confondu devant l'audace et l'indignité d'un mari qui donne à sa femme, par un acte authentique, une licence de prostitution. Ce mari, Messieurs, se couvre d'infamie en voulant déshonorer sa femme. Il est vrai que l'origine de ce billet extraordinaire nous plonge dans le mystère. A la réflexion, elle nous semble pourtant fort simple. La demoiselle Perreau, justement alarmée par le comportement scandaleux de son mari, par le peu d'attachement qu'il lui prodiguait et par les mauvais plaisirs auxquels il s'abandonnait, tant au-dehors, avec des femmes de désordre, que chez lui-même, en souillant sa propre couche avec des servantes, lui dit un jour : “Monsieur, vous êtes le déshonneur de cette maison. Vous m'outragez, vous outragez notre fille, vous outragez les bonnes mœurs, vous outragez la religion, cessez vos déportements.” Louis Semitte, qui n'avait point l'habitude qu'on lui tînt le langage de la vertu en termes d'honneur, lui répondit avec vivacité : “Laissez-moi en repos, laissez-moi en repos. Vivez à votre liberté et laissez-moi vivre à la mienne.” Et poussant le mépris jusqu'au point de permettre à sa femme de vivre dans la débauche pour s'autoriser de son propre libertinage, il lui remit ce billet honteux. Messieurs, ce trait de vilenie n'est que l'effet d'une méchanceté intéressée. Un mari qui aime et qui est jaloux ne permet pas à sa femme ce qu'il redoute le plus. Semitte licencie la sienne par écrit, il ne lui permet pas seulement d'aimer ailleurs, il laisse aussi à sa discrétion, ce qui ne s'entend que trop, et le choix, et le nombre de ses amants. Est-ce là le trait d'un mari qui aime ? J'y vois bien plutôt la marque d'un époux libertin qui méprise l'amour de sa femme et qui ne se soucie guère d'en être aimé. Et ce mépris, Messieurs, n'est que le funeste apanage de l'indigne préférence que Semitte donne à des femmes publiques et à des servantes. J'en viens maintenant aux conclusions qu'il convient de tirer d'une si fâcheuse affaire. La demoiselle Perreau s'est bien gardée de s'autoriser d'une permission qui n'a suscité en elle que confusion. Son mari, pense-t-elle, peut bien la dispenser du respect et de la fidélité qu'elle lui doit, mais il ne saurait lui imposer ce que l'honneur et la religion lui défendent. Elle n'est point tombée dans la faute dont on l'accuse injustement sur la foi de témoignages frelatés qui seront révoqués en doute en temps voulu. Mais quand bien même une femme placée dans une telle situation se serait laissé induire au péché, les juges seraient tenus de s'en remettre aux stipulations canoniques formulées dans les décrets *intelleximus, extra de adulteri* et *discretionem extra de eo qui cognovit...*

— Maître, trancha le président, la cour connaît le droit.

— C'est pourquoi, reprit maître Arrault en s'inclinant respectueusement, l'accusation d'adultère est présentement irrecevable puisque le loi décrète de façon formelle que le mari qui a encouragé sa femme à la débauche par une approbation expresse ou tacite est non seulement indigne de s'en plaindre en justice, mais encore passible des mêmes peines que sa femme adultère. Il est vrai que la vengeance de ce crime n'appartient qu'au mari. Ainsi, Monsieur le procureur du roi n'est point ici partie en chef, il ne l'est que par jonction et adhérence au mari. Or, ce mari ne peut l'être lui-même parce qu'il s'est délibérément exclu de ses droits et prérogatives : exclusion par son consentement, exclusion par son indignité. Je demande donc que la cour le déclare irrecevable en sa requête et que l'accusation soit purement et simplement réduite à néant. »

Un silence solennel plana quelques instants sur le prétoire. Enfin, maître Vezin prit la parole.

« Monsieur le président, Messieurs les conseillers. Le plaidoyer de mon auguste confrère m'a profondément touché et nul plus que moi ne saurait rendre un si juste hommage à des talents oratoires qui font l'honneur et l'ornement de notre barreau. Mais la vérité des faits exige que je les rétablisse maintenant dans leur simplicité originelle en les dépouillant de tout le panache dont on a su les maquiller par le secours d'une éloquence qui n'a point sa pareille. L'origine de ce billet, j'en conviens, est beaucoup moins mystérieuse qu'elle n'en a l'air. Cependant, je n'y verrai point, quant à moi, le trait d'un mari indigne mais la folâtrerie d'un mari affectueux et taquin que l'on a indûment fourvoyé dans un système de lois qui, j'en rends grâce à Dieu, n'a rien laissé au hasard sur le chapitre des bonnes mœurs. Ma partie... enfin... le Sieur Semitte aimait sa partie... euh... Je veux dire, reprit Vezin avec plus d'assurance, le Sieur Semitte aimait sa femme. Il l'aimait au point d'en être jaloux et peut-être fut-ce là son seul crime. Mais les faits devaient prouver, hélas, que ses alarmes n'étaient point vaines. Il s'en ouvrit discrètement à sa femme : "Gabrielle, lui dit-il, je vois dans votre comportement trop de coquetterie. — Allons, lui répondit-elle vous n'êtes qu'un méchant petit bonhomme jaloux. — Moi, jaloux, Gabrielle ? s'exclama-t-il avec une belle assurance, vous raillez. —

Que non pas, cher époux, vous êtes incapable de prouver le contraire. " Un homme qui aime, Messieurs, et qui ne veut point perdre l'estime de sa femme en se laissant dominer par elle, relève le défi. Un peu maladroitement, j'en conviens, mon client griffonna ce méchant petit billet dont il ignorait, dans sa candeur et dans son innocence, qu'il se retournerait un jour contre lui à sa grande honte et dérision. Cette histoire, Messieurs, est une petite histoire toute simple. Mais par quelle étrange aberration faut-il que l'esprit humain se laisse davantage séduire par de sombres intrigues que par une vérité si naturelle ? »

Maître Arrault se pencha vers sa cliente : « Cet homme, chuchota-t-il, est plus habile que je ne le pensais. Mais n'ayez crainte, nous avons du répondant. »

« Il est vrai, Messieurs, poursuivit Vezin, que cette scène n'eut point de témoins et que son authenticité ne nous est d'abord attestée que par la façon logique dont elle s'intègre dans le reste d'une affaire sur laquelle je jette chaque jour de nouvelles lumières. Mais à la réflexion, c'est en voulant démontrer la vilenie de son mari que la demoiselle Perreau découvre sa propre turpitude. Car enfin, Messieurs, et c'est sur ce point que roulera la deuxième partie de ma démonstration, que fait l'épouse qui détient ce billet lorsqu'elle est aussi sage que la défense nous le dit ? Elle le jette au feu. C'est précisément ce que mon client demanda à sa femme : " Gabrielle, lui dit-il, jetez ce papier au feu, allons, vous êtes une badine. " Au lieu de cela, elle l'alla serrer dans son cabinet et s'en revint en disant : " Tout juste, mon ami, vos impertinences se sont envolées en fumée. " Ainsi, Messieurs, l'existence de ce papier est la preuve même de la turpitude de la demoiselle Perreau. Pour quelle raison l'aurait-elle conservé sinon pour se mettre à couvert dans ses infâmes commerces ? C'est pourquoi je demande que la cour, loin de déclarer mon client irrecevable en sa plainte sur la base d'un tel billet, le reçoive au contraire comme le principal chef d'accusation de l'affaire.

— Monsieur le président, Messieurs les conseillers, rétorqua maître Arrault, si j'étais de taille à vous induire en erreur par le secours de mon éloquence, l'accusation est en mesure d'en faire autant par le secours de sa rouerie. Soyons sérieux, Messieurs, les débauches du Sieur Semitte sont de notoriété publique. J'y ajoute sa violence naturelle. Ma cliente en a porté des marques que tout le monde a pu voir au mois d'août 1688 après que son mari lui eut assené des coups de chandelier au visage et au bras. Elle s'en est ouverte dans le secret de sa famille et au commissaire Boisseau qui a jugé que la prudence lui interdisait de recueillir la plainte d'une épouse contre son mari. Il était naturel, Messieurs, qu'un tel comportement incitât la demoiselle Perreau à prévoir l'éclat dont elle est aujourd'hui la victime. Je maintiens donc que c'est dans un esprit de débauche que Semitte a rédigé ce papier et j'affirme que ma cliente l'a conservé par un acte de légitime défense à défaut duquel elle croupirait encore désarmée dans le cachot où on l'a jetée sur la base d'un décret de prise de corps, à la grande honte d'une justice abusée par la forfaiture de Louis Semitte.

— Des violences, dites-vous ? Que vous ayez glané des propos infamants sur la supposée inconduite de mon client, soit, que vous en fassiez l'un des points de votre défense, j'en conviens. Mais qui cherchez-vous à abuser lorsque vous parlez de violences, de coups et de marques ? Tout cela est bien vague, et si la cour devait se saisir de tout ce qui se dit dans le secret des familles ou de la fiction de je ne sais quelles marques qui n'ont jamais été que de vains simulacres, les prétoires retentiraient de plaintes si frivoles qu'il faudrait bientôt suspendre le cours de la justice. Il n'empêche, Messieurs, qu'en dépit de leur désinvolture, de tels propos seraient de nature à séduire la justice si je ne tenais en ma possession la preuve irréfutable de leur imposture. Je ne me contenterai pas de rappeler que dans une nation policée, un commissaire ne repousse jamais la plainte d'une personne dont il voit, par des marques tangibles, qu'elle a été la victime de violences, je montrerai à la cour, par des témoignages authentiques, que l'on a cherché à tromper la justice par un artifice grossier. »

Maître Vezin ouvrit un dossier dont il tira quelques feuillets. « Que va-t-il encore nous sortir ! » murmura Arrault dans l'oreille de sa cliente.

« Monsieur le président, Messieurs les conseillers, je vous demande de prendre en considération ces documents. Il s'agit d'une correspondance échangée entre le suppliant et sa femme. Elle remonte au voyage d'affaires que mon client fit au cours du mois de novembre 1688. L'authenticité de ces lettres, extraites du livre du suppliant, ne peut être révoquée en doute en raison de la présence, au verso, du timbre du bureau des taxes. L'essentiel de cette correspondance concerne le commerce du Sieur Semitte. Mais en marge de ces propos d'affaires, l'on y trouve des marques de tendresse qui témoignent d'un indéniable climat de concorde conjugale. Jugez-en, Messieurs. "Ma petite femme, écrit mon client, ma petite épouse... mon cœur... mon petit cœur... Pardon, je vous en prie, mon tendre cœur, si je ne vous donnai point hier de mes nouvelles, et réponse à la vôtre trentième du dernier passé, que je reçus à mon retour de Mantes ; en vérité, ce n'a pas été manque de bonne volonté"... ou encore : " Il ne serait pas juste, mon pauvre cœur, que donnant de mes nouvelles aux autres, je vous oubliasse. " Je lis par ailleurs : " Je suis arrivé ici vers les onze heures sain et sauf à vous servir, ma petite femme. " J'abrège la lecture de ces tendres témoignages. Sont-ce là les propos d'un homme qui violente sa femme ? J'en viens maintenant aux marques d'estime qui prouvent l'attachement de la demoiselle Perreau pour son mari. " Faites prompte diligence, m'ennuyant de ne vous point voir ", lui écrit-elle notamment... Je vois que vous vous donnez bien des peines, je souhaiterais pouvoir vous soulager... Je vous salue avec un peu de chagrin. Adieu... Votre très humble servante... " Messieurs, il est des preuves qui sont si fortes que l'éloquence d'un avocat est d'un vain secours. Je préfère garder le silence.

— Monsieur, reprit Arrault, j'aimerais au contraire que nous parlions de ces lettres. Elles forment une liasse importante. Votre client y est fort prolixe en tendres compliments. Trop prolixe, peut-être. Vous en abrégez d'ailleurs le cours. Vous ne citez par contre que deux ou trois formules écrites de la main même de la demoiselle Perreau. En existe-t-il d'autres ?

— La qualité supplée à la quantité et répond du climat de bonne entente.

— La qualité ? Quelle qualité ? " Faites prompte diligence... je m'ennuie de ne vous point voir... Je vous salue avec un peu de chagrin... Votre très humble servante... " Ce ne sont là tout au mieux que les témoignages d'une honnête amitié conjugale ou, si vous préférez, d'un attachement médiocre. Les violences que subit une épouse la dispensent-elles de se montrer d'une courtoisie modérée envers son mari dans une correspondance ? Mais les conclusions que nous pouvons tirer de cette correspondance sont encore plus fortes et je comprends que la défense ait préféré garder le silence sur des preuves qu'elle n'exhibe qu'en désespoir de cause. Du côté de Semitte, je vois une surabondance de témoignages d'estime, du côté de Gabrielle Perreau, je ne vois que l'expression d'une juste mesure et d'une pudique réserve. Ce déséquilibre me gêne. Il s'inscrit dans le prolongement naturel d'un complot scandaleux dont le billet n'était que l'amorce.

— La cour, s'exclama maître Vezin, jugera à loisir jusqu'à quel point la défense est capable, dans sa haine de la vérité, d'altérer les faits les plus simples pour les mettre au service de la perfidie. »

« Eh bien, dit maître Arrault à Gabrielle une fois l'audience terminée, on peut dire que le combat est très serré. Évidemment, j'aurais préféré que Vezin n'eût pas ces lettres en sa possession. L'indignation suscitée par le billet scandaleux s'en est trouvée un peu émoussée, mais j'ai quand même réussi à rétablir la situation de justesse. Enfin, la prochaine audience sera la dernière. En principe, je devrais écraser Semitte sous mon plaidoyer final. Vezin n'a plus rien à dire... Et c'est précisément pour cette raison que j'ai comme le sentiment qu'il est capable d'inventer une astuce considérable. »

A l'autre bout du prétoire, Semitte et Vezin discutaient gravement. « Monsieur, fit Vezin en rangeant ses papiers, nous nous talonnons. Mais nous avons fait feu de nos dernières munitions alors qu'Arrault n'en est pas à court pour son plaidoyer final. Oui, je pense qu'il nous faudra jeter dans la balance ce que nous avions prévu comme un recours de toute dernière extrémité. L'arme est à double tranchant et risque évidemment de se retourner contre nous. Enfin, ça marchera ou ça ne marchera pas. Êtes-vous toujours d'accord ? »

*
* *

Au fil des audiences, le procès de Gabrielle se trouvait emporté dans un crescendo dramatique que la rumeur publique ne cessait d'amplifier. Une foule de colporteurs inondait déjà les curieux de feuilles volantes qui relataient avec plus ou moins d'exactitude la teneur des joutes oratoires qui opposaient Arrault et Vezin dans un face-à-face impitoyable. Aux portes mêmes du prétoire, des huissiers transmettaient les dernières nouvelles à des informateurs qui se trouvaient au cœur d'un tentaculaire réseau de diffusion et qui, en déformant la réalité, rendaient les faits encore plus extraordinaires.

Magnanime, maître Arrault avait accepté sans discussion que son adversaire prît la parole après lui au cours de cette audience qui, du moins le croyait-on, devait être la dernière du procès. Ce jour-là, il régnait dans le prétoire un silence plus religieux que jamais. Maître Arrault se leva et parla avec lenteur, pondération et majesté.

« Monsieur le président, Messieurs les conseillers. Nous n'avons jusque-là envisagé et démêlé que les points litigieux d'une affaire qui s'éclaire d'un jour nouveau lorsqu'on les replace dans leur contexte originel. Ce contexte forme en vérité la trame d'une histoire poignante, d'une histoire telle qu'un avocat n'en rencontre que rarement dans sa carrière.

« L'intérêt et le goût de Semitte pour la débauche nous font pénétrer les mobiles qui ont poussé cet homme à sacrifier son honneur en tentant, aujourd'hui même, d'immoler sa femme sur l'autel de sa turpitude. Il avait reçu de cette femme une dot de 4 000 livres, mais ce n'est un mystère pour personne qu'il s'en serait contenté pour rien. Elle était alors âgée de seize ans. Leur communauté a été assez heureuse et l'économie de la demoiselle Perreau n'a pas moins contribué à l'enrichir que sa propre industrie. La douceur de leur union ne fut altérée dans les commencements, nous dit-on, que par quelques inquiétudes de mari jaloux. La femme, ajoute-t-on, ne tarda pas à y donner matière. Il n'y aurait peut-être pas lieu d'imputer à Semitte son action s'il s'était seulement laissé induire en erreur et si, dans le cadre d'une vie conjugale bien réglée, il avait manifesté pour son épouse des marques de tendresse et d'estime dignes de sa beauté et de sa douceur. Mais il l'a, au contraire, toujours traitée avec rigueur et mépris. J'ai déjà dit que, non content de se plonger au-dehors dans la débauche la plus sale, il en remplissait sa propre maison. J'ai dit, également, que les déportements de ce mari étaient le mobile du piège que cet époux indigne avait tendu à la vertu de la demoiselle Perreau. Messieurs, il est temps de vous dévoiler le deuxième mobile du forfait. L'amant supposé de ma cliente est un nommé Goy. Cet homme est banquier et Semitte, pour assouvir ses goûts de luxe et de débauche autant que pour satisfaire à sa sotte vanité, lui a précisément emprunté la somme de 30 000 livres. »

Un mouvement de stupéfaction parcourut le prétoire. L'attention y était plus soutenue que jamais.

« J'ajoute, poursuivit Arrault, que mon adversaire a déposé une plainte contre son créditeur... et qu'il lui demande des réparations. Tout s'éclaire désormais. Que dans de telles conditions Semitte permette à sa femme " de faire avec qui elle voudra ", je n'y vois rien d'étonnant. Mais pour que le piège fonctionne bien, encore fallait-il que la belle s'y précipite. Or, rien ne se passe. Le pauvre Semitte se démène, il maltraite sa femme pour la pousser dans les bras de son corrupteur, il part en voyage d'affaires pour que s'insinue en elle le poison du péché. Rien... toujours rien. On me dit que Monsieur Goy rend de fréquentes visites à la défenderesse. Je le veux bien. On me dit qu'il la courtise. Soit ! Qu'elle y est sensible. Pourquoi pas ? C'est une mode fort prisée dans le beau monde que de courtiser sans rien attendre en retour, et si toutes les femmes qui donnent dans ce petit jeu devaient être justifiables du Châtelet, alors, Monsieur le président, il faudrait faire raser toutes les maisons qui bordent ce tribunal pour en agrandir le prétoire, car la moitié des femmes mariées qui s'y trouvent aujourd'hui en tant que spectatrices devraient s'y trouver demain en tant qu'accusées... l'autre moitié n'étant composée pour le plus grand nombre que de laiderons... »

A ces mots, l'assistance éclata de rire.

« Dieu soit loué, ajouta maître Arrault visiblement satisfait de l'effet que son esprit venait de produire sur le public, les mœurs n'ont point atteint ce sommet de turpitude dont rêve Semitte. Son piège n'a pas fonctionné et c'est pourquoi il a fallu recourir à la diffamation. Ma cliente, affirme-t-on, ne s'est pas contentée de rester en deçà d'une conversation un peu galante. On a trouvé des témoins. Dans un premier temps, on a cru que la justice du roi serait moins vigilante qu'elle ne l'a été. On est descendu jusqu'aux derniers degrés de la populace et l'on nous a jeté en pâture de façon insultante le témoignage de bonnes femmes pour la plupart illettrées : des lingères... des pâtissières... des poissonnières... »

Une partie du public manifesta son indignation de façon bruyante.

« C'est pourquoi les magistrats ont, dans leur immense sagesse, demandé qu'une nouvelle information écarte le peuple d'une affaire aussi grave. On a, malgré tout, conservé le témoignage de quatre personnes. Messieurs, qui sont ces quatre témoins ?

— Aïe aïe aïe..., murmura Vezin en avalant de travers.

— Il n'y a pas trente-six réponses. J'ai balayé Petrat comme receleur, suborneur et sodomite. En ce qui concerne les trois autres, ils se sont dépeints au naturel dans leur propre déposition. Car enfin, Messieurs, ou bien ils mentent, et la justice doit les poursuivre pour faux témoignage, ou alors ils disent la vérité. Arrêtons-nous sur cette dernière supposition. Que les deux servantes de Semitte et leur cocher facilitent la débauche de leur maîtresse, je les appelle des entremetteurs. Qu'ils le fassent pour de l'argent, cela porte un nom. Ces gens-là sont des maquereaux ! hurla maître Arrault d'une voix qui fit soudain sursauter tout le prétoire. Que Bertrand assiste de surcroît aux ébats de sa maîtresse, à la cynique, j'appelle cela une souillure justiciable du bûcher. Les naturalistes eux-mêmes ne nous apprennent-ils pas, poursuivit-il d'une voix plus détendue, que de tous les animaux, seuls les chiens, qui sont des créatures impudiques, s'accouplent au grand jour ? Ne lisons-nous pas dans Pline que les éléphants, les chameaux et même les grenouilles, qui sont pourtant des bêtes immondes, perpètrent l'acte à la dérobée, loin des grands chemins ? Ce en quoi, Messieurs, fit Arrault d'une voix de nouveau tonitruante, la complicité de ce cocher le rend indigne de vivre au milieu des crapauds !... Que tous ces témoins étalent enfin sans vergogne leur impudicité à la face du public et de la cour, j'appelle cela de l'outrage à magistrat... »

Pour mettre en valeur la majesté de son plaidoyer, maître Arrault s'arrêta un instant, l'air indigné, fit planer un lourd silence sur le prétoire, le ponctua de quelques pas qui résonnèrent avec éloquence. Chacun de ses gestes, chacune de ses expressions était savamment calculé. Maître Vezin se pencha vers Semitte : « C'est fort, c'est très fort », lui dit-il dans le creux de l'oreille. Enfin, l'orateur reprit la parole :

« Pour que de tels misérables aient le front d'insulter la justice au risque de périr sous son glaive, il faut qu'on les ait stipendiés au prix fort. »

Maître Arrault eut un moment de réflexion avant de se tourner vers Semitte :

« Monsieur, lui dit-il soudain en le montrant du doigt, quelle somme avez-vous versée à ces âmes vénales ?

— Monsieur, répondit Semitte en se levant et en faisant le même geste en direction d'Arrault, je vous ferai poursuivre par mon avocat ! »

Maître Vezin, interloqué, calma son client en lui demandant discrètement de ne pas lui compliquer la tâche.

« Monsieur le président, Messieurs les conseillers, dit maître Arrault en levant le bras droit, l'index pointé vers le ciel, je demande maintenant de façon solennelle que la plainte de mon adversaire soit jugée irrecevable par la cour ou que les témoins pris en flagrant délit de débauche publique soient immédiatement décrétés de prise de corps et envoyés à l'Hôpital général. »

Maître Arrault fit semblant d'attendre une réponse. L'assistance, emportée par son éloquence, vibrait intensément et communiait désormais dans une même indignation. On attendait la suite du plaidoyer avec une impatience indescriptible. L'orateur, qui ne l'ignorait pas, se faisait désirer et Vezin, de nouveau tourné vers Semitte, lui répéta : « C'est fort, c'est très fort, il nous démonte complètement. »

« Messieurs, reprit Arrault d'un air songeur, à la réflexion, je puis prouver que ces témoins suspects ne sont jamais que de faux témoins. Leur récit ne constitue en effet qu'une étrange rhapsodie d'artifices mal fagotés. Le premier souci d'une bourgeoise qui intrigue est de tenir ses domestiques dans l'ignorance de son crime. Si le hasard met l'un d'entre eux dans la confidence, il n'est ni naturel, ni vraisemblable que toute la domesticité se retrouve dans le partage du secret. De surcroît, les faits nous sont représentés par degrés. On a cru qu'il les fallait diversifier et quoique tous les serviteurs soient dans la confidence, il n'en est point deux qui déposent du même fait. Quel chef d'orchestre invisible a-t-il attribué à chacun d'eux un rôle bien précis ? Quel instigateur les a-t-il artistement disposés à ne témoigner que de faits indépendants les uns des autres ? On peut dire, Messieurs, que la calomnie s'est ici aveuglée. Enfin, chacune de ces aventures est un crime en soi, mais n'étant jamais prouvée que par un seul témoin, aucune d'elles n'est véritablement prouvée, toute preuve n'étant formellement établie, aux yeux de la loi, que sur la base de deux témoignages connexes... »

A son tour fasciné, Vezin dit une dernière fois à Semitte agacé : « C'est fort, c'est très fort, et c'est même beau, vous ne trouvez pas ? »

« Ce considéré, conclut Arrault, je demande qu'il plaise à la cour de donner acte à la défenderesse de ce que pour fin de non recevoir, le suppliant soit purement et simplement mis hors cour et que ma cliente soit désormais prise en compte, Nosseigneurs, dans toutes ses conclusions. »

L'auditoire, visiblement ému, resta plongé dans un profond silence. Le président donna la parole à maître Vezin : « Eh bien ! soupira ce dernier dans l'oreille de son client, à nous de jouer. Vous avez bien compris, n'intervenez que lorsque je prononcerai le mot convenu. »

XIII

Maître Vezin se leva lentement, fit quelques pas en direction du président, baissa la tête un instant, l'air visiblement attristé, et la releva en s'exclamant dans un profond soupir :

« Monsieur le président, Messieurs les conseillers, la magnificence oratoire de mon confrère m'a bouleversé. Bouleversé d'admiration, bouleversé de chagrin. Nous venons d'entendre, Messieurs, l'un des plus beaux plaidoyers dont ait jamais retenti ce prétoire. Mais alors même que mon cœur envoûté palpitait d'admiration, mon âme affligée se noyait dans un océan d'amertume et ma raison, un instant surprise, se ressaisissait, rappelée à l'ordre par une réalité infiniment plus poigante que le plus beau, que le plus noble des discours. Quelle misère... quelle misère... Messieurs, d'entendre de si belles paroles couvrir de leur autorité une vertu chancelante. Quelle misère de voir un talent si vénérable se fourvoyer dans un acharnement impitoyable contre un homme qui souffre. Car enfin, Messieurs, fit maître Vezin en montrant Semitte effondré, n'est-ce point là le tableau d'un homme meurtri dans son amour ? Meurtri dans son honneur ? Meurtri dans sa chair ? Cet homme, Messieurs, est un honnête homme, c'est un homme de cœur, un serviteur du roi, un premier serdeau de sa majesté... »

A ces mots, les gentilshommes qui assistaient au procès et quelques conseillers ne purent s'empêcher de sourire.

« S'est-on un seul instant penché, depuis le début de ce procès, sur la détresse d'un homme réduit à la fâcheuse nécessité de devenir la fable du public et un objet de dérision en portant plainte contre le libertinage et la débauche de sa femme ? Il a eu recours à ce remède extrême, animé non point par des sentiments de haine ni par des motifs d'intérêt, comme on l'a fort méchamment supposé, mais bien au contraire dans un élan de générosité et pour le triomphe des bonnes mœurs. Cet homme se sacrifie pour arrêter le cours des intrigues honteuses de sa femme et pour lui ôter la funeste liberté d'en former de nouvelles. Oui, Messieurs, le suppliant ne requiert l'autorité des lois que pour se servir des moyens qu'elles ont sagement établis pour retrancher de la société civile ces sujets indignes, ces sujets qui ont étouffé en eux tout sentiment de vertu et d'honneur, ces sujets que l'on ne saurait enfin sauver du crime qu'en les mettant hors d'état de suivre le malheureux penchant qui les entraîne... »

A cet instant précis, Semitte se leva péniblement. Le visage douloureux, il semblait au bord des larmes. La main gauche sur le cœur, il s'avança d'un pas chancelant vers maître Vezin dont il avait brisé l'élan oratoire. Il posa la main droite sur son épaule et lui chuchota quelques mots dans le creux de l'oreille. Maître Vezin sursauta et se figea en regardant son client avec effroi. Au bout d'un instant il se ressaisit et il fit un signe de dénégation. Semitte insista. Une assez vive discussion à voix basse s'ensuivit. Les conseillers se regardèrent. Dans l'assistance, quelques personnes angoissées s'étaient levées pour ne rien perdre de la scène. Maître Arrault se pencha vers sa cliente :

« Gabrielle, murmura-t-il, attendez-vous à tout, mais surtout, restez impassible et n'ayez crainte. »

Bientôt, Semitte, qui s'était décomposé au fil de la discussion, montra des signes de défaillance. Maître Vezin le soutint et le raccompagna jusqu'à sa place. Il revint gravement au milieu du prétoire et en se tournant vers le président, il leva les bras vers le ciel en s'exclamant gravement :

« Monsieur le président, Messieurs les conseillers. Je croyais avoir atteint le fond de l'abîme et je pensais que mon client, en étalant au grand jour la turpitude de sa femme, avait porté l'abomination à son comble. Mais j'étais bien loin de me douter que cette honte dont il a eu le courage de se couvrir afin que le mal dont il a été la victime soit à jamais extirpé de notre société avait été pour lui la source d'une autre meurtrissure. Il m'en a fait la confidence à l'instant et j'ose à peine, Messieurs, la porter à votre connaissance. C'est en dépit de mes réticences et sur l'insistance de mon client, plus que jamais soucieux de faire triompher la vérité dans tout ce qu'elle a parfois de plus atroce, que j'ai malgré tout décidé de dévoiler ce secret qu'il aurait voulu emporter avec lui dans sa tombe. »

A ces mots, une fièvre intense gagna l'assistance. Tous les regards étaient fixés sur maître Vezin qui, dans son trouble, avait du mal à articuler ses mots.

« Messieurs, dit-il en montrant du doigt Gabrielle, cette femme n'est pas seulement une plaie qui ronge la société, c'est aussi un cancer qui s'attaque à notre corps. Elle a, pour comble d'infamie, prodigué à son mari de cuisantes faveurs.

— Soyez plus précis, maître, s'exclama le président.

— Je veux dire par là, Monsieur le président, que la demoiselle Perreau a communiqué à mon client ce... ce mal... ce mal qui ne devrait jamais être que le châtiment de ceux qui combattent dans la débauche sous les étendards de Vénus... »

Une immense clameur de stupéfaction s'éleva dans le prétoire. Les conseillers s'agitèrent, échangèrent quelques propos. Certains, incapables de s'exprimer clairement, faisaient des gestes confus.

Tous les regards convergèrent alors vers maître Arrault qui restait de marbre. Le président dut faire usage de son marteau pour ramener le calme.

« Maître, s'exclama-t-il, l'accusation est grave, pouvez-vous l'étayer de preuves ?

— Ces preuves, Monsieur le président, s'inscrivent dans la chair de mon client de la façon la plus cruelle qui soit... Telle est donc, Messieurs, cette femme que l'on nous a dépeinte sous les traits de la chaste Suzanne. On veut nous faire croire que les témoins qui ont déposé contre elle ne sont que des âmes vénales et les rouages d'une infâme machination...

— Monsieur le président, trancha maître Arrault avec dédain, mon adversaire, dans une attitude de souverain mépris, affecte d'ignorer le mot de la défense dans une nouveauté aussi étrange. Le fait n'ayant été établi ni par l'information ni par les témoins, ce serait faire injure à la justice du roi que de la croire capable d'en recevoir les conclusions au seul profit de l'accusation. Je demande donc, par voie d'exception, l'autorisation de m'expliquer sur l'horrible imputation que l'on a, au mépris des formes légales, insidieusement glissée dans la bouche de mon confrère dans un moment aussi crucial.

— L'autorisation vous est accordée, maître. »

Maître Vezin retourna à sa place en jetant un regard de compassion sur Semitte. Dans la salle, l'excitation était à son comble. Maître Arrault s'avança dans le prétoire, extraordinairement serein et détendu dans le tumulte. Il attendit que le calme fût revenu avant de prendre la parole :

« Monsieur le président, Messieurs les conseillers, dit-il enfin d'une voix douce et paisible. Si Semitte était véritablement redevable à sa femme de cette infâme maladie, comme il le suppose fort méchamment, ce serait, j'en conviens, une circonstance violente contre elle. Mais pour que le fait soit véritablement établi, encore faudrait-il que ma cliente soit elle-même infectée de ce venin pernicieux. Et quand bien même elle le serait, il faudrait encore prouver qu'elle n'en est pas redevable aux débauches mêmes de son mari. Il faudrait, dans un souci de perfection, examiner Nicolas Goy, Catherine Labbée, Jeanne Plisson, lesquels pourraient d'ailleurs avoir reçu le poison vénérien d'une source étrangère. Nous serions bientôt contraints de tisser un tentaculaire réseau de perquisitions dans le dédale infernal du vice et de recourir à la contrainte par corps sur des personnes qui ne sont point partie prenante dans cette affaire. Tout cela, Messieurs, est naturellement impossible. L'allégation articulée en désespoir de cause par l'accusation ne repose en définitive sur aucune preuve, sur aucune présomption, sur aucun indice. Elle constitue de ce fait une circonstance criante qui se retourne d'elle-même contre le mari. »

A ces mots, Semitte se pencha indigné vers son avocat. « Mais enfin, maître, lui demanda-t-il, qu'a-t-il contre moi, celui-là ? Mais que lui ai-je donc fait, à lui ? »

« Messieurs, reprit le président, dans une circonstance aussi grave, et avant que de se prononcer sur un fait de cette nature, je propose que la cour se retire pour délibérer. »

Pendant la délibération, l'effervescence du prétoire gagna la rue. Des attroupements se formèrent. On échafaudait des hypothèses, on émettait des suppositions, on discutait de l'importance de cette nouvelle information, on en tirait des conclusions en faveur de l'un ou de l'autre... Au milieu du bouillonnement, maître Arrault et Gabrielle, qui discutaient à voix basse, gardaient un sang-froid extraordinaire. Au bout d'une heure, la cour réintégra le prétoire. Un silence brutal succéda à la clameur. Le président, debout, lut d'un ton solennel le contenu d'un document :

« — La cour, après en avoir mûrement délibéré, « estime qu'elle ne saurait négliger aucun des « moyens qui sont à sa disposition pour s'éclairer « de la vérité dans une affaire où les bonnes mœurs « sont concernées. En conséquence, elle ajourne la « présente séance, requiert que soit mandé le se- « cours des hommes de l'art afin que par expertise « corporelle des époux elle puisse juger de la réalité « des faits allégués relativement au mal vénérien du « Sieur Semitte avant que d'écouter le réquisitoire « de l'accusation, sur quoi, le procureur du roi en- « tendu, elle avisera le suppliant de ses conclusions « par sentence définitive. »

***

Un sombre débat de procédure s'ensuivit dans les arcanes du droit. Maître Vezin fit jouer tous les ressorts de la chicane pour imposer les experts qu'il plairait à son client de désigner. Maître Arrault, qui avait tout lieu de penser que ces experts seraient par avance gagnés à la cause de Semitte, s'y opposa avec vivacité. En définitive, le choix des juges se fixa sur deux médecins de la faculté de médecine et deux chirurgiens, tous quatre experts jurés à la cour. L'expertise devait se dérouler dans une pièce de l'appartement du concierge du Châtelet. Le jour prévu, les abords du bâtiment furent envahis par la foule. Il y eut quelques bousculades. Il s'agissait seulement de voir la tête des experts. En examinant leur physionomie avant et après la séance d'expertise, on pensait, par comparaison, être en mesure d'en tirer quelques conclusions. L'examen de Gabrielle dura un quart d'heure, celui de Semitte deux heures.

Six jours plus tard, la cinquième audience s'ouvrit dans un climat de tension indescriptible. Elle devait commencer par la lecture tant attendue des procès-verbaux d'expertise. Ménageant ses effets, le président pesa chacun de ses gestes, mesura chacune de ses expressions et fit savamment languir le public pendant quelques instants. Enfin, il prit une feuille de papier et lut. On dressa l'oreille dans un silence pesant :

« — L'an 1689, ledit jour 24 juillet, en vertu de « l'ordonnance de Monsieur le prévôt de Paris à la « requête de la cour, j'ai, Jacques Belin, président « en la présente instance, par exploit d'huissier, « nommé les Sieurs Thomasseau et Littre, docteurs « régents en médecine à la faculté de Paris et les « Sieurs Lombard et Lemaître, chirurgiens jurés à « Paris, à l'effet de procéder le 27 juillet à huit heu- « res du matin, sur les personnes du Sieur Semitte « et de la demoiselle Perreau, à la visite mention- « née dans la susdite sentence. »

Le président reposa la feuille de papier et déclara avec emphase :

« C'était, Messieurs, le procès-verbal de nomination d'experts. »

L'assistance surtendue s'agita un instant avant de se replonger dans une immobilité totale, les yeux rivés sur les lèvres du président. Après un moment de silence, celui-ci prit une seconde feuille de papier et lut :

« — L'an 1689, ledit jour 24 juillet, en vertu de « l'ordonnance de Monsieur le prévôt de Paris, j'ai, « Jacques Belin, président en la présente instance, « par exploit d'huissier, mandé le Sieur Semitte et « la demoiselle Perreau son épouse à comparoir le « 27 juillet à huit heures du matin à l'effet de subir « l'inspection de leur personne pour les fins men- « tionnées dans la susdite sentence... »

Le président reposa la feuille de papier et s'exclama de nouveau :

« C'était, Messieurs, le procès-verbal d'assignation des époux à comparaître. »

Même agitation fébrile, même attente. Les conseillers commençaient, eux aussi, à trépigner d'impatience. Le président prit une nouvelle feuille de papier et lut :

« — Et ledit jour, à huit heures du matin, sont « derechef comparus lesdits Sieurs Thomasseau « et Littre, docteurs régents en la faculté de méde- « cine de Paris et les Sieurs Lombard et Lemaître, « chirurgiens jurés à Paris, lesquels ont prêté « serment devant nous, Jacques Belin, prési- « dent en la présente instance, de ne rien nous « celer... »

Le président fit une pause et dit : « Je suis en train de vous lire, Messieurs, le procès-verbal de la cérémonie de prestation de serment des experts, je reprends donc...

« — ... Devant nous, Jacques Belin, président en « la présente instance, de ne rien nous celer des « faits qu'ils auront pu constater sur l'état corporel « desdits Semitte et Perreau et de nous en informer « pleinement... »

« Je vais vous lire maintenant, poursuivit le président, le procès-verbal de comparution des parties avant que de vous donner lecture du procès-verbal de remise des rapports d'expertise entre les mains du Sieur Durieux, Greffier. »

L'assistance et les conseillers étaient en cet instant à moitié liquéfiés. Enfin, le président décacheta l'enveloppe qui contenait les fameux rapports et déclara : « Je vais maintenant vous lire, Messieurs, le rapport d'expertise du Sieur Semitte. En raison de l'importance de ce document, je vous demande de bien vouloir m'écouter avec une attention soutenue. » Un soupir de soulagement fusa de partout. Maître Vezin se tourna vers son client : « Quoi qu'il arrive, lui dit-il, ne vous faites aucun souci, nous avons, nous aussi, notre document. »

« — Nous, fit le président d'un ton solennel, « Joseph Thonasseau et Alexis de Littre, docteurs « régents en médecine de la faculté de Paris, « Étienne Lombard et Antoine Lemaître, maîtres « chirurgiens jurés à Paris, certifions à tous qu'il « appartiendra, que pour satisfaire à la sentence « rendue au Grand Châtelet en date du 20 juillet, « nous nous sommes transportés le 26 dudit mois à « huit heures du matin audit Châtelet où, après « avoir prêté le serment accoutumé entre les mains « de Monsieur le prévôt, nous avons procédé à la « visite du Sieur Semitte... »

Le président, qui lisait lentement et d'une voix bien posée, s'arrêta un instant comme pour se donner un peu de répit. Le prétoire retint son souffle.

« — ... Après avoir examiné ledit Semitte, mar- « chand épicier-apothicaire à Paris avec tout le soin « et l'attention possibles, nous avons constaté la « présence d'un spermatocèle au niveau du scro- « tum, lequel spermatocèle étant, comme le prin- « cipe des autres hernies humorales, l'effet du sé- « jour de la semence dans les vaisseaux spermati- « ques des testicules, ce qui arrive lorsqu'une go- « norrhée qui coule est arrêtée tout à coup par une « injection astringente. Ledit spermatocèle provient « encore de la congestion d'une semence trop vis- « queuse dans des vaisseaux engorgés, ce qui arrive « lorsque le sang est infecté d'un levain vénérien « qui cause dans la semence un épaississement vi- « cieux. Nous avons d'autre part constaté sous le « bras et à l'aisne la présence de nodus, de gan- « glions, de tubercules, de tumeurs simples et de « tumeurs gommeuses, lesquels procèdent de l'en- « gorgement du système lymphatique altéré par la « présence d'un virus vénérien. L'alopécie, ou « chute des cheveux, que nous avons décelée chez

« ledit Semitte vient en outre de ce que les glandes
« ou bulbes d'où naissent les racines sont probable-
« ment consumées par les mêmes ulcères qui ron-
« gent la peau. Ses dents cariées, sa luette ulcérée,
« l'affaissement de la voûte du nez peuvent enfin
« provenir d'une carie qui a détruit les os spon-
« gieux. Tous ces signes et bien d'autres qu'il serait
« inutile d'énumérer nous permettent de conclure
« que ledit Semitte a été infecté d'un mal vénérien
« dont il garde les marques visibles et qu'il n'a pu le
« contenir et le refouler que par le secours de plu-
« sieurs injections et applications mercurielles. »

La lecture du rapport suscita un intense remous. Les conversations reprirent, mais le président n'eut aucun mal à rétablir le silence lorsqu'il annonça qu'il allait donner lecture du rapport d'expertise de Gabrielle.

« — Nous, déclara-t-il de nouveau, Joseph Tho-
« masseau et Alexis Littre... avons très exactement
« examiné la demoiselle Perreau en ses parties se-
« crètes. Nous n'avons constaté aucune altération
« des grandes et des petites lèvres, du col du vagin
« ou de la matrice, qui pût laisser supposer que
« ladite demoiselle ait été un jour infectée du poi-
« son vénérien. La tunique externe de son viscère
« nous a paru moelleuse au toucher, sans aspérité
« notable, et recouverte d'une fine pellicule de li-
« queur onctueuse. Nous n'y avons décelé aucune
« altération pouvant provenir de la suppuration
« d'un athérôme ou d'un stéatôme ou autre tumeur
« maligne qui, ayant dégénéré en abcès, se serait
« ouverte dans la matrice, donnant lieu à un écou-
« lement d'une grande quantité de pus par la vulve.
« En conséquence de quoi nous déclarons que la-
« dite demoiselle n'a jamais été atteinte d'aucun
« mal vénérien. »

« La défense ou l'accusation ont-elles des commentaires à formuler sur le contenu de ces rapports ? demanda le président au milieu des murmures grandissants.

— Monsieur le président, déclara maître Arrault, la défense est d'un vain secours lorsque l'éloquence de témoignages authentiques lui assure un triomphe qui n'en est pas puisqu'il n'y a pas eu de combat à livrer dans une affaire qui ne prouve que la grande misère de l'accusation.

— Monsieur le président, répliqua maître Vezin, une fois de plus mon adversaire exploite à son profit des faits qui accablent la demoiselle Perreau. J'ai sous les yeux un document qui éclaire d'un jour définitif la triste réalité. Ce document est signé de six médecins. Je vous en donne lecture :

« — Le mal vénérien, combattu à temps par le « prompt secours de l'art, ne laisse pas de traces « sur un malade dans la fleur de l'âge soumis à un « important traitement au mercure. On ne pourrait « en dire autant d'un malade au seuil de son « automne chez qui les plaies ne sauraient se cica- « triser avec la même perfection en raison de la « longueur de ses humeurs et des effets d'une caco- « chymie naissante. »

« Et c'est signé, Prout, Sirat, Clauzel, Bedain, Dupont et Biajoux, tous médecins à la faculté de médecine. Messieurs, il est d'autres documents qui, comme le remarque mon confrère, ne demandent point le secours de l'éloquence.

— A-t-on vu, demanda Arrault, des hommes de l'art rendre de fréquentes visites à ma cliente ?

— Monsieur, s'écria Semitte, j'ai moi-même administré un traitement mercuriel à ma femme.

— Monsieur, êtes-vous médecin ?

— Je suis apothicaire, Monsieur.

— Monsieur le président, s'écria Arrault, je demande que l'on poursuive cet homme pour exercice illégal de la médecine ! »

Semitte se tourna vers son avocat :

« Quand je vous dis, lui fit-il d'un air indigné, que cet homme veut ma peau !

— Maître, s'exclama le président en se tournant vers Vezin, la cour est suffisamment éclairée sur le fait. Veuillez terminer votre plaidoyer.

— Monsieur le président, Messieurs les conseillers, depuis le début de ce procès, la défense accable donc un malheureux en retournant impitoyablement contre lui tous les témoignages de sa bonne foi et en nous présentant ce chaste Joseph sous les traits des vieillards qui persécutèrent la chaste Suzanne. Elle couvre également ses témoins d'infamie. Jean Petrat un suborneur et un sodomite ? C'est oublier que son élargissement témoigne de son innocence. Ses servantes, son cocher, des âmes vénales ? C'est oublier que les domestiques doivent une obéissance absolue à leur maîtresse, fût-ce au prix d'une infraction qui donne tout lieu à son mari de s'en plaindre. mais avant de porter plainte, mon client a patienté, temporisé, prêché. A la bonne heure ! Qu'on patiente lorsque l'on trouve dans une femme des dispositions au repentir. Mais lorsque la patience encourage le mal au lieu de le guérir, lorsqu'une femme se croit autorisée par l'immunité et n'en devient que plus déréglée, le mari se fera-t-il le complice de ses adultères par une prudence mal entendue ? Trahira-t-il les devoirs de sa conscience pour ménager certain point d'honneur chimérique et s'épargner un ridicule imaginaire auprès de quelques rieurs insensés ? De la prudence, de la patience avec Gabrielle Perreau ! Point de vains scrupules, Messieurs, avec cette nouvelle Messaline que ni l'honneur, ni la religion, ni la pudeur naturelle à son sexe n'ont pu arrêter dans ses débauches et dont la lubricité est un torrent qu'aucune digue ne saurait contenir. Et en vérité, de toutes celles dont l'impudicité a scandalisé le monde, en est-il jamais tombé de plus coupables sous le glaive de la justice ? Fut-il jamais de mari plus pitoyable dans une poursuite douloureuse mais nécessaire ?

« Ce considéré, Nosseigneurs, il vous plaise de donner acte au suppliant de ce que pour réponse à sa requête du 25 février 1689, l'accusée soit retranchée du monde et désintéressée au profit de son mari, sauf à Monsieur le procureur du roi de prendre contre ladite Perreau, et dans l'intérêt du public, toutes les conclusions qu'il jugera bon. »

***

Après l'audition du réquisitoire de maître Vezin, le président donna la parole au procureur général Claude Robert qui avait été chargé par le prévôt de représenter le ministère public, gardien des bonnes mœurs.

« Messieurs, dit-il, de toutes les affaires dans lesquelles Monsieur le prévôt du Grand Châtelet de Paris m'a chargé de représenter les deniers du fisc, il n'en est point qui m'ait semblé plus douloureuse que celle-ci. Dois-je ce sentiment à l'éloquence des orateurs ou à la corruption des mœurs de ce temps ? De quelque côté que je me tourne, je découvre un océan de débauche. Débauche d'un mari ? Débauche d'une épouse ? A l'origine, la corruption d'un mari peut produire sur son cœur des effets contraires. Il peut être plus susceptible de jalousie et s'imaginer que sa femme offensée, qui n'a point le secours des lois, se venge en lui rendant infidélité pour infidélité. Dès lors, ce mari voit des rivaux partout et même parmi ses meilleurs amis. Mais il se peut aussi qu'un mari, préférant les plaisirs de la débauche à ceux du mariage et l'amour d'une servante à celui d'une épouse, passe de l'infidélité à l'indifférence et de l'indifférence au mépris. Subjugué par Agar, il licencie Sarah et l'autorise dans son libertinage. S'il paraît jaloux, ce n'est pas qu'il le soit, c'est par contradiction, par méchanceté, par haine. La jalousie, qui dans d'autres est un excès d'amour, est en lui un défaut d'estime. Sa haine l'emportant sur son amour, il oublie son propre honneur. Il va de l'illusion au mensonge, il invente des faits supposés, il multiplie les adultères, il corrompt les témoins... Mais dans l'affaire qui nous concerne, il se peut encore que la femme, emportée par de funestes penchants, fasse de son mari une cible pitoyable incessamment battue et rebattue de traits cruels et perfides. Le pauvre homme, un instant surpris, moralise sous les sarcasmes d'une femme indigne et de rivaux moqueurs. Alors, il se ressaisit, invoque le secours des lois... »

Au bout de quelques instants, la cour et l'assistance que le déroulement du procès avait portées à un suprême degré de tension, se laissa doucement bercer par le discours du procureur et sombra dans une sorte de léthargie. Quelques-uns bâillèrent, d'autres s'endormirent. Enfin, le procureur en vint à sa conclusion. Il déclara que la corruption du siècle avait atteint des limites qui offensent la religion et que le ministère public souhaitait que, par une prompte parade, la justice mît un terme au cours de ces intrigues scandaleuses dont le nombre s'accroissait dans de telles proportions qu'il n'y avait plus de prétoire qui n'en retentît chaque jour.

Dans un silence impressionnant, la cour se retira pour délibérer dans une salle voisine. Président et conseillers prirent place autour d'une grande table.

« Messieurs, dit le président, nous venons d'assister à un procès splendide. Le débat était fort intéressant. A vrai dire, cela fait bien longtemps que je n'en ai pas entendu de cette qualité. C'est bien simple, jusqu'au plaidoyer du procureur, nul ne s'est parmi vous endormi au cours des audiences... à l'exception, naturellement, du conseiller Herbinot... à l'exception, dis-je, du conseiller Herbinot », hurla le président.

Le vieil Herbinot, qui tenait sa charge depuis cinquante ans en survivance de son père, n'eut aucune réaction. Il s'était assoupi. Son voisin lui donna un coup de coude. Il sursauta en s'écriant brusquement : « Monsieur le président, il faut que la cour réagisse contre la corruption de ce siècle et endigue la débauche des femmes en mettant un frein à leur lubricité. » Là-dessus, Herbinot se rendormit aussitôt.

« Messieurs, reprit le président, votre attention a fait honneur à la magistrature.

— Il faut bien dire, Monsieur le président, répondit un conseiller, que la matière en valait la peine. Il est hélas ! bien rare que nous ayons à nous prononcer sur de pareilles affaires. Donnez-nous davantage de femmes adultères et un peu moins de baux, de saisines et de successions, et vous verrez que nous dormirons moins au cours des audiences.

— J'ajoute, remarqua un autre conseiller, que les avocats ont été remarquables. Quelle éloquence !

— Rien d'étonnant, répondit le président, dans ce genre d'affaire on peut briller même lorsque l'on raconte la vérité.

— Dommage que Vezin se soit si sottement effondré, dit un troisième conseiller.

— Rien de plus naturel, reprit le président. Arrault est un grand maître du barreau et Vezin un avocat de médiocre envergure. Il a dû jeter dans la bataille toutes ses réserves dès le début du procès pour ne pas succomber sous le poids de son adversaire. Et c'est pourquoi il s'est trouvé démuni vers la fin du procès, d'où cet artifice grossier. Arrault, au contraire, a su ménager ses forces pour terminer en apothéose.

— Sa cause était meilleure, remarqua un conseiller.

— Pas nécessairement, Monsieur, Perreau flanquée d'un Vezin aurait pu faire figure de catin sous le feu oratoire d'un Arrault qui aurait sans doute trouvé le moyen de faire planer une auréole de martyr sur la tête de Semitte. Quoi qu'il en soit, Messieurs, ce Semitte ne me plaît guère et ses témoins n'ont fait que salir le prétoire. Oui, les bonnes mœurs ne sortent pas grandies de ce procès.

— En vérité, remarqua le conseiller Hamelin, j'aurais préféré voir Semitte au banc des accusés. Il abuse des lois et en le déboutant, nous montrerons que les maris ne sauraient précipiter impunément leur femme dans le gouffre de la luxure.

— Gouffre dans lequel, fit le président, un penchant naturel n'a que trop tendance à les faire trébucher.

— De quelle audace ne les armerions-nous pas si, par une passivité coupable ou une permission criminelle, nous poussions notre complaisance au point de les émanciper de la sorte. Je pense que nous sommes tous d'accord pour récuser Semitte. »

La plupart des conseillers semblaient se rallier aux conclusions d'Hamelin lorsque le président reprit la parole :

« Hamelin, vos réflexions ne manquent ni de bon sens, ni de dignité. Mais vous êtes bien jeune. La prudence doit l'emporter. Je l'ai dit, je le répète, je n'aime pas ce Semitte, mais en le déboutant purement et simplement, nous souscririons aux conclusions d'Arrault et il faudrait le condamner, lui et tous ses témoins, pour outrage aux bonnes mœurs et pour les punir d'avoir tenté de surprendre la justice.

— On ne saurait empêcher la justice de suivre son cours, Monsieur le président. Jadis, ces sortes de gens étaient publiquement exhibés sur des ânes avec des bonnets grotesques sur la tête.

— Vos bons sentiments vous honorent, Hamelin, mais songez qu'en donnant une suite à cette affaire, nous nous enfoncerions un peu plus dans le bourbier de l'infamie. Et cela n'est rien. En définitive, nous encouragerions nos femmes dans leurs adultères. Car enfin, Messieurs, lequel d'entre nous oserait, après cette sombre affaire, porter plainte contre les débordements de son épouse infidèle sans redouter de se voir, le lendemain même, traîné au banc des accusés sous un prétexte quelconque. Et par cette violence que nous ferions aux lois qui interdisent aux femmes de porter plainte contre leurs maris, nous donnerions dans nos prétoires une comédie qui ne se donne d'ordinaire que sur les tréteaux.

— Mais dans le cas présent...

— Non, non, Messieurs. Voyez-vous, plus j'y songe et plus je suis convaincu de la nécessité d'authentiquer cette femme.

— Monsieur le président...

— J'en conviens, Monsieur Hamelin, le moyen d'atténuation est de taille et il serait injuste que la dot, le douaire, le préciput et autres avantages stipulés par les conventions matrimoniales soient portés au bénéfice de ce Semitte. Il faudra d'ailleurs lui faire savoir qu'il sera souhaitable qu'il retire sa femme du couvent au terme de ses deux années de rédemption. Sur quoi, il convient de donner à la cérémonie d'authentication ce faste et cette majesté dont on l'a dépouillée depuis quelque temps dans un souci de charité qui n'est en vérité qu'une forme d'absolution de la débauche. »

Les délibérations terminées, les magistrats firent un détour par la buvette avant de reprendre place dans le prétoire pour la lecture de la sentence. Avocats, parties et public se levèrent dans un silence impressionnant.

« A la requête du Sieur Louis Semitte de la Croix, déclara le président d'une voix grave, sur information de Monsieur le lieutenant-criminel, sur audition des témoins et des avocats des parties, notre cour, après en avoir mûrement délibéré, déclare Gabrielle Perreau dûment atteinte et convaincue d'avoir vécu en commerce de débauche avec le nommé Goy et pour réparation, condamnée à la peine de l'*Authentique,* sçavoir, être battue de verges, nue en chemise, par deux sergents du Châtelet, faire amende honorable, tenant en sa main une torche allumée, sur la table de marbre, aux grands degrés du Palais, au Châtelet, les plaids tenant, et devant le portail de Notre-Dame, demander pardon à Dieu, au roi, à la justice et à son mari, après quoi sera conduite et enfermée dans une maison religieuse de clôture pour une période de deux ans, pendant lesquels son mari pourra la reprendre, si bon lui semble, sinon, et ledit temps passé, rasée pour y demeurer sa vie durant. A l'égard dudit Goy, condamné à être mandé et admonesté avec défense de récidiver, hanter et fréquenter ladite Perreau, sous telle peine qu'il appartiendra, condamné en mille livres d'aumône, applicables aux nécessités des prisonniers du Châtelet. Et attendu l'écrit produit au procès, que ledit Semitte a reconnu être signé de sa main, ordonné que les dot, douaire, préciput et autres avantages portés par le contrat de mariage dudit Semitte demeureront dès à présent adjugés au profit de la fille de Semitte et de Gabrielle Perreau. »

A l'audition de la sentence, Gabrielle était restée plus digne que jamais. « Voyez-vous, Gabrielle, lui dit maître Arrault, ce qu'il en advient lorsque l'on juge en fonction des principes. Mais sachez bien que nous ferons tout pour vous tirer de là. »

Quant à Semitte, il se tourna vers son avocat : « Dites-moi, Vezin, lui demanda-t-il, pouvez-vous me dire pourquoi ils m'ont privé de mes avantages matrimoniaux ? »

XIV

La cérémonie purificatrice se déroula en présence de la cour, des avocats et d'un très grand concours du peuple. On y vit Semitte se donner des airs de grandeur et de mansuétude. Lorsque Gabrielle lui demanda pardon à genoux devant le portail de Notre-Dame, il acquiesça de bonne grâce, pour peu, précisa-t-il, que son repentir fût sincère. Puis, un fiacre du Châtelet escorté par quatre archers la conduisit au couvent des Bénédictines de la Présentation, rue des Postes. Maître Arrault, qui avait accompli de multiples démarches pour que Semitte mît sa femme dans ce couvent qui n'avait pas mauvaise réputation, avait aussi obtenu la permission de l'y accompagner.

« Nous aurions pu, lui dit-il en cours de route, interjeter appel et saisir le parlement. Mais dans de telles circonstances, le risque était grand de voir les préjugés qui l'ont emporté au Châtelet y triompher une fois de plus. Votre cause eût été à jamais perdue et nous nous serions trouvés désarmés dans nos démarches pour vous faire sortir du couvent. J'ai préféré une autre voie. Je vais écrire des mémoires, harceler votre mari, faire peser sur lui la menace d'une privation de sa charge de serdeau en raison du commerce scandaleux qu'il entretient maintenant avec Jeanne Plisson. Il faudra bien, tôt ou tard, qu'il vous retire de là. En tout état de cause, Gabrielle, n'oubliez jamais que vous venez d'échapper à l'enfer de l'Hôpital général. »

Le fiacre arriva devant la porte du couvent. Maître Arrault embrassa Gabrielle sur le front sans dire mot. Un archer la prit par le bras, la conduisit à l'entrée du bâtiment, tira la cloche. La porte s'ouvrit, Gabrielle fit un dernier sourire à son avocat et franchit le seuil de la clôture. Arrault eut un profond soupir d'amertume.

Le couvent des Bénédictines de la rue des Postes était alors en pleine révolution de palais. Une grande cabale s'y était formée contre la dame d'Aspreval, abbesse en titre. A l'origine, la plupart des religieuses ne lui pardonnaient pas le rétablissement du port du cilice. Sœur Véronique, qui se considérait comme l'héritière de la défunte mère abbesse, avait d'abord pris la tête d'une coterie. Elle supportait mal que, nantie d'une nomination royale et de bulles, Simone d'Aspreval usurpât sa succession. Très vite, pourtant, son clan s'était effiloché au profit du parti de sœur Catherine. Plus jeune qu'elle et douée d'un indéniable pouvoir de séduction, cette dernière était devenue l'âme véritable du complot. Officiellement, on reprochait à la dame d'Aspreval la mauvaise gestion du temporel. Sœur Catherine avait adressé un mémoire à l'archidiacre et Monsieur de Paris, saisi de l'affaire, avait dépouillé la mère abbesse de ses prérogatives administratives pour ne lui laisser qu'une ombre de juridiction spirituelle.

Lorsque Gabrielle fit irruption dans le couvent, elle suscita une intense curiosité. Par petits groupes, les sœurs et les pensionnaires se mirent à discuter à voix basse en la dévisageant. Le bruit de son affaire avait franchi la clôture. Lorsque l'on y avait appris que le couvent serait précisément son lieu de retraite, la nouvelle avait provoqué un grand émoi et alimenté les conversations des religieuses un instant distraites de leur révolution. La nouvelle pensionnaire fut aussitôt introduite dans le bureau de la dame d'Aspreval qui n'en fit d'abord aucun cas. Elle était en grande discussion avec l'économe laïque que l'archevêché avait chargé de la gestion du couvent et qui, en cet instant même, vérifiait ses comptes.

« C'est un monde, disait-elle, c'est un monde. Vous me reprochez la vente de la vaisselle d'argent alors que tout le couvent la réclamait à cor et à cri pour nous permettre d'entreprendre les travaux de réfection de la chapelle.

— Et pourtant, Madame, la chapelle est toujours délabrée.

— Les travaux ont commencé, Monsieur, mais chacun sait bien ici que le profit tiré de la vaisselle était insuffisant pour en couvrir la réfection totale. Quant aux sommes que je suis censée avoir touchées sans les avoir couchées en recette, c'est de la pure médisance... de la pure médisance... Monsieur. Où sont les preuves ? J'en dirai autant des 3 500 livres de reliquat de compte que je n'ai touchées que dans l'imagination de sœur Catherine. »

L'économe mit sous les yeux de la mère abbesse un livre de comptes :

« Madame, ces chiffres ont bien été falsifiés.

— Mais non, Monsieur... mais non. Il ne s'agit là que de simples ratures consécutives à des erreurs de calcul.

— Les livres d'entrée...

— Les livres d'entrée et de sortie des pensionnaires... je sais, Monsieur, je sais. Il est faux que ces livres n'aient jamais existé. Ils ont été volés par un acte d'insigne malveillance. Par des chrétiennes, Monsieur... par des religieuses... »

La dame d'Aspreval s'effondra sur le dossier de son fauteuil en soupirant. Ses yeux se posèrent sur

Gabrielle. L'exacerbation qui se lisait sur son visage s'en trouva accrue.

« Ah ! s'écria-t-elle sèchement, c'est vous Gabrielle Perreau. C'est vous dont les dépravations ont indigné tant d'honnêtes gens. Je n'ai accepté de vous recevoir qu'après mûre réflexion. Jamais, sous mon gouvernement, cette maison n'a connu la moindre infraction aux bonnes mœurs. J'entends que vous ne la salissiez pas par le récit de votre vie. Abstenez-vous d'adresser la parole aux religieuses et aux pensionnaires. Je ne vous ai recueillie que dans un souci de pure charité chrétienne. Ne décevez pas ma confiance, accomplissez ponctuellement vos devoirs de chrétienne et n'oubliez surtout pas que votre séjour ici est un séjour de rédemption. »

Une religieuse conduisit Gabrielle jusqu'à sa cellule. La nouvelle recluse se figea un instant en contemplant son lieu de claustration : quatre murs tout nus, une porte, une fenêtre, un bois de lit en façon de cercueil renfermant une paillasse de longue paille piquée et dure, des draps de serge. A côté du lit, une chaise de paille. Dans un coin de la pièce, un vaisseau pour satisfaire aux besoins élémentaires de la nature. Pour ornement, un crucifix, une image sainte. Au réfectoire, où régnait un silence de glace, Gabrielle trouva une même simplicité. Pour tout couvert, on disposait d'une cuiller et d'une écuelle de bois. On y mangeait généralement maigre : du lait, du fromage, des légumes exceptionnellement du poisson. Le couvent vivait une période d'austérité que l'on affectait de mettre sur le compte de l'inspiration chrétienne. Les religieuses étaient vêtues d'une chemise et d'une robe de serge, elles portaient des bas de grosse toile et se chaussaient d'alpargates, sortes de chaussons de corde sans talons. Pour coiffure, elles n'avaient qu'un bandeau et un voile.

La nuit était lourde, la chaleur pesante. Gabrielle trouva sa couche bien moins confortable que le matelas de laine et de duvet sur lequel elle avait toujours dormi, mais en comparaison des cachots du grand Châtelet, cette cellule était très supportable. Il lui était impossible de s'endormir. Trop de souvenirs hantaient son esprit, mais dans cette grande sérénité nocturne, elle trouvait une sorte de rémission. Ses chagrins, ses angoisses semblaient s'émousser un peu.

Il pouvait bien être deux ou trois heures du matin lorsque, dans un silence total, elle perçut un léger grincement. Dans la pénombre, elle vit la porte de sa cellule s'entrouvrir. Elle distingua la silhouette gracile d'une fillette en chemise de nuit qui s'approcha d'elle sur la pointe des pieds et s'agenouilla à son chevet. Il s'agissait d'une jeune pensionnaire qui pouvait bien avoir une quinzaine d'années tout au plus. Elle lui souriait avec gentillesse.

« Gabrielle, chuchota-t-elle, je te connais bien. J'ai beaucoup entendu parler de toi. Je m'appelle Corinne, mais tu peux m'appeler Corinette. Dis-moi un peu, tu en as bien de la chance d'avoir un mari qui te permet de faire ce que tu veux avec qui tu veux. C'était comment avec ton banquier ? Il faudra que tu me racontes tout. En attendant, je suis venue te voir parce que j'ai envie de m'amuser un peu. Voilà, les bonnes sœurs ne cessent de nous répéter que les femmes qui se mettent du rouge et des mouches sont toutes des prostituées, surtout celles qui portent des mouches qu'elles appellent des baiseuses parce qu'on les colle sur le bord des lèvres. Alors j'ai demandé à mon marquis de m'apporter du rouge et des mouches et j'ai pensé à ceci : nous allons nous rendre dans le quartier des anciennes de la maison. Elles dorment toutes à poings fermés, et comme elles sont toutes à peu près sourdes et que le bruit de leurs ronflements couvrirait un régiment en campagne, elles ne risquent pas de nous entendre. Alors nous barbouillerons de rouge les joues de quelques religieuses et nous leur mettrons quelques baiseuses. Le matin, elles s'habillent à la hâte et dans une demi-obscurité. Puis, elles vont à matines, et c'est là qu'elles se découvriront dans cet état. Nous y serons. Je ne veux manquer le spectacle à aucun prix. »

Gabrielle, interloquée, regarda un instant cette apparition insolite. Après quelques secondes de perplexité, son visage s'illumina. « Allons, dit Corinne en la prenant par la main, viens. » Les deux silhouettes se faufilèrent le long des couloirs noyés dans une obscurité que ponctuaient quelques rayons de lune qui jetaient par endroits des taches blafardes sur les murs. Les portes des cellules du quartier des anciennes n'étaient jamais fermées à clef conformément à la règle de la communauté. Corinne les fit grincer, mais ces grincements, couverts par les ronflements, étaient effectivement à peine perceptibles. Elle désigna à Gabrielle les cellules de deux religieuses particulièrement bigotes et elle se chargea elle-même de maquiller à sa façon trois autres religieuses choisies avec malice. A l'office de matines, on vit les bonnes sœurs darder des regards de fulmination dans tous les sens, mais les plus indignées n'étaient pas les moins maquillées.

Une longue journée commençait : prieure, sous-prieure, professes et novices postulantes, tout le monde travaillait. Les moins bien dotées étaient affectées aux besognes les plus viles. Elles étaient réfectoriennes, filles de ménage, jardinières. Les mieux nanties se consacraient à des tâches beaucoup plus spirituelles. La vie des pensionnaires était relativement oisive : prières, promenades dans les jardins du cloître, couture, lecture de livres pieux. Quelques-unes jouaient d'une épinette ou d'une harpe qu'elles avaient fait installer dans leur cellule, d'autres faisaient des vocalises. Les conversations étaient permises mais surveillées de plus ou moins près. Tant de pensionnaires cloîtrées dans ce couvent pour des raisons fort diverses y faisaient régner en vase clos une forme de vie mondaine un peu chagrine. Les passions, exacerbées par la claustration, ne se lisaient que dans les regards et ne s'exprimaient qu'au travers de furtifs propos échangés à la dérobée.

En se greffant de façon aussi inattendue sur un moment aussi grave de sa vie, l'épisode rocambolesque de la nuit avait redonné à Gabrielle une certaine gaieté. La présence de cette petite pensionnaire lui permettrait, croyait-elle, d'affronter avec plus de courage les durs moments qui l'attendaient. Vers onze heures, maître Arrault se présenta au parloir et il demanda à voir sa cliente, Corinne s'y trouvait également. Elle était en grande conversation avec un élégant gentilhomme. Lorsqu'elle vit Gabrielle, elle se tourna vers elle et lui fit un clin d'œil en souriant. Gabrielle, qui n'avait qu'entrevu sa petite amie à travers les ténèbres, la dévisagea avec une plus grande attention. Ses traits enfantins, d'une douceur infinie, semblaient tracés au pinceau. Maître Arrault, qui s'attendait à soutenir une malheureuse en larmes, se montra charmé de trouver Gabrielle dans de si bonnes dispositions. Il lui annonça qu'il avait pris contact, la veille même, avec Le Nain et que celui-ci mettrait le premier président au courant de son affaire. Il allait en outre commencer la rédaction d'un mémoire en sa faveur et cet écrit ferait grand bruit dans le monde. En définitive, un compromis interviendrait, pensait-il, dans des délais plus brefs que prévu.

Les nuits suivantes, Corinne prit l'habitude de venir dans la cellule de Gabrielle. Les deux compagnes se faisaient alors leurs confidences et vers deux ou trois heures du matin, elle se quittaient en s'embrassant affectueusement. Gabrielle éprouvait un sentiment d'intense soulagement en faisant le récit de ses malheurs à une créature si douce et si compatissante. Corinne lui racontait à son tour dans quelles circonstances on avait dû la placer comme pensionnaire au couvent des Bénédictines de la rue des Postes. Elle était la fille d'un armateur de Bordeaux qui s'était enrichi dans le commerce des îles mais qu'une banqueroute de 200 000 écus avait ruiné après le naufrage de ses deux navires dans une tempête. Sa mère lui demandait en justice la répétition de sa dot et en attendant la conclusion du procès, elle avait jugé bon de cloîtrer sa fille pour lui éviter l'infamie d'une vie misérable. Mais le Ciel était venu à son secours. Un marquis, jeune, beau et fortuné, était tombé amoureux d'elle et subvenait pour une bonne part aux frais de justice. Il lui avait enfin promis de l'épouser une fois le procès terminé.

Une nuit, des musiciens vinrent donner la sérénade devant le couvent. Les bonnes sœurs et les pensionnaires se mirent aux fenêtres. Sous le porche de la maison d'en face, un homme se tenait dans l'ombre, enveloppé dans un large manteau. L'aubade impromptue charma tout le monde. Mais seules Corinne et Gabrielle savaient que l'homme au manteau était le marquis et qu'il dédiait à sa belle cette aimable récréation.

Gabrielle commença à trouver qu'elle se sentait décidément bien mieux dans un couvent avec Corinne, que dans le monde avec Semitte.

***

En ce début de septembre 1689, il régnait sur Paris une chaleur caniculaire. Un soir, le temps tourna à l'orage. On vit le ciel se charger de lourds nuages noirs. L'air semblait coller à la peau. Un climat d'intense surexcitation avait gagné le couvent. Les nerfs à vif, plusieurs religieuses et quelques pensionnaires se déchargèrent de leurs passions avec d'autant plus d'agressivité qu'elles les avaient longtemps contenues. Elles en vinrent à se quereller pour des futilités d'une façon beaucoup moins feutrée qu'à l'ordinaire. Au réfectoire, telle religieuse reprochait bruyamment à sa voisine de ne pas respecter la règle du silence à table, telle autre se plaignait de l'usage immodéré et ruineux du sel dans une maison où l'esprit d'épargne devait l'emporter sur les goûts somptuaires. Certaines religieuses critiquèrent les pensionnaires sur le débordement de leur tenue vestimentaire. Elles voyaient des seins partout pour peu que le décolleté descendît légèrement en dessous du cou. Une réfectorienne, sœur Amélie, les yeux égarés, le visage tendu, se taisait, visiblement angoissée. Gabrielle avait remarqué que de graves préoccupations agitaient son esprit. Cette religieuse servait le potage lorsqu'elle laissa tomber la soupière qui vola en éclats sur les dalles du réfectoire. Elle resta prostrée, les yeux perdus dans le vague. Tous les regards se tournèrent vers elle. Les religieuses se signèrent. « Seigneur, dit l'une, pourvu que ça ne lui reprenne pas ! » On conseilla aussitôt à sœur Amélie de regagner sa cellule et de prier au plus profond d'elle-même.

Ce soir-là, personne ne put trouver le sommeil. Les yeux mi-clos, on attendait dans la nuit moite que les premières gouttes de pluie vinssent rafraîchir l'atmosphère et que l'orage, en éclatant, pulvérise la chape qui pesait sur la clôture. Gabrielle et Corinne, tout absorbées dans leur conversation, étaient bien les seules à échapper au climat d'anxiété générale. Enfin, vers deux heures du matin, les premiers éclairs sillonnèrent le ciel dans un ébranlement considérable. Rythmées par le fracas du tonnerre, des lueurs et des ombres fantasmagoriques se dessinaient sur les murs des cellules. Les deux jeunes pensionnaires aspiraient à pleins poumons les premières bouffées de fraîcheur lorsque des hurlements épouvantables retentirent et se propagèrent dans tout le cloître en se répercutant de mur en mur dans une sorte d'écho lugubre. Il y eut dans les couloirs une agitation fébrile. Quelques religieuses couraient dans tous les sens en faisant signe à leurs compagnes effarées qui se tenaient sur le seuil de leur cellule de ne pas quitter leur prie-Dieu. « Appelez le grand vicaire, appelez le grand vicaire », hurlaient quelques-unes.

« C'est sœur Amélie, viens, c'est le moment, fais comme moi », s'écria Corinne en se jetant promptement un drap par-dessus le corps. Ainsi déguisées en fantômes, Gabrielle et Corinne s'élancèrent en se trémoussant dans le couloir et parcoururent tout le monastère. Elles poussaient des cris stridents qui ajoutaient au vacarme de l'orage le tapage de leur diablerie. Sur leur passage, elles brisaient quelques-unes des cruches qui se trouvaient devant la porte de chaque cellule. En les voyant, les religieuses faisaient mille contorsions, les yeux exorbités. Certaines imploraient, d'autres s'agenouillaient et invoquaient Jésus. Une bénédictine, un peu plus courageuse que les autres, empoigna un crucifix et le brandit vigoureusement en direction des deux silhouettes. Corinne, qui ne cessait d'émettre des « hou hou » qui allaient du grave à l'aigu, s'en saisit à travers son drap pour fesser la bonne sœur qui s'élança aussitôt dans une fuite éperdue à travers les couloirs en semant un peu plus d'épouvante sur son passage. Les deux diablotins firent ensuite irruption dans la cellule de sœur Véronique. Cette dernière quitta son prie-Dieu, se dressa au milieu de la pièce et les mains jointes, elle entonna un *Miserere* misérablement couvert par les roulements du tonnerre et les trémolos des deux fantômes. Enfin, elle s'évanouit.

Corinne et Gabrielle se dirigèrent alors vers la cellule de sœur Amélie, cœur et point de départ du tumulte. Crucifix en main, la dame d'Aspreval et sœur Catherine y essuyaient, dignement et bravement, le flot de blasphèmes et de cris qui coulaient de façon lancinante de la bouche de sœur Amélie. « Va-t'en, Belzébuth, va-t'en, Satan, Jésus... Jésus », répétaient-elles inlassablement. A ces mots, la malheureuse leur tirait la langue ou leur crachait au visage en faisant d'abominables grimaces. Gabrielle et Corinne pénétrèrent dans la pièce et se mirent à danser frénétiquement autour des trois personnages. Imperturbables, la dame d'Aspreval et sœur Catherine continuaient de rivaliser de zèle devant une agression si bien orchestrée par Satan et ses suppôts. Sœur Amélie se figea un instant, regarda gravement la dame d'Aspreval et sœur Catherine, pointa du doigt les deux démons, partit d'un gros éclat de rire et les rejoignit dans leur ronde infernale. Gabrielle et Corinne prirent sœur Amélie par les mains. Toutes trois parcoururent la maison en dansant. Sur leur passage, quelques religieuses se mirent, elles aussi, à danser, suivies par la supérieure et la sous-prieure qui tentaient de dominer le vacarme en lançant à tue-tête des paroles d'exorcisme. Le monastère fut le théâtre de cet étrange ballet tant que dura l'orage. Puis, tout rentra peu à peu dans l'ordre. Une à une, les religieuses et les pensionnaires réintégrèrent leur cellule et sombrèrent, épuisées, dans un profond sommeil.

Le lendemain, la dame d'Aspreval convoqua l'assemblée des religieuses chargées de l'administration du couvent.

« Mes sœurs, leur dit-elle gravement, les funestes

événements de cette nuit prouvent à l'évidence que ce couvent est devenu une proie privilégiée du Malin. La médisance, la discorde, le mensonge, le renversement de la hiérarchie, la désobéissance et l'impiété lui ont ouvert la brèche. Il a pris possession de sœur Amélie avec d'autant plus de facilité que plusieurs religieuses, séduites par la perfidie de quelques-unes et distraites de leur devoir de chrétienne, n'ont pu opposer qu'un rempart dérisoire à cet adversaire qui sait faire triompher sa ruse quand la vertu est défaillante. Il y a pis ! Dans le sillage de leur maître Satan, ce n'est plus un seul démon, comme à l'ordinaire, mais deux démons qui se sont infiltrés dans les lieux. Demain, il y en aura sans doute trois, plus tard quinze, vingt, cinquante... Bientôt, nous verrons ici même remonter des enfers une cohorte de diables telle que l'on n'en a jamais vu en terre chrétienne. J'ai l'intention, mes sœurs, d'adresser à Monseigneur un mémoire en ce sens.

— Mes sœurs, répondit la sous-prieure, Monseigneur est si bien informé de la réalité des faits qu'il a jugé bon de déléguer un économe laïc dans cette maison pour mettre un terme à ces abus dont on découvre chaque jour l'étendue. Ce sont ces abus qui ont fait de notre maison la cible préférée de Satan, lequel, avec une juste permission de Dieu que ces désordres irritent, opère chez nous avec une impertinence qui ne se voit nulle part ailleurs puisqu'il n'y a que dans ce couvent que ses suppôts osent de nuit maquiller certaines d'entre nous à la manière des femmes de mauvaise vie. Oui, mes sœurs, les tristes événements de cette nuit ne sont qu'un avertissement et un châtiment de Dieu. Il y a pis ! comme nous le dit la dame d'Aspreval. Ces deux démons ne seraient que peu de chose si leur pouvoir de séduction ne s'exerçait chez nous avec un succès sans cesse grandissant. Nous savons bien que le Malin, dans sa haine du Tout-Puissant, s'attaque de préférence à ces maisons qui sont le refuge des milices de Dieu et que son plaisir est d'autant plus grand qu'il fait chanceler les vierges du Christ. On jugera du triomphe qu'il a remporté dans nos murs. Alors même qu'armée d'un crucifix je faisais reculer le singe de Dieu, quelques-unes, subjuguées par les postures grotesques des démons, ont préféré les imiter dans leurs contorsions que de faire front derrière moi. Passe encore que l'esprit faible de sœur Amélie se laisse contraindre par le diable, mais parmi les vestales indignes qui ont ployé un instant sous sa bannière, j'ai eu le malheur de découvrir toutes celles qui ont précisément épousé le parti de la dame d'Aspreval, à commencer par cette dame elle-même qui, fascinée par les démons, s'oubliait dans des postures indécentes. J'ai bien l'intention d'écrire, moi aussi, un mémoire en ce sens à l'intention de Monseigneur.

— C'est de la calomnie, repartit vivement la dame d'Aspreval, vous êtes méchante, vous êtes une mauvaise femme. Vos paroles sont pleines de venin et c'est de l'absinthe et même du fiel qui coule de votre bouche. Il n'y a plus de religion en vous, sœur Catherine. Le Christ vous a abandonnée et vous empoisonnez cette maison par vos impiétés. Et puis, ajouta-t-elle en éclatant en sanglots, vous mentez, ce n'est pas vous qui avez repoussé Satan, c'est moi. Vous, vous n'aviez même pas la force de tenir votre crucifix en main et vos exorcismes chevrotants faisaient bien rire les démons. »

La scène provoqua un grand émoi. Les religieuses se concertèrent en formant de petits groupes et c'est alors que sœur Véronique, qui s'était retrouvée toute seule, prit la parole sans que personne ne se donnât la peine de l'écouter :

« Mes sœurs, mes sœurs, s'écria-t-elle dans le vide, je suis seule ici à en imposer aux démons. Ils ont pénétré dans ma cellule, ils ont tournoyé tout autour de moi, mais en vain. J'ai récité un *Miserere* et je les ai mis en fuite. C'est vrai. Écoutez-moi, mes sœurs, et comme moi, vous mettrez Satan en déroute. »

XV

La nuit suivante, Corinne fit à Gabrielle le récit de tout ce que l'on disait dans le couvent sur sœur Amélie. On racontait que la malheureuse avait été mariée à l'âge de treize ou quatorze ans. Les noces venaient d'être célébrées lorsque son mari trouva la mort dans un accident de chasse. La beauté de cette jeune veuve ne faisait que s'affirmer avec l'âge. Son père, qui était d'illustre maison, était trop pauvre pour la doter une seconde fois à sa convenance. Il résolut de la mettre en religion contre son gré alors qu'elle n'était âgée que de quinze ans. Mais elle avait déjà goûté aux plaisirs de ce monde et se sentait plus d'inclination pour la terre que pour le ciel. Toute pleine de soupirs et de pleurs, elle ne cessait de gémir contre la cruauté de son père qui lui avait imposé une existence si contraire à ses vœux et à la douceur du temps passé. L'amour impudique s'introduisit alors dans son âme et sous l'empire d'une imagination portée à la concupiscence, elle se livra bientôt à toutes sortes de pollutions nocturnes.

Attiré par tant de semence répandue selon des voies si contraires à la religion, le diable, qui est toujours aux aguets, se jeta sur elle avec la férocité du tigre. Déguisé en ange de lumière et tout vêtu de blanc, il vola au secours de sœur Amélie alors que celle-ci se trouvait dans un moment de grande détresse. « Bien vous soit, belle Amélie, dit-il. Il y a longtemps que la compassion de votre mal m'a touché de pitié et que votre beauté m'a ravi le cœur. Je suis venu vers vous avec l'intention de contenter vos désirs, si vous voulez de moi pour serviteur. » Amélie fut d'abord épouvantée, mais le diable la rassura bien vite. « Je suis, ajouta-t-il, la loi de l'air et de toute la terre. Tout ce que vous entendez sur moi n'est point croyable. Je suis plus doux que vous ne le pensez, demandez-moi tout ce que vous voulez et je vous l'octroierai. »

Et c'est ainsi que la malheureuse, prêtant l'oreille à cette sirène, se laissa tromper par l'amorce de son chant. De ce jour, l'esprit malin en usa à sa guise sous d'autres formes plus détestables et ses compagnes observèrent en elle de prodigieuses révolutions. On la voyait, toujours fardée, tenir des discours remplis de vanité, de propos mondains et de traits lascifs. Son amoureux, qui lui rendait visite toutes les nuits, lui ordonna de mettre le feu au couvent en commençant par le plus beau corps de logis. En quelques instants, tous les bâtiments furent la proie des flammes. Les parents d'Amélie l'enfermèrent alors dans un autre monastère. Son insolence et ses paroles débordées la rendirent insupportable à toutes les religieuses qui la renvoyèrent chez elle. Le diable l'y poursuivit sous la forme d'un pourceau. Une nuit, le père d'Amélie le surprit alors qu'il se vautrait sur sa fille. Il s'empara aussitôt de deux bâtons qu'il croisa en crucifix en invoquant le nom de Jésus. Le pourceau s'évanouit dans un nuage de fumée. Mais Amélie, furieuse d'avoir été troublée dans ses plaisirs, prit un couteau et elle s'acharna sur son père en le poignardant. On la jeta dans un cachot. C'est alors que Satan déploya toutes ses ruses pour la délivrer en lui donnant la force d'étrangler son geôlier. Elle fut reprise et condamnée au bûcher. Mais avant de mourir, elle réclama le sacrement de confession auriculaire.

« Suppliciez mon corps qui l'a bien mérité, s'écria-t-elle, mais n'en usez pas de même avec mon âme repentante. O fils de Dieu ! ne me refusez pas une goutte de ce sang précieux qui est capable de laver les plus abominables péchés du monde. Arrière, Satan, je renonce à ton alliance et implore désormais la miséricorde de celui qui ne la refuse jamais à ceux qui se repentent de leurs transgressions. » On voulut savoir si ce repentir était sincère ou s'il n'était qu'une nouvelle ruse de Satan. Le supplice fut différé. En présence du grand exorciste, Amélie baisa la terre en signe de contrition, proclama que Dieu l'avait touchée et qu'elle désirait publier ses péchés devant le Tout-Puissant et devant les hommes.

Monseigneur en conclut qu'il fallait que cette femme fût graciée pour rester le témoignage vivant d'une grande victoire des chrétiens sur les forces du mal. Mais aucun monastère n'en voulut. Finalement, sœur Véronique, que le diable avait jadis insultée, demanda à la dame de Meilleraye, défunte mère abbesse du couvent de la rue des Postes, de recueillir cette malheureuse afin de fortifier le triomphe de la religion et de sanctifier cette maison par un acte de très grande piété. Et depuis, dit-on, le diable tente, mais en vain, de reprendre possession de son ancienne maîtresse.

Quelques jours plus tard, Gabrielle eut l'occasion de s'entretenir avec la dame d'Aspreval.

« Ma mère, lui dit-elle, sœur Amélie a un tempérament très mélancolique, il faut la soigner à l'ellébore.

— La soigner à l'ellébore ! s'exclama la dame d'Aspreval. Gabrielle Perreau, par vos débauches publiques, vous vous êtes faite l'agent de Satan et c'est vous qui avez le front de nous donner des leçons avec vos recettes superstitieuses et païennes sur une matière qui ne relève que de la toute-puissance divine ! Vous nous donnez des leçons, vous dont la présence nous coûte tant et que nous essayons de sauver du péché en vous offrant généreusement un asile de rédemption ! On m'avait parlé de votre vanité, mais j'étais loin de me douter qu'elle pût franchir de telles bornes. »

***

Le jour même, sœur Véronique demanda à voir Gabrielle.

« Ma fille, lui dit-elle, on a porté à ma connaissance que vous prétendiez guérir notre sœur Amélie avec de l'ellébore.

— Sinon la guérir, Madame, du moins la soulager.

— Gabrielle Perreau, c'est un sacrilège. Vous avez, ici même, assisté de vos propres yeux aux assauts furieux du démon et vous croyez sans doute qu'en de telles circonstances l'ellébore est d'un meilleur usage que l'eau bénite. Vous errez, ma fille, dans le labyrinthe de l'ignorance. Si vous m'aviez vue un seul instant tenir tête à ces deux messagers de Satan qui m'ont prise pour cible précisément parce que j'incarne ici une citadelle de Dieu inaccessible au prince des ténèbres, vous auriez compris que votre ellébore ne saurait être, en l'occurrence, qu'une arme de charlatan.

— Je n'ai pas la prétention de faire des miracles avec mon ellébore, Madame. Il n'empêche que sœur Amélie est d'une humeur mélancolique et que l'ellébore lui serait quand même d'un précieux secours dans le combat qu'elle mène contre Satan.

— Taisez-vous, Gabrielle Perreau, vous blasphémez. Vous méconnaissez le diable et vous en êtes pourtant la première victime. Je ne puis vous laisser plus longtemps dans une telle ignorance sans faillir à mes devoirs de chrétienne. Voyez-vous, Gabrielle Perreau... j'avais votre âge... et j'étais aussi belle que vous... »

L'éloquence dogmatique de sœur Véronique se brisa sur ces quelques mots et sa voix, entrecoupée de soupirs, plongea dans une sorte de grave mélancolique et cotonneux. Sa gorge se serra, ses traits rigides se détendirent. D'austères, ils devinrent tristes. Son regard, jusque-là glacé, s'illumina soudain et ses yeux se mirent à vivre intensément.

« J'avais vingt ans, Gabrielle... J'étais belle et de bonne famille. J'étais amoureuse d'un jeune chevalier qui ne m'avait, je crois, jamais regardée. Pour mon honneur, je sus rester digne en ne trahissant point mes sentiments. Le diable, un fin larron toujours à la recherche du méfait par lequel il pourrait outrager Dieu en souillant la pureté, vit tout de suite le parti qu'il pourrait tirer d'une telle situation. Un jour, au cours d'une promenade, je vis ce jeune chevalier venir à moi en souriant. »

Sœur Véronique baissa les yeux avec un sourire nostalgique. Son visage devint doux, humain, pathétique.

Il me dit : "Mademoiselle, depuis que je vous ai vue, mon cœur ne cesse de battre pour vous. — Monsieur, lui répondis-je, la hardiesse de vos propos m'offense. — Vous auriez bien tort, continua-t-il, de n'y voir que l'expression d'un sentiment volage. Je vous aime très sincèrement et je puis vous donner ma parole de gentilhomme que notre amour ne saurait trouver de dénouement qu'au pied des autels. Mais de grâce, pour l'instant, ne dites rien de cet amour."... Et c'est ainsi, Gabrielle, que ce gentilhomme et moi-même, nous nous abandonnâmes l'un à l'autre pendant de longs mois dans de tendres enlacements. Mais un jour, ma mère m'offrit un crucifix en pendentif et, de ce jour béni, mon amant ne vint plus aux rendez-vous que nous nous étions fixés. Au bout de quelques semaines, j'appris qu'il servait autre part. Je le mandai. Il vint incontinent. — "Vous me trahissez, lui dis-je, après vos promesses, vous ne pouvez faillir d'être mon mari et moi votre femme. — Mademoiselle, me répondit-il fort courtoisement, vous vous méprenez, je ne vous ai jamais rien promis." »

Sœur Véronique, dont le regard s'était éteint, ponctuait désormais son récit de sanglots et de soupirs déchirants.

« "Mais, lui dis-je, ne nous sommes-nous pas vus très précisément les jours de l'Annonciation, de Pâques et des Rameaux ?" Il s'en alla, tout étonné. Quelque temps plus tard, il me présenta sept personnes de bonne famille qui étaient en sa compagnie ces mêmes jours. "Mademoiselle, conclut-il, je ne puis mettre en doute votre bonne foi, et si quelqu'un vous a fait illusion sous mon apparence, cela ne peut être que par l'effet d'un prodige de Satan." Je m'en ouvris à mon confesseur qui me confirma que j'avais bien été victime d'un incube.

— Qu'est-ce qu'un incube ? demanda Gabrielle.

— Malheureuse ! repartit sœur Véronique qui avait retrouvé pour un instant toute sa vivacité. Vous êtes une chrétienne et vous ne savez même pas que les incubes et les succubes sont des démons mâles et femelles qui, sous l'apparence usurpée de beaux jeunes hommes et de belles jeunes femmes, exploitent abusivement notre faiblesse charnelle en souillant notre pureté ? C'est ainsi, continua-t-elle dans une nouvelle effusion de larmes, que cet incube abusa de moi. De l'aveu même de mon confesseur, il le fit très précisément les jours de fête pour rendre l'outrage à Dieu encore plus cinglant et c'est pour cette même raison que de pieuses personnes me recommandèrent de prendre le voile afin de donner à ma revanche un éclat incomparable. »

Sœur Véronique sanglotait maintenant dans les bras de Gabrielle.

« Mais enfin, murmura cette dernière avec douceur, qui vous dit, Madame, que tout cela, loin d'être un artifice du diable, n'est pas en vérité l'artifice grossier d'un libertin qui y aura trouvé un subterfuge habile pour se servir de vous ?

— Je vous interdis, répondit sœur Véronique en grimaçant, vous entendez ? Je vous interdis. Ce gentilhomme était de noble extraction et il me respectait beaucoup trop pour en user de la sorte avec moi. Seul le diable était capable de commettre pareil forfait. D'ailleurs, il revient régulièrement à la charge sous les traits de ce même chevalier. Il me harcèle, de jour comme de nuit. Mais sous la protection du Christ, je ne fléchis pas. Je le vois comme je vous vois. Il n'espère plus rien de moi mais il insiste quand même. Il rampe. Il rampe désormais à mes pieds. Je le repousse. Il implore. Et c'est ma résistance victorieuse qui, en me sanctifiant, a attiré sur moi les bonnes grâces de la dame de Meilleraye, notre mère abbesse défunte. Alors, ne me parlez plus jamais de l'artifice grossier d'un libertin, vous m'entendez ? Je vous l'interdis. D'ailleurs, franchissez le mur de cette clôture et vous ne trouverez partout qu'incubes et succubes. Tous les hommes sont des incubes, vous m'entendez ? Ils le sont tous. Et d'abord, Gabrielle Perreau, votre Goy n'est lui-même qu'un incube. Jamais ce banquier ne vous a réellement aimée. Seul un incube a pu vous tromper sous son ombre empruntée. Votre Goy est un incube, oui, il vous a souillée et vous devez, vous aussi, prendre le voile pour tirer vengeance de notre ennemi commun, le diable. »

La présence de sœur Véronique était devenue

insoutenable. Gabrielle s'esquiva, poursuivie dans les couloirs par la malheureuse qui ne cessait de répéter d'une voix lancinante : « Votre Goy n'est lui-même qu'un incube, votre banquier n'est qu'un incube, personne ne vous a jamais réellement aimée. »

***

Les visites de Jean-Baptiste Perreau au couvent des Bénédictines de la rue des Postes se firent de plus en plus rares. Au début, il y voyait sa fille assez souvent au parloir. Mais ces entretiens le plongeaient dans une telle affliction que Gabrielle en sortait généralement moins réconfortée que bouleversée. Vers le mois de décembre 1689, sa servante Nicole mourut et il fit retraite dans un monastère afin de communier avec sa fille dans une même solitude et d'en épouser les mêmes souffrances.

Un matin, Gabrielle fut demandée au parloir. Elle s'attendait à y trouver maître Arrault. Elle y trouva Semitte :

« Mon amie, lui dit-il, je pense que ce couvent est à votre convenance. C'est l'un des meilleurs de Paris et, croyez-moi, il m'en coûte... Il m'en coûte très exactement la moitié de la somme que je consacre à l'entretien de mes chevaux. Mais rassurez-vous, j'ai une bonne nouvelle pour vous. Je viens de gagner mon procès contre Goy. Non seulement il ne reverra plus ses 30 000 livres, mais encore, il devra me verser 12 000 livres de réparations. Voyez-vous, tout rentre dans l'ordre et vous n'avez aucune crainte à avoir pour votre avenir. Je pourrai subvenir à vos besoins dans cette maison jusqu'à la fin de vos jours. Et puis, je monte... je monte à la cour. »

Dans le courant de la nuit suivante, Corinne pénétra tout éplorée dans la cellule de Gabrielle. Elle avait eu, dans la journée, une très vive discussion avec sa mère qui voulait la marier à un négociant vieux, laid, mal bâti, bizarre, acariâtre mais riche. Elle avait protesté, mais sa mère, inflexible, lui avait répondu qu'il y allait de l'établissement de toute sa vie. Elle s'était jetée en pleurs à ses pieds en jurant de prendre plutôt le voile que de jamais consentir à pareil mariage. « Vous êtes folle, s'était alors exclamée la mère, un homme riche comme un Crésus veut vous épouser et Mademoiselle en repousse la fortune parce qu'elle le trouve vieux. Quelle opiniâtreté ! »

« Et ton marquis ? demanda Gabrielle en caressant doucement la chevelure de sa petite compagne.

— Mon marquis, répondit Corinne dans un sanglot déchirant, mon marquis entre totalement dans le jeu de ma mère. Il pense que cette solution est la meilleure et que nous nous ferons un joyeux plaisir de faire de ce mari un superbe cocu. Il y trouve même du piquant. "Mon parti est pris, lui ai-je dit, je préfère me retirer dans un couvent. — Eh, quoi ! s'est-il alors exclamé avec indignation, voulez-vous, ingrate, me réduire au désespoir en me condamnant à ne plus jamais vous revoir ? — Ma décision est prise, je préfère me retirer du monde que d'y vivre avec ce vieux." »

Gabrielle serra très fort Corinne en l'embrassant, mais elle ne put que s'associer à son chagrin.

Quelques jours plus tard, le couvent des Bénédictines de la Présentation reçut la visite du Grand Vicaire, Monsieur Landrieux. Il y était venu pour assister à la prise de voile d'une jeune religieuse professe, Mademoiselle Debrosse, et pour s'informer de l'état des lieux. Depuis un mois, l'ordinaire faisait l'objet de sévères restrictions. Mais ce jour-là, du fumet et des odeurs de pâtisserie flottaient dans l'air et le couvent avait pris un air de fête.

Mademoiselle Debrosse n'était âgée que de dix-huit ans. Novice depuis deux ans, on la voyait, toujours plongée dans une mélancolie affreuse, passer le plus clair de son temps à l'infirmerie. Elle avait déjà pris l'habit, mais par deux fois, il avait fallu différer la cérémonie pour des raisons de santé. Son directeur insistait pour que ses vœux fussent définitivement ajournés car le bruit courait qu'on la faisait religieuse contre son gré. A deux ou trois reprises, on l'avait en vain renvoyée dans sa famille. Enfin, ses parents la contraignirent avec plus de vivacité qu'à l'ordinaire et, quoiqu'elle fût très malade, ils la mirent en demeure de s'exécuter. La cérémonie commença par un office qui se déroula dans une église extérieure au couvent. Vêtue d'une robe de crêpe blanc brodée d'argent, elle y soutint fort bien le sermon. C'était un grand mérite aux yeux de Dieu, lui disait-on, que de renoncer au monde lorsque l'on était faite pour y être adorée et pour en faire le charme et l'ornement. Il semblait que l'abbé se plût à lui peindre la beauté de tout ce qu'elle allait quitter. Puis, un membre de sa famille la conduisit jusqu'à son lieu de réclusion. Dès qu'elle en eut franchi le seuil, le concierge ferma la porte bruyamment derrière elle et fit jouer les verrous avec fracas. Mademoiselle Debrosse s'avança, plus morte que vive. Lorsqu'elle fut arrivée devant la grille du chœur, une religieuse s'empressa de la dépouiller de ses ornements mondains. Elle avait de longs cheveux blonds. Quand ils furent déployés, toutes les pensionnaires faillirent crier pour qu'on ne les lui coupât point. Mais ils faisaient partie de la dot et il était prévu que le couvent les revendrait à un perruquier. Au moment où la maîtresse des novices armée de ciseaux les découpa, elle tressaillit. La chevelure fut déposée sur un plat d'argent. La postulante endossa alors les habits de l'ordre et on la coiffa d'un voile et d'une couronne de roses blanches. On ouvrit ensuite la grille et on la présenta au Grand Vicaire qui lui donna sa bénédiction. Enfin, la dame d'Aspreval s'assit sur un fauteuil à côté de sa porte-croix. Mademoiselle Debrosse s'agenouilla devant elle. La supérieure prit ses mains dans les siennes :

« Catherine Debrosse, dit-elle, voulez-vous faire vœu à Dieu, entre mes mains, de pauvreté, d'humilité, d'obéissance, de chasteté et de clôture perpétuelle, suivant la règle de saint Benoît, ordre de Cîteaux, filiation de Clairvaux ? »

Mademoiselle Debrosse resta silencieuse. L'une des deux maîtresses des novices qui se tenaient derrière elle lui secoua discrètement l'épaule.

« Je fais vœu à Dieu, murmura-t-elle d'une voix sourde, entre vos mains, Madame, de pauvreté, d'humilité, d'obéissance... »

Lorsqu'elle en vint au vœu de chasteté, sa gorge se serra, elle regarda éplorée tout autour d'elle, comme pour voir si personne ne viendrait à son secours au dernier moment. Quelques pensionnaires pleuraient, d'autres arboraient un sourire narquois.

« Allons, du courage, mon enfant, achevez votre sacrifice, dit la dame d'Aspreval.

— ... Vœu de chasteté et de clôture perpétuelle. »

La prieure lui demanda ensuite d'embrasser les pensionnaires et les genoux de toutes les religieuses. Enfin, Mademoiselle Debrosse parut à la porte de la sacristie, toute pâle et le regard éteint, soutenue par deux religieuses. Elle s'avança jusqu'au milieu du chœur où elle se prosterna. Deux bénédictines étendirent sur elle un drap mortuaire et tout le monde entonna un *Miserere*, un *Dies irae* et la prière des morts pour bien lui signifier qu'elle était désormais morte au monde. Le soir même, elle eut un accès de fièvre. On la transporta à l'infirmerie où elle garda le lit pendant six semaines.

Elle en sortit encore toute languissante pour être affectée à des travaux de jardinage car sa dot était des plus modestes.

***

Après le festin et les libations qui suivirent la cérémonie, le Grand Vicaire, dont tout le monde avait remarqué le solide appétit, demanda à voir cette Gabrielle Perreau dont on parlait tant dans le monde. L'entretien eut lieu dans le bureau de la supérieure. Cet homme pouvait bien avoir une soixantaine d'années. Son visage était d'une grande douceur et son regard annonçait la bonté de son âme. Lorsqu'il vit Gabrielle, il fut touché de compassion par la beauté douloureuse de ses traits.

« Mon enfant, lui dit-il doucement, les juges ont décidé de votre sort en connaissance de cause et je n'ai pas l'intention de chercher dans l'affaire qui vous concerne d'autres lumières que celles qu'ils nous ont apportées. L'épreuve que vous traversez vous semble sans doute bien dure et, à la vérité, elle l'est. Mais que sont les apparences pour ceux qui savent que nous ne recherchons ici que la sauvegarde de votre âme ?

— Monseigneur, répondit Gabrielle avec modestie, pourquoi, avant que de songer à la sauvegarde des âmes, ne songe-t-on pas à prévenir des maux qui les mettent en péril ? J'ai peut-être péché. Mais y a-t-il sur terre un plus grand péché que de contraindre une femme à vivre avec un homme qu'elle déteste ?

— Je n'ai aucune compétence, mon enfant, pour juger de la validité de votre mariage. Mais s'il a été conclu sous l'empire de la violence, il y a des lois pour réparer le mal.

— Que sait-on de ces lois, Monseigneur, lorsque l'on n'a que seize ans ?

— Je n'en disconviens pas, Gabrielle, mais les règles qui policent notre société ne sauraient se prévaloir d'une perfection qui n'est que l'apanage de Dieu. Nous devons nous accommoder de nos faiblesses et de nos limites dans l'attente de son jugement suprême et réparer nos fautes avec les moyens dont nous disposons. L'adultère est une faute bien grave. Il ne met pas seulement l'âme du pécheur en péril, il fait en même temps peser une menace constante sur le repos du prochain qui subit, lui aussi, les conséquences de la colère de Dieu qu'irrite un mal si grave. Saint Paul, dans l'Épître aux Corinthiens, ne nous enseigne-t-il pas que ce péché fut la cause de la campagne meurtrière de Moab ? Et pourquoi croyez-vous, Gabrielle, que six mille enfants d'Israël périrent sinon pour payer de leur sang, comme nous l'enseigne l'Ancien Testament, le viol de la femme d'un lévite ? Voyez-vous, les Hébreux eux-mêmes détestaient l'adultère et ils avaient même coutume de lapider la femme qui s'en rendait coupable. Mais après que le Christ nous eut éclairés de ses lumières, nous savons, nous autres chrétiens, que le salut procède moins d'un châtiment barbare que d'une douce rédemption.

— Alors, Monseigneur, pourquoi les lois n'imposent-elles pas la même pénitence aux hommes qui, par leurs adultères, mettent leur prochain dans les mêmes périls ?

— Je comprends le sens de votre réflexion, Gabrielle. L'inégalité est violente. Personne ne saurait prétendre le contraire. Mais il faut savoir sonder les choses au-delà des apparences et tout s'éclaire alors d'un jour nouveau. Les hommes qui commettent le crime d'adultère se trompent grandement lorsqu'ils s'imaginent que Dieu, qui ne fait aucune différence entre les sexes, leur réserve là-haut une parfaite impunité. Mais ici-bas, les contraintes d'une société qui ne se règle point à l'aveuglette sont si fortes qu'elles nous réduisent parfois à des solutions qui, pour n'être pas parfaites, nous préservent de maux encore plus grands. L'homme est, d'institution divine, le chef de la femme et sa condamnation sur terre entraînerait le renversement d'une hiérarchie naturelle et le trouble social. Et puis, les femmes, de par leur constitution organique, sont plus fautives que les hommes. Ce sont elles qui portent dans leur sein le fruit de leur péché, ce sont elles qui introduisent subrepticement dans les foyers ces bâtards qui jouissent de la sorte d'une affection et de biens usurpés. Et, dans l'ignorance de leur paternité, ces enfants sont parfois les agents involontaires de mariages consanguins. Ils portent en eux le germe d'un autre péché mortel : l'inceste. Nantis d'une fausse légitimité, ces mêmes enfants risquent un jour d'accéder aux dignités ecclésiastiques que le droit canon refuse à tous ceux qui sont conçus dans le péché... Voyez-vous, Gabrielle, les choses ne sont pas si simples et il n'est rien que nous ne fassions sans de bonnes raisons. Vous avez suffisamment d'entendement pour le comprendre. Chacun sait bien, je l'avoue, que vous avez tout lieu de vous plaindre du comportement de votre mari. Mais j'ignore, quant à moi, lequel d'entre vous est le plus à plaindre. Vous avez l'âme bonne, Gabrielle, et c'est là le plus précieux et le plus noble des privilèges... La mère supérieure m'a dit que vous recommandiez l'ellébore à plusieurs religieuses, ajouta le Grand Vicaire en souriant.

— Monseigneur, certaines d'entre elles méritent bien de la compassion, car elles sont d'un tempérament très mélancolique.

— Je le sais, Gabrielle, je le sais et vous êtes bien charitable. J'ai pu constater, d'après les mémoires qu'elles m'adressent et d'après tout ce que j'entends ici, que plusieurs de ces femmes doivent à la faiblesse de leur sexe d'avoir l'esprit un peu troublé. Il se passe effectivement, dans ce couvent, des choses étranges. J'en dirai deux mots à l'archevêque. Je veux bien que Satan les taquine un peu, mais quand même... Me croiriez-vous, Gabrielle, si je vous disais qu'elles me parlent de deux démons qui dansent... qui les maquillent de nuit à la façon des prostituées..., d'incubes... de je ne sais quoi encore... Quel délire !... Quel galimatias !... Mon enfant, sachez qu'avant que de quitter les lieux, je dirai à la supérieure tout le bien que je pense de vous et combien j'attache d'importance à ce que vous soyez toujours bien traitée. Vous pouvez vous considérer ici sous ma protection personnelle. »

XVI

GABRIELLE eut dès lors une plus grande liberté de mouvement. Elle pouvait maintenant converser avec Corinne au grand jour. Celle-ci avait été ébranlée par le spectacle de la prise de voile de Catherine Debrosse. Elle avait enfin décidé d'épouser son négociant. Elle préférait, disait-elle, qu'on l'enterrât morte plutôt que vive. Elle savait que son mari serait trompé au moment même où elle lui jurerait une fidélité éternelle et qu'à tout instant elle risquerait de basculer dans l'enfer du Châtelet et des couvents. Mais qu'importe ! Elle désirait avant toute chose en différer le moment et brûler sa vie avec une ardeur d'autant plus grande qu'elle risquait incessamment de mourir d'une façon ou d'une autre.

Sa mère lui apporta ses vêtements de noces et

ceux dont elle devrait se parer pour accueillir son fiancé. Ils étaient merveilleux. Lorsqu'elle les revêtit, Gabrielle découvrit à quel point Corinne était encore plus belle qu'elle ne le croyait. Son cœur se serra davantage. Le grand jour arriva enfin. La petite pensionnaire l'appréhendait comme la mort, mais la plupart des pensionnaires et des religieuses en avaient fait le décompte avec une impatience qu'elles ne dissimulaient guère, tant les occasions de se distraire étaient rares. Lorsque le carrosse se présenta devant la porte de la clôture, il était si beau que tout le monde poussa un cri d'admiration, mais la clameur cessa instantanément lorsque le fiancé en descendit. Corinne avait du mal à refouler son chagrin. Elle embrassa froidement les religieuses et quelques pensionnaires, mais lorsque le moment de faire ses adieux à Gabrielle fut venu, elle éclata en sanglots. « Serre-moi bien fort dans tes bras, lui dit-elle, et embrasse-moi afin que je sache une dernière fois ce qu'est la douceur d'un tendre baiser. » Elle se dirigea ensuite vers son vieux négociant qui l'attendait, le visage figé dans une sorte de sourire ébahi. Sa laideur et ses genoux cagneux étaient déjà un sujet de conversation dans le couvent. Lorsqu'il s'approcha d'elle pour l'embrasser, elle esquissa un mouvement de recul mais elle ne put éviter ce fatal baiser qui offrait un contraste si violent avec le baiser qu'elle venait de recevoir de Gabrielle. Elle monta dans le carrosse, et lorsque celui-ci s'ébranla, elle jeta à travers la vitre un dernier regard en direction de sa compagne.

Le départ de Corinne laissa autour de Gabrielle un vide extraordinaire. Elle mesurait bien mieux le poids de cette solitude à laquelle elle se sentait condamnée à vie. Maître Arrault venait de publier un *Mémoire pour la demoiselle Perreau contre le Sieur Semitte, épicier.* C'était un écrit plein de bon sens et de vivacité. Les traits d'esprit y étaient nombreux et les arguments solides. Il rencontra dans le public un très grand succès d'estime et de curiosité, mais il ne changea rien à l'affaire. A son tour, maître Vezin publia un *Mémoire pour le Sieur Louis Semitte, officier de serdeau du Roy, épicier-apothicaire, contre la demoiselle Perreau, sa femme.* Ce mémoire obtint le même succès de curiosité, mais aucun succès d'estime.

Quelques jours s'écoulèrent. Une nuit, la porte de la cellule de Gabrielle grinça. Plongée dans un demi-sommeil, la jeune femme crut un instant qu'elle rêvait de Corinne. Pourtant, lorsqu'elle ouvrit les yeux, elle vit la silhouette d'un homme s'approcher d'elle.

« Nicolas ! s'écria-t-elle tout doucement dans un mouvement de stupéfaction.

— Mon tendre amour, répondit Nicolas Goy en s'agenouillant à son chevet.

— Nicolas, tu es fou. Comment es-tu parvenu jusqu'ici ?

— Ta petite amie Corinne est venue me voir pour me transmettre ton message de tendresse. Mon cœur s'est alors de nouveau embrasé. Je lui ai dit à quel point je désirais te revoir. J'ai insisté pour qu'elle me communique un état des lieux avec l'emplacement de ta cellule. J'ai escaladé le mur de la clôture, traversé la cour et me voilà enfin près de toi.

— Mon amour, je t'en supplie, va-t'en, sinon je suis perdue.

— Tu es déjà perdue, ma pauvre Gabrielle. Plus personne ne peut rien faire pour toi. Les gens disent : "La pauvre enfant, elle n'a pas fait grand-chose en comparaison de son mari... mais enfin... il faut bien qu'il y en ait une qui paie pour toutes celles qui font et qui ne sont jamais punies." Tendre Gabrielle, je suis prêt à sacrifier mon bien et ma réputation pour toi. Fuyons... fuyons n'importe où, aimons-nous et insultons ton mari à la face du public.

— Nicolas, je t'en supplie, va-t'en... va-t'en... »

Mais il était trop tard. Nicolas avait déjà glissé sa main sous la chemise de Gabrielle qui cessa sur-le-champ toute résistance. Les enlacements durèrent une partie de la nuit et les amants prirent l'habitude de se revoir régulièrement.

Une nuit, alors même que l'extase les plongeait dans un sentiment d'abandon total, la porte de la cellule s'ouvrit bruyamment. Sœur Véronique fit son apparition, crucifix en main.

« Satan ! murmura-t-elle en tremblant... Satan ! »

Goy se rhabilla à la hâte. Devant son air déconfit, sœur Véronique, qui s'imaginait que le diable se jetterait sur elle en rugissant, ne cessait de répéter avec plus de fermeté : « Va-t'en, Satan, va-t'en. » Goy lui fit signe de se taire en lui tendant une bourse pleine d'écus...

« Je sais, s'écria-t-elle en brandissant son crucifix, je sais que le diable tente de soudoyer ses suppôts à prix d'or, mais je ne suis pas de celles qui se laissent subjuguer par un tel artifice... arrière, incube. »

Une à une, les religieuses ameutées accoururent tandis que Goy s'enfuyait poursuivi dans la cour par sœur Véronique, qui criait maintenant à tue-tête : « Arrière, l'incube, retourne en enfer. » Lorsqu'il eut escaladé le mur du cloître, sœur Véronique s'exclama triomphalement : « Vous avez vu, mes sœurs, vous avez bien vu, c'est moi, et moi seule qui ai mis cet incube en déroute. » Sur ces entrefaites, la dame d'Aspreval fit brutalement irruption dans la cellule de Gabrielle.

« Gabrielle Perreau, s'exclama-t-elle sèchement, il ne nous manquait plus que cela : le déshonneur sur notre maison. J'écrirai dès demain au Grand

Vicaire pour l'informer que la sainteté de ce lieu ne saurait s'accommoder de votre présence. »

Le lendemain même, Semitte porta plainte. Defita ordonna l'ouverture d'une nouvelle information sur les agissements de Gabrielle. Maître Arrault était en pleine audience lorsqu'il eut vent de l'affaire. Aussitôt, il quitta le prétoire et se jeta dans son carrosse pour se rendre rue des Postes. Il exigea d'y voir sa cliente à une heure où la grille est généralement close.

« Gabrielle, lui demanda-t-il avec empressement, qui vous a vue seule avec Goy dans votre cellule ?

— Sœur Véronique, maître.

— Personne d'autre ?

— Personne, maître.

— Goy était-il dans un accoutrement indécent lorsque les autres religieuses sont accourues ?

— Il s'enfuyait dans la cour en remettant son justaucorps.

— Gabrielle, écoutez-moi bien, il y va de votre destinée et de ma réputation. Goy est entré à l'improviste dans votre cellule, il a voulu abuser de vous. Vous l'avez repoussé. Vos cris ont alerté sœur Véronique qui a ameuté tout le couvent. C'est tout. Attendez-vous à de nouveaux déboires, mais nous vous en sortirons. Du courage, mon enfant. »

L'information suivit son cours. Plusieurs religieuses furent interrogées par un sergent du Châtelet et, sur examen rapide du dossier, le lieutenant-criminel Defita décréta de nouveau Gabrielle de prise de corps. Dans la nuit du 3 mars 1690, quatre archers la jetèrent dans une charrette qui s'ébranla avec un bruit sinistre.

***

Le convoi arriva à la Conciergerie par le quai de l'Horloge. Gabrielle sentait son cœur se serrer un peu plus en passant devant chacune des trois tours qui faisaient face à la Seine. Le véhicule emprunta la rue Saint-Eloy, pénétra dans la cour du Mai et s'immobilisa devant un petit escalier qui donnait sur une courette en contrebas. Gabrielle la traversa escortée de ses archers et emprunta un escalier à vis qui débouchait sur le vestibule du concierge. Après avoir été couchée sur le registre d'écrou, on la confia à un guichetier qui lui fit endosser l'habit de la maison : une chemise de grosse toile, un vieux jupon, une robe de bure grise, des sabots et un bonnet rond. Il la conduisit ensuite à travers un couloir obscur vers le quartier des pailleuses où elle fut jetée dans un cachot commun. Une quinzaine de détenues y croupissaient pêle-mêle, les unes sur les autres. Tous les regards convergèrent vers la nouvelle venue. Avant même que d'être saisie d'horreur par la vision de sa geôle, Gabrielle fut épouvantée par le spectacle de ses compagnes d'infortune. L'une d'elles, une créature au visage hideux, s'approcha d'elle et la toucha comme pour bien s'assurer qu'une personne aussi fine pût réellement partager leur sort. Gabrielle se rétracta dans un brusque mouvement convulsif. Les pailleuses s'écartèrent en formant un cercle autour d'elle. La malheureuse s'était retrouvée accroupie à terre, les mains sur la paille. Elle dévisageait maintenant les pailleuses une à une dans une lumière blafarde chichement diffusée à partir d'une maigre ouverture grillagée. Elles étaient toutes d'une laideur abominable et chacune se distinguait de sa voisine par un détail horrible. L'une était borgne, l'autre essorillée, une troisième, complètement édentée, ouvrait et fermait la bouche bruyamment en salivant et en passant sa langue noirâtre sur ses grosses lèvres. Aucune ne parlait véritablement mais toutes émettaient des sons qui ne présentaient qu'une lointaine analogie avec la parole.

Gabrielle considéra enfin les lieux d'un œil hagard. Tout était obscur, morne, dur. La porte du cachot était munie d'une énorme serrure de fer dont la seule vue étreignait le cœur. Les murs suintaient. Il flottait dans l'air une odeur abjecte qui s'élevait d'une paille imprégnée de sueur, d'urine et d'immondices. La nouvelle pailleuse songea un instant au couvent et à Corinne : c'était le paradis.

Vers le tard, un guichetier entra dans le cachot et distribua à chaque détenue un morceau de pain sec et une écuelle de soupe dont il était impossible de deviner la composition. Gabrielle n'y toucha pas. La nuit tomba. La prison s'endormit. Mais on était bien loin de la sérénité du couvent. Des ronflements résonnaient dans la pièce, parfois des éructations ou des vents. Soudain, Gabrielle sentit une main se poser sur elle. Elle eut un brusque mouvement de recul. La main insista. Elle réalisa qu'une pailleuse voulait la caresser. Elle hurla. Personne ne réagit, mais la main cessa de se manifester. Quelques instants plus tard, il y eut, dans un coin du cachot, une vive agitation et des bruits étranges : une ou deux prisonnières résistaient aux agressions d'un rat.

La porte s'ouvrit dans un lourd grincement. Un guichetier apparut, flambeau en main. Il fit signe à Gabrielle de le suivre. Après l'avoir introduite dans la chambre du conseil où les guichetiers de garde ont coutume de passer la nuit, il lui déclara qu'en échange de ses faveurs, il mettrait à sa disposition un cachot fort bien aménagé où elle jouirait de la présence d'une ou deux prisonnières de bonne compagnie. Gabrielle comprit alors la raison qui condamnait les plus vieilles et les plus laides à croupir dans un réduit infect. Sans même attendre de réponse, le guichetier se rua sur sa captive et palpa. Elle le gifla vivement. Il se précipita sur elle en écumant de rage. Elle se débattit. Il la roua de coups, mais devant sa résistance, il la prit par le bras et la jeta dans sa prison en refermant derrière elle la porte dans un fracas épouvantable. Gabrielle termina la nuit pétrifiée, accroupie dans un coin de cette antichambre de l'enfer.

Le lendemain matin, deux guichetiers vinrent comme à l'accoutumée chercher les pailleuses pour les conduire à la basse cour à travers un long couloir sombre qu'une succession de grilles compartimentait. La basse cour ou petite cour du palais, était le lieu de promenade des prisonnières de la Conciergerie. Elle était garnie d'une maigre pelouse, d'un arbuste étiolé et d'un bassin de pierre qui recevait l'eau d'une fontaine où les détenues pouvaient faire leurs ablutions et laver un peu de linge. Dans un angle de la basse cour se trouvait une grille qui donnait sur le promenoir des pailleux de la rue de Paris. Certains prisonniers s'y agglutinaient pour contempler les pailleuses d'un œil étincelant de convoitise.

Gabrielle était sur le point de franchir le seuil du cachot lorsqu'un guichetier lui barra le passage en souriant méchamment. Une fois ses compagnes sorties, il referma la porte d'un geste nerveux, la laissant toute seule à l'intérieur de la cellule. Le soir, la prisonnière récalcitrante fut privée de sa ration de soupe et, le lendemain, elle essuya les mêmes sévices. Écuelle collée contre les lèvres, la pailleuse édentée engloutissait bruyamment sa soupe dont une partie dégoulinait de part et d'autre de la bouche. Sa ration n'était qu'à demi consommée. Elle y trempa un morceau de pain, le laissa s'imbiber et le tendit à Gabrielle. La malheureuse, qui n'avait rien mangé depuis deux jours, s'en saisit avec avidité. Elle commençait d'ailleurs à percevoir, à travers le masque hideux des pailleuses, une lueur d'humanité et comme le reflet d'une immense détresse. Elle comprit que ses compagnes avaient été touchées de pitié par les sévices dont elle était la victime et qu'elles appréciaient que, par son refus de céder aux caprices des guichetiers, elle ait courageusement accepté de partager leur misère. En peu de temps, elle se sentit entourée d'une estime et d'une affection qui ne s'exprimaient ni à travers de beaux discours, ni à travers de beaux gestes, mais à travers un langage beaucoup plus diffus, beaucoup plus subtil aussi. Son calvaire en fut un peu adouci. Au bout de deux à trois jours, les guichetiers la laissèrent enfin accéder à la basse cour et ils lui donnèrent sa ration de soupe. Mais, dans la nuit qui suivit, l'un d'eux pénétra dans le cachot. De nouveau, il lui donna l'ordre de le suivre. Gabrielle refusa et, de nouveau, elle fut le lendemain privée de soupe et de promenade.

Fort heureusement, maître Arrault se présenta sur ces entrefaites à la grille pour y voir sa cliente. Il s'excusa du retard de sa démarche, une cause l'ayant retenu en province. Il lui apprit qu'il avait déclenché une procédure d'appel du décret de prise de corps et que l'affaire serait incessamment soumise à la Tournelle criminelle. Elle l'en remercia vivement et lui fit le récit de ses malheurs. En l'écoutant, l'avocat ne put s'empêcher de verser quelques larmes. Il lui prit les mains dans les siennes en lui promettant de tout mettre en œuvre pour la délivrer de cet enfer.

Le soir même, Arrault parla de l'affaire à son ami Le Nain. Le Nain alerta aussitôt le premier président, Nicolas Potier de Novion, duc de Gesvres. Lorsqu'il apprit que les prisons du roi étaient le théâtre de désordres si contraires aux bonnes mœurs, de Gesvres entra dans une colère furieuse. Il déclara qu'il allait, sur-le-champ, ordonner l'ouverture d'une enquête sur les agissements des guichetiers et que, s'il le fallait, certains d'entre eux seraient tout bonnement jetés sur la paille. Quelques jours plus tard, il évoqua le sort de Gabrielle Perreau en présence du roi dont il était le premier gentilhomme de la chambre. Louis XIV fut d'avis d'avertir ce Semitte qu'il ne saurait souffrir que la femme d'un serdeau restât plus longtemps sur la paille et il demanda à M. Sanguin, son premier maître d'hôtel, de bien vouloir l'en informer.

Gabrielle fut donc transférée à la pension. Cette section de la Conciergerie se trouvait juste au-dessus du quartier des pailleuses. En versant une certaine somme d'argent au concierge, on y était décemment traité. On y disposait d'une cellule particulière relativement confortable et d'une nourriture convenable préparée par la concierge elle-même. On disait des prisonniers jouissant d'une telle faveur qu'ils payaient la pistole. Certains pistoliers donnaient jusqu'à 45 livres par mois, d'autres 25, et quelques-uns 8 livres. En fait, le sort de ces derniers était à peine plus enviable que celui des pailleux. Pour se donner bonne contenance, Semitte décida de verser royalement 50 livres. La pension n'avait rien de très accueillant, mais Gabrielle Perreau, qui venait de passer plus d'une semaine sur la paille, eut l'impression d'avoir quitté le purgatoire. Les pistoliers étaient généralement des bourgeois ou des petits nobles plus ou moins désargentés qui n'avaient pas eu la faveur d'être embastillés. Ils jouissaient du privilège de manger à une table d'hôte et de pouvoir converser entre eux en toute liberté. Moyennant finance, quelques pistoliers pouvaient même recevoir du concierge l'autorisation de passer galamment la nuit dans leur cellule en compagnie d'une pistolière consentante. Gabrielle s'aperçut très vite que cet univers chétif était régenté par une sorte de code social bien particulier et que l'on y menait une existence faite de mondanités dégénérées.

Peu après son transfert à la pension, la détenue

eut la joie immense de voir Corinne au parloir. Sa petite compagne avait obtenu cette faveur grâce aux démarches de maître Arrault. Les deux jeunes femmes s'embrassèrent longuement à travers la grille dans une grande effusion de larmes. Corinne était mariée depuis peu, mais en vérité, elle n'avait jamais cessé d'être fidèle à son marquis. Le matin même de ses noces, elle s'était, disait-elle, livrée à de furieux transports dans ses bras.

« Vois-tu, ma tendre amie, conclut-elle tristement, nous aurons peut-être un jour la joie amère de nous retrouver à la pension.

— Si seulement nos maris avaient la bonté de nous cloîtrer à vie dans le même couvent ! » répondit Gabrielle en soupirant.

D'une voix douloureuse, Corinne apprit ensuite à sa compagne qu'elle avait vu Nicolas Goy. Il l'avait informée de sa décision de ne plus rien tenter pour revoir sa maîtresse. Il réalisait enfin tout le tort que son imprudence lui avait causé et il s'en disait accablé de remords. Lui-même avait d'ailleurs failli en être aussi la malheureuse victime car son maître, Samuel Bernard, lui avait vivement reproché un éclat qui défrayait les conversations et qui portait ombrage à la bonne réputation de sa maison. Mais au fond, avait-il ajouté de façon pathétique, il conserverait intact ce grand amour qui le suivrait dans sa tombe. Gabrielle répondit d'une voix assurée qu'elle comprenait fort bien les sentiments de Nicolas Goy et elle demanda à Corinne de le lui faire savoir, mais elle regagna la pension écrasée de chagrin et d'amertume.

Au bout de quelques jours, sa tristesse s'émoussa. Il faut dire qu'un certain Eustache Le Noble logeait à la pension. Il avait, dès le début, été séduit par la beauté chagrine de cette nouvelle pensionnaire et il n'avait rien fait pour lui cacher ses sentiments. Cet homme joignait à la vivacité d'esprit et aux agréments de la conversation un visage aimable et prévenant. Il était d'une taille avantageuse et bien proportionnée. Gabrielle, qui avait tant souffert, ne fut pas insensible à ses charmes.

***

Eustache Le Noble était né à Troyes, en 1643. L'un de ses ancêtres avait été bailli d'Arval au XIVe siècle. Cette charge n'était réservée qu'aux membres de la plus haute noblesse. Son aïeul fut conseiller d'État, son père lieutenant général à Troyes et lui-même avait été titulaire d'une charge de procureur général au parlement de Metz. Il était d'un naturel gaillard, narquois, point bigot, rond de manières. Il se montra si mordant à l'égard de la cour de Metz qu'il s'y attira de très vives antipathies. Il jouissait d'un bien considérable mais l'or qu'il semait à tout vent faisait peser sur lui de lourds soupçons de malversations. En dépit de tout, il avait une réputation de grand seigneur et la faveur des dames lui était acquise sans restrictions.

En 1686, il se trouva impliqué dans une sombre affaire de faux. Depuis deux ans, il s'était infiltré dans l'intimité d'un certain Edme Girardin qui était, lui aussi, originaire de Troyes. Girardin séjournait à Paris pour y acheter la charge de lieutenant-criminel dans sa ville et il venait de mettre son concitoyen Le Noble dans la confidence de ses affaires lorsqu'il mourut subitement. Eustache Le Noble examina aussitôt le contrat d'acquisition de la charge. Il en pénétra les moindres mystères, les moindres détails, les moindres circonstances. Par le secours d'artifices dont il avait le secret et en faisant jouer son expérience de procureur, il se fit l'architecte d'une cabale audacieuse et s'acoquina avec un certain Hubert de Rochecourt que ses mauvaises affaires avaient rendu célèbre dans le monde sous le nom de chevalier Hubert. Pour faciliter ses tractations, il s'était flanqué d'un troisième acolyte qui signait chez les notaires sous le nom de Bazin. Mais ce Bazin n'était autre qu'Eustache Le Noble lui-même qui se présentait sous ce nom lorsqu'il jugeait à propos de donner le change à la justice et à la vérité. Épaulé par le chevalier Hubert et par sa chimère, Le Noble dépouilla les dossiers du défunt Girardin, les examina pièce par pièce et, à grand renfort de fausses écritures, de fausses signatures, de surcharges et d'altération de dates, il en extirpa six faux sur la foi desquels il se mit en demeure de rançonner la veuve.

La première pièce de ce chef-d'œuvre en matière de falsification était une minute d'obligation passée par-devant notaire dans laquelle Girardin reconnaissait devoir une somme de 15 000 livres à François Bazin, bourgeois de Paris, demeurant rue Saint-Antoine, paroisse Saint-Paul. La deuxième était une déclaration d'obligation de la même somme au profit d'Eustache Le Noble. La troisième était un transport de cette dernière obligation au profit du chevalier Hubert. Quant aux trois autres pièces, elles n'étaient conçues que pour parachever le tout de façon accessoire. Simone Moulin, veuve Girardin, porta plainte.

Eustache Le Noble expliqua par le menu qu'il avait rendu de notables services à Edme Girardin et qu'en prévision d'une mort qu'il sentait prochaine, ce dernier avait voulu le gratifier d'un legs. La calomnie dont ses ennemis le noircissaient était, disait-il, tissée avec tant de malice et si injurieuse à sa qualité d'homme d'honneur et à la mémoire du défunt que la seule obligation de s'en défendre le plongeait dans un profond chagrin. Mais les experts furent si peu sensibles à de telles protestations d'innocence qu'ils reconnurent la falsification. Déféré devant le tribunal du Châtelet, Eustache Le Noble fut déclaré atteint et convaincu de faux, condamné à faire amende honorable et à une peine de neuf ans de bannissement. Il fit appel. Dans l'attente de la sentence, il fut enfermé à la Conciergerie.

En marge de ses activités plus ou moins frauduleuses, Eustache Le Noble était un homme de lettres d'assez médiocre envergure mais fort prolixe. Il cherchait, semble-t-il, à toucher un public très vaste puisqu'il écrivait d'un côté, d'une plume épurée, des ouvrages de théologie, tandis que, de l'autre, il glissait dans certaines de ses œuvres les traits les plus épicés. Son livre le plus remarquable était un traité de morale qui faisait autorité dans les milieux bien-pensants : *L'École du monde, ou l'Instruction d'un père à son fils divisée en vingt-quatre dialogues.* Son bagage littéraire comprenait aussi quelques ouvrages historiques : une *Relation de l'État de Gênes*, une *Histoire de l'établissement de la République de Hollande*, une *Dissertation chronologique sur la naissance de Jésus-Christ*, un *Traité de la monnaie de Metz...* Pour le reste, on voyait une *Instruction catholique* aux côtés de *Zulima*, une *Traduction des psaumes de David* aux côtés de *Nouvelles galantes* et une *Apologie de la Révocation de l'Édit de Nantes* aux côtés de *Contes africains...* Pendant sa détention à la Conciergerie, il avait trouvé le moyen d'écrire et de faire publier plusieurs ouvrages et une sorte de *Mercure* mensuel en forme de dialogues sur les affaires du temps : *La Pierre de touche*.

Dès le transfert de Gabrielle à la pension, Le Noble fut subjugué par son charme. Grâce à son esprit et à son prestige d'homme de lettres, il força son admiration et parvint à gagner sa confiance. Elle lui fit le récit de sa vie. Il s'en montra fort ému et lui proposa de mettre son expérience d'homme de loi au service de sa cause. Gabrielle était sensible à l'estime et aux bons sentiments de ses hauts protecteurs, mais elle commençait à les trouver bien lointains. Surtout, elle ne voyait pas très bien comment ils viendraient à bout de la détermination haineuse de Semitte et par quels moyens ils la préserveraient de la déchéance qui la guettait tôt ou tard dans une geôle ou dans un couvent. Elle ressentait maintenant le besoin d'une présence et d'une affection beaucoup plus concrètes. Elle les trouva auprès d'Eustache Le Noble. Elle en avait fait son avocat, elle en fit son amant. Il graissa la patte du concierge et il prit l'habitude de la faire venir toutes les nuits dans sa cellule. Gabrielle se laissa entraîner dans cette nouvelle liaison sans ardeur excessive. Elle ne ressentait pas l'amour qu'elle avait éprouvé pour Nicolas Goy et encore moins la passion que lui avait inspirée Lucien Meunier. Mais elle se raccrocha à Le Noble car, en dépit des apparences et de l'appui sans réserve et généreux d'un grand avocat et de hauts magistrats, elle se sentait maintenant au bord d'un gouffre.

Eustache Le Noble lui démontra précisément que maître Arrault était un homme d'une très grande probité et d'un très grand talent mais que son éloquence dogmatique lui serait d'un vain secours dans une cause aussi épineuse que la sienne. « Comment voulez-vous, lui disait-il notamment, que cet homme vous tire d'affaire en ne se servant jamais que des armes que lui donne la vérité et des lois qui sont contre vous ? » Il lui montra que son salut dépendait, en dernière analyse, du seul bon vouloir de Semitte. Or, à moins que celui-ci ne fût subitement touché par une sorte de grâce toute spéciale, il y avait fort peu de chances pour qu'il lui rendît une liberté si contraire à ses vœux. Aussi fallait-il le combattre sur son propre terrain, rivaliser d'audace avec Vezin et Aliger et user de subterfuges. Semitte lui avait tendu un piège fatal. Il était normal qu'on en fît de même et que, par le secours d'un artifice ingénieux, on en annulât les effets en le faisant, à son tour, trébucher dans un piège du même genre. Au regard de la loi, la réconciliation prouvée était un moyen radical d'absolution qui frapperait de nullité toute procédure à la base. Le Noble réglerait donc dans les moindres détails un plan destiné à surprendre la justice avec une vivacité digne de son adversaire. Mais, pour en arriver là, il était nécessaire que sa maîtresse fût transférée dans un couvent au terme d'une sentence d'annulation du décret de prise de corps.

Le temps s'écoula. Gabrielle trouvait auprès de Le Noble un doux répit, mais au bout de six semaines, elle s'aperçut qu'elle portait dans son sein le fruit de leur liaison. Il fallait, à quelque prix que ce fût, qu'elle quittât la Conciergerie avant que sa grossesse ne devînt visible. Son amant lui apprit à jouer la comédie. Elle simula une cachexie, se consuma en quintes de toux, tomba en syncopes et passa désormais le plus clair de son temps à l'infirmerie. C'est dans de telles circonstances que Le Nain descendit à la Conciergerie pour la visite des prisonniers. Elle se jeta à ses pieds, fondit en larmes, fit mille serments et conjura son rapporteur de la faire juger au plus vite. Touché de miséricorde, le magistrat fit aussitôt transférer le dossier de l'information du Châtelet au Parlement où il fut soumis, dans la semaine qui suivit, à la Tournelle criminelle.

***

« Monseigneur, Messieurs, s'écria le président de Nesmond après lecture du rapport, qu'on ne me dise plus que cette information se fonde sur les dires de femmes de la populace. Des vestales, des vierges vouées à Dieu ont établi au grand jour les débordements de la demoiselle Perreau dans une maison où ne se font d'ordinaire que des actes de dévotion et de piété. Le crime et le blasphème sont cette fois éclatants.

— Monseigneur, repartit l'avocat général Chrétien François de Lamoignon en se tournant vers le duc de Gesvres, toutes les religieuses du couvent des Bénédictines de la Présentation, à l'exception de sœur Véronique, n'ont vu ledit Goy que dans la cour du cloître d'où il s'enfuyait. La demoiselle Perreau a quant à elle déclaré avoir vivement résisté à son agression infâme en ameutant tout le couvent. J'en conclus que le décret de prise de corps n'a été délivré que sur la base du seul témoignage de sœur Véronique. Je sollicite de Votre Grâce, Monseigneur, que Monsieur le rapporteur Le Nain nous donne lecture de ce document capital. »

Le Nain tira du dossier la déposition de sœur Véronique et lut :

« — Enquise si elle a vu de ses yeux ledit Goy et « laditte Perreau se livrer à des attouchements « impudiques.

« — A répondu qu'elle a bien vu un incube en « forme de Goy se livrer à des actes impurs sur « laditte Perreau, laquelle était consentante.

« — Enquise sur la nature de son intervention.

« — A répondu qu'elle a mis ledit incube en « forme de Goy en déroute, armée d'un crucifix et « des forces qu'elle a reçues de Dieu qui lui a « donné mission d'infliger une défaite à Satan, « lequel tourmentait depuis fort longtemps les reli- « gieuses en faisant danser des démons et en les « maquillant de nuit à la façon des prostituées.

« — Enquise si elle avait déjà vu ledit Goy atten- « ter à la sainteté du lieu avec la complicité de « laditte Perreau.

« — A répondu qu'elle l'avait déjà vu à plusieurs « reprises.

« — Enquise sur la raison pour laquelle elle n'est « pas intervenue plus tôt.

« — A répondu qu'elle attendait que Dieu lui « donne les forces suffisantes pour affronter Satan « car ledit incube se manifestait tantôt en forme de « chat noir, tantôt en forme de gros chien, tantôt en « forme de Goy, tantôt en forme de pourceau, « lequel se vautrait nu sur laditte Perreau dans de « furieux transports de lascivité. »

« Monseigneur, reprit Chrétien François de Lamoignon, j'ai d'autre part sous les yeux un document que m'a personnellement adressé le Grand Vicaire, Monsieur Landrieux. Il mérite votre attention :

« — Ayant appris que sur le témoignage des Bé« nédictines du couvent de la Présentation, on « accusait la demoiselle Perreau de s'être livrée à « des actes de débauche, je tiens à vous faire savoir, « Monsieur l'avocat général, que les mémoires qui « m'ont été adressés par ces religieuses et la visite « que j'ai faite dans ce couvent m'ont permis de « constater que plusieurs d'entre elles ont l'esprit « tout à fait perturbé. J'ai par ailleurs personnelle« ment examiné la demoiselle Perreau. En mon « âme et conscience, je puis affirmer que cette « jeune personne me semble par contre pleine de « bon sens, qu'elle a l'âme bonne et charitable et « qu'elle est pleine de sentiments chrétiens. Je n'ai « pas la prétention de démêler tous les ressorts « d'une affaire qui ne relève pas de la compétence « ecclésiastique, mais j'ai pensé, Monsieur l'avocat « général, qu'il y allait de mon devoir de chrétien « de vous informer de mes sentiments et de mes « convictions sur ce sujet très grave, qui concerne « les bonnes mœurs, et qui ne doit point se juger « sur des raisons frivoles. »

— Messieurs ! s'exclama le premier président dans un terrible transport de colère, cette fois, c'en est trop. Nous voilà la fable de l'Église. On avait jeté cette malheureuse en prison en se fondant sur les dires de la populace et on s'acharne de nouveau contre elle en invoquant le témoignage de folles. Ce dossier est un tissu de démence. Depuis quand la justice du roi se fait-elle sur la base de pareils galimatias ? Sommes-nous retombés en des temps de barbarie ? Jugerons-nous comme on le faisait il y a trois cents ans alors que les lumières de la raison éclairent notre siècle ? Que fait-on de l'ordonnance de 1682 ? J'ordonne que cette information soit solennellement lacérée et brûlée sur les degrés du Palais par l'exécuteur des hautes œuvres comme blasphématoire et attentatoire à la majesté du roi, que le sergent qui l'a conduite soit licencié et le lieutenant-criminel publiquement réprimandé. J'ordonne enfin que la sentence d'authentication du Châtelet soit confirmée et que la demoiselle Perreau soit admise dans un autre couvent pour y terminer son temps de rédemption. »

Et en vertu de la sentence du 28 mai 1690, Gabrielle Perreau fut transférée au couvent de Notre-Dame de Liesse, rue de Sèvres.

XVII

C'EST sur les instances d'Eustache Le Noble que Gabrielle avait demandé à être affectée au couvent de Notre-Dame de Liesse où son amant avait tissé des liens d'amitié avec de nombreuses religieuses. Maître Arrault s'était chargé des modalités d'internement sans aucune conviction, car ce couvent ne jouissait pas d'une très bonne réputation et des bruits étranges circulaient sur son compte. Deux jours après la sentence du Parlement, Gabrielle eut la douleur d'apprendre le décès de son père. Jean-Baptiste Perreau était mort, disait-on, miné par le chagrin de savoir sa fille à la Conciergerie. Entre la prison et le couvent, celle-ci reçut l'autorisation d'assister à l'office funèbre et d'accompagner le défunt jusqu'à sa dernière demeure. La cérémonie se fit en présence d'une foule nombreuse accourue, semble-t-il, piquée par la curiosité mais fort peu compatissante.

Lorsqu'elle pénétra dans son nouveau lieu de réclusion, Gabrielle sentit immédiatement que l'atmosphère qui y régnait n'avait rien de commun avec l'ambiance du couvent de la rue des Postes. Sans doute la curiosité dont elle fut l'objet dès son arrivée était-elle aussi vive, mais elle s'exerça de façon beaucoup moins feutrée. La jeune femme eut notamment la stupéfaction de s'entendre interpeller avec une très grande audace sur ses aventures sentimentales. Une religieuse lui demanda même des nouvelles d'Eustache Le Noble en des termes si précis qu'il eût été impossible que cette femme n'ait pas commis en sa faveur une infraction au vœu de chasteté.

Le jour même, Gabrielle fut reçue par la supérieure, la dame Desormeaux. Cette femme était d'une vivacité extrême mais brouillonne et d'un maintien qui laissait fort à désirer. Elle dévisagea la nouvelle venue en la regardant de bas en haut et de haut en bas à plusieurs reprises.

« *Pax Christi,* mon enfant, lança-t-elle soudain. Asseyez-vous... Allons, allons, ne faites pas la guindée, je suis au courant de votre petit secret, mais enfin, poursuivit-elle avec un sourire complice, mettons cela sur le compte du Saint-Esprit et n'en parlons plus. Nous savons toutes qu'il vous est arrivé de très nombreuses aventures et nous comptons sur vous pour nous en faire un récit détaillé.

— Hélas ! Madame, répondit Gabrielle tristement, ces aventures n'ont rien de très réjouissant.

— Je sais, je sais, mon enfant, nous connaissons aussi le récit de vos malheurs, mais entre deux malheurs, vous avez eu bien raison de prendre du divertissement.

— S'il m'est arrivé de fauter, j'en ai bien été punie.

— Des fautes ? Quel grand mot pour de petites bagatelles dont vous nous raconterez tout, tout, tout.

— Madame, je vous demande comme une faveur de ne pas avoir à m'expliquer sur ce point.

— Quelle pudeur ! Il était grand temps que vous vinssiez ici pour apprendre à vivre et à vous exprimer. Oui, mon enfant, j'entends que vous disiez tout sur chacun d'eux.

— Et sur qui donc, Madame ?

— Non pas sur Meunier, Goy et Le Noble, nous les connaissons bien, ceux-là, mais sur les autres.

— Quels autres, Madame ?

— Allons, ma fille, trancha sèchement la prieure, vous n'êtes pas ici pour faire l'innocente. Je vous ordonne de respecter dans ce couvent la règle d'obéissance et de vous montrer grave, digne, austère, discrète, les jours de visite du Grand Vicaire et seulement ces jours-là. »

Il régnait dans le réfectoire du couvent de Notre-Dame de Liesse une atmosphère très mondaine. Les sujets de conversation y étaient fort divers. Dans un coin de la salle, quelques religieuses semblaient pourtant se terrer dans une sorte de contestation silencieuse. Ces femmes formaient ce que l'on appelait le clan des bigotes. Derrière sœur Julie de Brétignières, elles protestaient contre les excès dont ce couvent était le théâtre en se réfugiant dans une pieuse abnégation. La dame Desormeaux les blâmait fort pour leur indiscipline. Lorsque Gabrielle se présenta dans ce réfectoire pour la première fois, elle fut assaillie de questions. Puis, les religieuses parlèrent en termes élogieux d'Eustache Le Noble qui avait organisé à Notre-Dame de Liesse de très nombreux séminaires de théologie. Enfin, la conversation roula sur le mariage du père Montanier et de la petite Geneviève Desfond. Ce père s'intéressait depuis longtemps à cette novice qui s'était fait prier pendant de longs mois avant que de céder sur les instances pressantes de la dame Desormeaux. On demanda à Gabrielle de bien vouloir accepter d'être l'un des témoins des époux. Gabrielle, qui pensait que par ce mariage le père Montanier accorderait une sorte de paternité ou de parrainage spirituel à la novice, accepta de bonne grâce.

La cérémonie eut lieu, le lendemain même, au parloir où les bans étaient déjà publiés. Le contrat de mariage avait été passé par-devant un bénédictin qui faisait office de notaire. Un autre curé, qui jouait le rôle du curé, se lança dans une vibrante exhortation sur les devoirs respectifs des époux. On passa ensuite à l'échange des anneaux. Toute l'assistance félicita enfin les nouveaux mariés en les accompagnant jusqu'à leur cellule nuptiale. Gabrielle était restée toute seule dans le parloir, inerte, les bras pendants.

Pourtant, la comédie ne faisait que commencer. Peu à peu, la nouvelle pensionnaire allait mesurer jusqu'à quel point de malheureux reclus, étiolés par une longue continence, avaient basculé dans un délire burlesque en se livrant à une imitation fallacieuse des mystères de l'amour. Les confesseurs qui hantaient Notre-Dame de Liesse s'ingéniaient à y recréer l'atmosphère débridée des milieux libertins en soumettant les novices qui leur étaient confiées à un genre de vie fort peu compatible avec l'idéal de chasteté évangélique. C'est avec un zèle de dévot qu'ils s'employaient à stimuler ces esprits d'artifice et de vanité nécessaires à leurs projets. Au lieu de les préparer au sacrifice d'une véritable vocation religieuse, ils mettaient tout en œuvre pour les rendre susceptibles d'aimer et d'être aimées. Ainsi glissaient-ils entre leurs mains innocentes d'étranges bréviaires : *Les Maximes d'amour, L'École des filles, Le Catéchisme d'amour...* Les résultats étaient édifiants. Ce n'était partout que cajoleries et paroles enjôleuses. Certains confesseurs s'amusaient à caresser les pensionnaires qu'on leur confiait pour les instruire sur le chapitre de la Sainte Communion. D'autres entonnaient à la grille des chansons déshonnêtes. Un confesseur qui s'était heurté au refus de l'une de ses pénitentes la tança énergiquement en lui rappelant qu'« elle appartenait à son bon ami depuis la ceinture jusqu'en haut et qu'elle ne devait lui en refuser ni la vue, ni l'attouchement ». Certaines religieuses, parmi les plus jolies, vacillaient même dans une prostitution de pacotille et se laissaient arracher leurs faveurs illicites en échange de confitures sèches et liquides, de gants, de miroirs et de bagues. Pour aiguiser la ferveur languissante de son amante, tel père n'hésitait même pas à se livrer à un odieux chantage et menaçait d'ajourner sa profession en invoquant l'insuffisance de ses connaissances, tandis que tel autre la lui promettait au contraire sans examen préalable.

La prieure confia Gabrielle à un confesseur qui avait une très grande réputation de timidité. Dans le secret du confessionnal, Gabrielle s'aperçut que le père Laurent était en vérité un grand sentimental. Il lui tint un discours rempli de gentillesse et de galanteries. Mais la pénitente y fut si peu sensible qu'elle lui déclara ne plus vouloir le voir. Il éclata en sanglots et s'en alla trouver la mère Desormeaux pour l'informer du refus de Gabrielle. La prieure convoqua la jeune femme et s'emporta très vivement en lui rappelant qu'elle entendait que les pensionnaires de son couvent accomplissent ponctuellement leurs devoirs de chrétiennes.

Un matin, Gabrielle reçut une lettre et un paquet du père Laurent. « Belle enfant, disait-il dans la lettre, je vous dédie une douzaine de thèses latines de théologie. Vous pourrez en donner quelques-unes à vos bonnes amies. J'aurais pu mettre le tout sous presse en français, avec votre nom. Mais il n'est point temps de s'émanciper si fort. » Cette délicate profanation était assaisonnée d'une « Épître dédicatoire à la discipline et à la maîtresse tout ensemble, à celle qui, tel l'amour sacré de Marie-Madeleine, a frappé de la flèche d'Éros. A la bien-aimée, à celle qui a beaucoup souffert, à celle qui fait beaucoup souffrir. » Gabrielle s'en alla sur-le-champ trouver la prieure pour lui dire qu'elle n'entendait point le latin et que les passages en français lui semblaient d'un fort mauvais goût. La dame Desormeaux s'emporta de nouveau et convoqua le père Laurent de toute urgence.

« Père Laurent, lui dit-elle d'un air indigné en présence de Gabrielle, vous devriez avoir honte de cette mascarade. Vous devriez rougir de solliciter de la sorte les faveurs de cette enfant. Êtes-vous seulement conscient du crime que vous commettez ? Croyez-vous que je puisse tolérer une telle débauche ? Une telle perfidie sous le toit de cette maison ? Quelle indécence ! Ne savez-vous donc pas que cette femme est la bonne amie de notre cher Eustache Le Noble ? Jamais, entendez-vous, jamais je n'accepterai qu'on le trahisse ici. Encore heureux que l'honnêteté de cette enfant nous ait préservés d'une liaison adultérine qui m'aurait couverte d'infamie. »

Le père Laurent se jeta aux pieds de la prieure

et demanda pardon, le visage inondé de larmes.
« Allons, je vous absous, mais promettez-moi de ne jamais plus recommencer. Et continuez donc à poursuivre de vos assiduités la petite Eugénie. »

Gabrielle était maintenant enceinte de sept à huit mois et l'ample chemise qu'elle portait ne parvenait même plus à dissimuler sa grossesse. C'est vers cette même époque que le Grande Vicaire Landrieux informa la dame Desormeaux de son intention de venir très prochainement en visite au couvent de Notre-Dame de Liesse. Après avoir inspecté les lieux, il demanda à revoir cette Gabrielle qui lui avait fait si bonne impression lors de sa visite au couvent de la Présentation. La prieure lui annonça qu'elle était souffrante et que le médecin lui avait ordonné de ne pas quitter sa cellule.

« Raison de plus, répondit-il, allons lui rendre une petite visite afin de lui apporter un peu de réconfort.

— Monseigneur, Monseigneur ! s'exclama la dame Desormeaux d'une voix chancelante, la malheureuse est dans un tel état de langueur qu'elle fait peine à voir et que la moindre compagnie lui cause de grandes fatigues.

— Raison de plus, ma chère sœur, raison de plus. Nous sommes ici pour lui apporter un peu de bien-être.

— Oh ! Monseigneur... Monseigneur, cette pauvre enfant...

— Précisément, trancha sœur Julie de Brétignières, je suis convaincue que la présence de Monseigneur au chevet de cette pauvre enfant lui sera d'un immense secours. Si Monseigneur daigne me suivre.

— Allons, sœur Julie, allons réconforter cette jeune personne.

— Monseigneur... Monseigneur... ! » s'exclamait

la prieure d'une voix qui tourbillonnait maintenant dans l'aigu en chevrotant.

Et tandis que sœur Julie entraînait le Grand Vicaire en le prenant par un bras, la dame Desormeaux tentait de le retenir par l'autre bras. Se laissant ballotter de l'une à l'autre, le Grand Vicaire ne cessait de répéter d'une voix douce et candide : « Allons lui apporter un peu de bonheur, allons lui apporter un peu de réconfort. »

Lorsqu'il pénétra dans la cellule de Gabrielle, celle-ci était enfouie sous une masse de couvertures qui cachait très mal l'amplitude de son ventre. Le Grand Vicaire s'assit près d'elle en la regardant avec beaucoup de douceur.

« Ma chère enfant, lui dit-il une fois qu'ils furent seuls, vous n'avez décidément pas de chance. Il semble que le destin s'acharne contre vous en vous faisant toujours tomber chez des femmes qui me paraissent privées d'une partie de leur raison. La dernière fois que je vous ai vue, on m'avait parlé de démons qui dansent, qui maquillent... Et voilà que certaines me parlent ici même de mariages burlesques... de confesseurs qui... Si je devais les en croire, nous serions dans une maison... bref, dans une de ces maisons dont je n'ose pas dire le nom... les folles créatures ! Me croiriez-vous, Gabrielle, si je vous disais que certaines vipères ont même eu l'audace de prétendre que vous étiez... mais il est préférable que je me taise pour ne pas ajouter à vos tourments. Je vous sais d'ailleurs assez bonne pour le leur pardonner car elles ne savent pas ce qu'elles disent... Tenez, ajouta le Grand Vicaire en riant, je préfère vous raconter une histoire très drôle. Vous vous souvenez sans doute de sœur Véronique. Eh bien, elle m'a adressé un mémoire pour me dire que depuis qu'elle a mis cet incube en déroute, Satan a renoncé à envoyer ses démons au couvent de la Présentation pour y danser et pour y faire des maquillages... J'ai beaucoup prié pour vous, Gabrielle, lorsque j'ai appris votre lamentable transfert à la Conciergerie, et si je n'étais pas si modeste, je vous dirais aussi que par une initiative beaucoup moins éthérée, je suis directement intervenu en votre faveur, de même que j'ai l'intention d'intervenir, par une action concrète, mon enfant, une fois vos deux ans de rédemption achevés. »

***

Depuis sa prison, Eustache Le Noble avait organisé dans ses moindres détails, avec la complicité de plusieurs religieuses, l'accouchement de Gabrielle et la prise en charge du nouveau-né. Il avait fait entrer dans ce couvent en qualité de pensionnaire la sage-femme Gauthier dont la fille était prisonnière à la Conciergerie. Après l'accouchement, il était convenu que l'on agiterait à une fenêtre un petit drapeau. A ce signal, Catherine Lefèvre, femme d'un certain Passy, viendrait prendre l'enfant. Tout se déroula selon le plan prévu et, le 3 janvier 1690, la Passy demanda à parler à la pensionnaire Pendeck qui était dans la confidence. L'enfant transita par la grille du parloir. Eustache Le Noble avait jadis été titulaire de la baronnie de Saint-George, son fils fut donc baptisé sous le nom de chevalier de Saint-George. Il eut pour parrain Passy et pour marraine une certaine Tachon, nièce de la concierge Boursier qui avait été tenue au courant des amours de Gabrielle et de Le Noble. On le mit ensuite entre les mains d'une nourrice, Jeanne le Vasseur, à raison de 12 livres par mois.

Cependant, le bruit de l'accouchement de Gabrielle se répandit dans le monde et Louis Semitte demanda l'ouverture d'une nouvelle information. Mais il appartenait à l'évêché de requérir le secours du bras séculier pour enquêter sur cette affaire. Le Grand Vicaire Landrieux se tourna alors vers l'archevêque de Paris en lui demandant d'user de son autorité pour que cessent ces rumeurs si contraires à la religion. L'archevêque ordonna que toute la lumière fût faite sur ce sujet. Les preuves de l'accouchement ne furent pas formellement établies, mais les débauches de plusieurs religieuses éclatèrent au grand jour. Le triomphe de la vérité consomma la disgrâce de la dame Desormeaux tandis que le clan des bigotes fut chargé de rétablir l'ordre, la bienséance et la piété dans le couvent. En l'espace de quelques heures, les plus dévergondées prirent le masque de la vertu et de la pudibonderie et firent acte d'allégeance envers la nouvelle prieure, mère Julie de Brétignières. Gabrielle devint dès lors la cible de toutes les religieuses de Notre-Dame de Liesse. Elles lui infligèrent mille tourments et entamèrent contre elle une procédure d'exclusion. Lorsque la requête tomba sur le bureau du Grand Vicaire, celui-ci mit tous les talents que lui inspiraient ses profonds sentiments de charité chrétienne au profit de Gabrielle dans une lettre qu'il adressa à la nouvelle prieure.

Lettre de M. Landrieux, Grand Vicaire
à
Madame de Brétignières,
Prieure de Liesse
Pax Christi

« Ayant appris qu'en beaucoup d'endroits l'on blâme votre conduite sur une diffamation que vous avez faite de la demoiselle Perreau, j'ai cru que mon devoir de chrétien m'obligeait de vous donner là-dessus un avis charitable.

« Vous savez, ma chère sœur, que Jésus-Christ

notre Maître, et dont nous devons être les imitateurs perpétuels, n'a fondé la religion qu'il nous a donnée que sur la charité et qu'il n'est venu en ce monde que pour faire du bien et prêter la main aux pécheurs pour les sauver.

« Si la charité est donc la base de Christianisme, l'esprit de la calomnie, qui lui est si opposé, n'est que le souffle du démon et en effet l'Écriture ne le reconnaît que sous le nom de calomniateur, pour nous montrer que celui qui calomnie, fût-il vêtu de l'habit des anges, n'est qu'un démon incarné, et ne fait que servir d'organe à la malice de l'esprit infernal.

« Appliquez, ma chère sœur, à la conduite que vous avez tenue, ces maximes fondamentales de l'Évangile. Vous avez dit, écrit, et publié que la demoiselle Perreau a accouché chez vous. Vous avez, par cette supposition, surpris la religion. Comprenez-vous, ma chère sœur, toute l'étendue du péché que vous avez commis, péché d'autant plus grave que la conjoncture dans laquelle vous avez calomnié cette jeune personne est importante ? Concevez-vous qu'on n'a point rémission d'un vol sans restitution, ni d'une diffamation qu'on ne l'ait réparée ?

« Je gémis, ma chère sœur, mes entrailles frémissent et se déchirent lorsque je jette la vue sur l'état déplorable de votre conscience chargée de cette diffamation ; et d'autant plus que j'apprends que le fiel de la terre ajoutant à ce faux pas un mouvement injuste de haine et de vengeance, non seulement vous persistez dans le mal, mais au lieu de réparer l'outrage dont la demoiselle Perreau a été la victime, vous persistez dans vos persécutions.

« Il est du cœur humain de pécher, mais il est du démon de persévérer dans son péché. Ouvrez les yeux, ma chère sœur, considérez que du côté de Dieu vous êtes tombée dans un grand péché, que du côté du monde votre réputation en reçoit une furieuse atteinte, et que, de votre côté, il est impossible que votre âme vous laisse en repos. Changez votre conduite, ma chère sœur, si vous voulez que Dieu vous pardonne un péché si détestable. Je vous en conjure par les entrailles pleines d'amour et de miséricorde de ce divin Sauveur qui a souffert lui-même tant de calomnies pour expier le fiel de la vôtre, qui n'a sauvé l'adultère, et senti son cœur touché des parfums de la pécheresse que pour vous apprendre que bien loin de calomnier l'innocence, ceux qui le veulent imiter doivent prêter la main aux infirmes pour les aider et les soulager.

« J'espère, ma chère sœur, oui j'espère de votre vertu et de la charité qui sied si bien à votre caractère, que vous réfléchirez sur cette lettre, que vous en ferez profit avec l'humilité qui est la pierre de touche du véritable chrétien, et que vous la prendrez pour une véritable expression de la considération que j'ai pour vous, du désir de votre salut incompatible avec l'esprit d'imposture, et de l'intérêt que je prends à votre réputation. Je suis en Jésus-Christ, votre... »

Ce document ne fit qu'exciter l'acharnement de la dame de Brétignières contre Gabrielle. Elle publia tout haut, et de façon insolente, que les lumières de ce Monsieur Landrieux étaient si modestes qu'il avait été incapable, au cours de son inspection, d'entrevoir une réalité qui n'était que trop aveuglante.

***

Vers le début du mois de mars, Eustache Le Noble s'évada de la Conciergerie. Il était prévu que Gabrielle s'échapperait en même temps de son couvent avec la complicité de la dame Desormeaux et que les deux amants feraient enfin trébucher Semitte dans le piège qu'ils avaient mis au point. Gabrielle s'évada sans la moindre difficulté car la dame de Brétignières avait ordonné que la porte du cloître fût laissée déverrouillée, de nuit comme de jour. Aussitôt, Semitte demanda l'ouverture d'une nouvelle information. On enquêta. La sage-femme Gauthier, Lefèvre, Passy et Pendeck passèrent aux aveux et, sur la base d'un mobile enfin concret, Gabrielle fut décrétée de prise de corps par contumace.

« Eh bien, ma chère Gabrielle, s'écria Eustache Le Noble en apprenant la nouvelle, il ne nous reste plus qu'à réussir dans notre entreprise. Il n'y aura point de demi-mesure. Tu en sortiras totalement absoute ou bien l'on t'enfermera à vie à l'Hôpital général. »

Au même moment, Semitte s'entretenait avec Aliger.

« Il n'y a plus une minute à perdre, lui dit le procureur, le combat change de style, nous n'avons plus en face de nous un Arrault. Ce Le Noble est un fieffé coquin. Nous devons nous attendre aux coups les plus crapuleux de sa part. Vous verrez, nous finirons par nous battre sur le même terrain. Mais rassurez-vous, ils ne disposent pas de trente-six solutions pour nous surprendre. Je sais fort bien ce que je ferais, si j'étais à leur place. L'essentiel pour nous est de les prendre de vitesse. »

Selon Aliger, il fallait commencer par circonscrire les amies intimes de Gabrielle. Elle n'en avait que deux : Corinne et Marie Pasdeloup. Corinne était bien lointaine, inaccessible et fort peu susceptible, par sa situation, d'aider Gabrielle dans un stratagème audacieux. Marie Pasdeloup réunissait par contre toutes les conditions requises pour une pareille entreprise.

« Écoutez, fit Aliger, nous allons confectionner

un petit faux. Ce n'est évidemment pas très orthodoxe, mais ces pieux mensonges sont de ceux qui font le charme de notre profession. »

Le soir même, Semitte fit irruption chez Marie Pasdeloup :

« Chère petite, lui dit-il sèchement en lui montrant un document au sceau du Châtelet, je ne te veux pas de mal, mais sois bien attentive à ce que je vais te dire. Ceci est un constat en date du 29 avril 1683. Il est signé du Sieur Pouzenat, huissier de la prévôté. Il certifie qu'alors même que Gabrielle m'était promise, tu hébergeais dans ta chambre les amours dépravées de cette femme et de son amant Lucien Meunier. Le crime était si évident aux yeux de tous les gens du quartier que j'en ai fait dresser ce constat. Par la suite, j'ai tout oublié généreusement. Mais si, aujourd'hui même, ma femme et son dernier amant connu devaient me faire tomber dans un nouveau piège, ce ne pourrait être qu'avec ta complicité. Cela te serait fatal. Sais-tu ce que ce document signifie ?... le sais-tu ? Il veut dire que tu n'es qu'une petite maquerelle... Les maquerelles... ma fille..., on les jette à vie dans les cachots de l'Hôpital général... ou bien on les envoie aux Amériques avec d'autres catins de ton espèce. »

Marie se jeta aux pieds de Semitte, pleura, implora son pardon.

« C'est bon, lui dit-il, je vois que tu as compris. Alors retiens bien ce que je vais te dire... »

Cependant, Gabrielle et Eustache Le Noble se cachaient du côté du cloître Sainte-Opportune. Le Noble était bien décidé à prouver, à la face du public, que Semitte s'était réconcilié avec sa femme. Cette réconciliation entraînerait sur-le-champ l'annulation imprescriptible de toutes les poursuites engagées contre Gabrielle. Marie Pasdeloup avait été informée du projet et sa complicité achetée pour 200 pistoles. Une nuit, alors que

Semitte serait seul chez lui, elle viendrait le trouver en toute hâte pour lui demander d'administrer d'urgence un clystère à sa mère malade. Gabrielle en profiterait pour s'introduire secrètement chez son mari. Au même instant, un inconnu feignant d'être poursuivi par des archers stipendiés par Le Noble, se serait jeté tumultueusement chez Semitte. Sous prétexte de perquisition, les archers s'y seraient précipités à leur tour et ils n'auraient pu que constater la présence de Gabrielle au domicile conjugal devant les voisins ameutés.

Tout se déroula selon le plan prévu. Mais au moment crucial de la comédie, les acteurs virent surgir de la pièce voisine un huissier accompagné de deux archers. Lorsqu'elle réalisa que son projet avait échoué, Gabrielle s'enfuit en chemise de nuit et se jeta dans un fiacre où Eustache Le Noble l'attendait en cas d'échec.

En désespoir de cause, la jeune femme tomba un peu plus bas en écrivant, sous la dictée de son amant, une lettre de réconciliation qu'elle adressa à Semitte par l'intermédiaire de maître Arrault :

« Quelqu'obstination que vous ayez à me persécuter, lui disait-elle, je ne puis, mon cher époux, oublier cette union sacrée qui nous lie et dont je cherche à resserrer les nœuds autant que vous agissez pour les rompre.

« Si mes peines pouvaient à la fin me regagner votre cœur, je les souffrirais avec une joie extrême. Mais, mon cher époux, faut-il que plus je cherche à me réunir sincèrement avec vous, plus vous cherchiez à m'accabler ? N'êtes-vous point las et satisfait de mes souffrances ? J'ai essuyé une sentence honteuse, je me suis désistée de mon appel, je suis entrée dans un couvent, j'ai connu les prisons, vous m'avez fait boire le calice amer de paraître dans un état bien humilié devant mes juges, vous m'avez fait persécuter par une prieure après avoir semé contre moi une nouvelle calomnie. Mais tous ces outrages ne seraient rien, s'ils me ramenaient votre cœur.

« Le Parlement, qui compatit aux tourments que vous me faites souffrir, vous fait assez connaître, par la justice qu'il me rend, que votre persécution lui est odieuse et tout ce qu'il prononce sur nous n'a d'autre but que de nous porter mutuellement à la paix dont nous sommes privés depuis si longtemps. Dieu nous la commande, notre fille nous y invite, votre intérêt même, qui m'est et me sera toujours cher, vous y convie. Je me jette entre vos bras, ouvrez-les-moi, mon cher époux, et vous ne recevrez qu'une femme qui n'aspire à vous en tout ce que vous pourrez équitablement espérer d'elle.

« Quelqu'avantage dont j'aie lieu de me flatter sur les justes dispositions de mes juges, que vous soyez peu favorable aux mauvais conseils qu'on vous donne, je sacrifierai tout pour avoir la paix que je vous demande. Accordez-la à une femme qui, malgré votre rigueur pour elle, vivra et mourra, mon très cher époux, votre très humble, très affectionnée et très soumise servante et fidèle Gabrielle Perreau. »

Semitte et Aliger lurent cette lettre dans un grand éclat de rire.

XVIII

Alors commença pour Gabrielle et pour Eustache Le Noble une cavalcade éperdue dont il serait difficile de retracer toutes les péripéties. Maréchaussée aux trousses, Gabrielle rejoignit d'abord la garnison de Tournai où la Passy la conduisit avec des lettres de recommandation de Le Noble dont elle vendit publiquement les ouvrages. Eut-elle d'autres ressources pour subsister ? On l'ignore, mais sa beauté, dit-on, fit grand bruit dans cette ville. Après quelques mois, elle revint à Paris où elle habita avec Le Noble chez Passy, rue du Coq. De là, les deux amants allèrent loger rue Saint-Joseph comme mari et femme. Ils prétendaient alors s'appeler Monsieur et Mademoiselle de l'Isle. Mais ils prirent la fuite à la suite d'une fausse alerte et s'installèrent rue de la Lune où ils se firent passer pour Monsieur et Mademoiselle des Noyers. Le 24 août 1692, Gabrielle donna naissance à une petite fille qui fut baptisée Catherine Louise, fille d'Eustache Le Gentilhomme, écuyer, Sieur des Noyers et de Marie Brun, sa femme. Tous ces noms supposés rappelaient les qualités et les ouvrages d'Eustache Le Noble. Le Gentilhomme était le synonyme de son nom et les Noyers une seigneurie dont il est question dans l'un de ses poèmes burlesques. Après cet épisode, les fugitifs vécurent quelque temps rue du Bout-du-Monde, sous le nouveau nom de Monsieur et Madame Le Brun des Bois. On les y a vus, dira-t-on plus tard, coucher ensemble sans se cacher, sans nulle précaution, allant jusqu'à se permettre en présence de témoins des privautés que la pudeur ne permet pas de décrire. Au mois d'avril 1693, Le Noble fut de nouveau arrêté et constitué prisonnier à la Conciergerie. Gabrielle partit alors pour Lyon où elle séjourna jusqu'en janvier 1694. Personne ne sait quelles y furent ses ressources. Son amant, qui s'était une fois de plus évadé, la fit revenir à Paris.

Depuis des mois, Semitte lançait aux quatre coins de Paris des espions à la recherche de sa femme. Ils la dénichèrent enfin rue du Foin, chez une nommée Coquelin, gargotière, où elle vivait avec son amant sous le nom de la demoiselle Destournelles, venue de Lyon pour un procès. Conduite à la prison du Châtelet, elle devait, deux jours plus tard, être transférée à l'Hôpital général.

Ces circonstances jetèrent les deux personnages dans un grand embarras. Gabrielle était de nouveau enceinte et il serait bien difficile de dérober cette dernière grossesse au regard de la justice. Le Noble conçut donc le projet d'enlever la captive au cours de son transfert à l'Hôpital général. Dès le lendemain, il écuma ses éditeurs de tous ses droits d'auteur, battit le rappel d'une dizaine de sbires et jeta 8 000 livres dans l'entreprise. Il prit lui-même le commandement de la bande et, le jour du transfert, se posta dès sept heures du matin sur l'itinéraire du convoi à l'angle de la Croix-Clamart et de la rue des Saussayes. Mais, en prévision de cette ultime tentative, Semitte avait fait renforcer l'escorte. On croisa le fer pendant un quart d'heure. L'escarmouche fut meurtrière. De la vitre de son fiacre, Gabrielle vit tomber quatre ou cinq hommes. Les agresseurs furent tenus en respect et, lorsque la voiture se remit en route, la prisonnière jeta par la fenêtre arrière un dernier regard sur le monde, et ce fut pour voir le visage de son amant ensanglanté.

***

Le convoi emprunta une grande chaussée bordée d'arbres à l'extrémité de laquelle Gabrielle vit se profiler de loin les sombres bâtiments de l'Hôpital général. Il en franchit le seuil et déboucha dans la cour des pauvres qui offrait l'étrange spectacle d'un univers dégénéré reconstitué en vase clos. Une foule de gueux vêtus de hardes, malpropres et le visage chagrin, s'affairait dans un grouillement invraisemblable. Sous des tentes rapiécées ou derrière de petites échoppes montées au moyen de planches de bois grossières, ils se livraient à un petit commerce de pacotille dans une sorte de foire perpétuelle. Sur la gauche, on apercevait les ateliers des charrons qui forgeaient les fers des folles et des prisonniers, les ateliers de serruriers, ceux des cordonniers et des menuisiers. Non loin de là se trouvaient des écuries, des greniers à blé, une immense vacherie et les remises des charrettes qui servaient au transfert des femmes de la Force.

A mesure qu'elle s'enfonçait à l'intérieur de l'Hôpital général, Gabrielle découvrait l'immensité et l'hétérogénéité insoupçonnables de ce monde à part misérablement replié derrière ses murs glacés. Elle traversait maintenant le quartier Saint-Joseph en longeant le bâtiment du cardinal de Mazarin qui hébergeait de vieux gardes-chasse ou d'anciens militaires qui avaient obtenu la faveur d'y terminer leurs jours avec leur femme aux dépens de la charité du roi. Derrière certaines fenêtres, on distinguait quelques silhouettes de vieilles qui tricotaient ou filaient. Des pensionnaires assis nonchalamment sur un tabouret regardaient passer le fiacre avec indifférence. La vie se déroulait ici avec lenteur, dans une morne attente de la mort.

Dans un contraste brutal, Gabrielle vit surgir ensuite l'école et la crèche des enfants trouvés ou de ces rejetons qui n'étaient souvent que le fruit des débauches des femmes qui croupissaient à la

Correction. Le véhicule pénétra enfin dans une deuxième cour, longea une chapelle et une école de filles. Au fond de cette cour encombrée de baraques en ruine et d'étals de boutique se dressait un bâtiment à l'aspect sévère dont les murs sombres et les nombreuses fenêtres grillées annonçaient tout de suite la triste destination : la Force.

Insoumises ou débauchées, ouvrières paresseuses, vagabondes, protestantes, prostituées et femmes folles de leur corps s'y entassaient pêle-mêle. Le long de la muraille, des soldats de la maréchaussée armés d'une hallebarde ou d'un mousqueton arpentaient d'un pas régulier le chemin de ronde. Une charrette transportant des prostituées venues tout droit du dépôt Saint-Martin stationnait devant l'entrée du bâtiment. Quelques-unes pleuraient, d'autres poussaient des cris, proféraient des menaces, des invectives et des propos indécents ponctués de gestes qui faisaient la joie des curieux, pensionnaires ou pauvres, venus assister au spectacle.

La sœur officière de la Force fit enfermer Gabrielle au Commun. Ce quartier était réservé aux prostituées et aux femmes de mauvaise vie. Elle y fut rasée le soir même, vêtue de tiretaine et chaussée de sabots. On lui donna du potage et on l'expédia dans une sorte de gouffre sordide qui faisait office de dortoir. Quelques dizaines de troglodytes y dévoraient leur misère avec résignation. Les lits, conçus pour six personnes, n'en contenaient en vérité que quatre, entassées pêle-mêle. Les dernières venues couchaient sur le carreau. Gabrielle ne trouva donc ni matelas, ni oreiller, ni paille, mais la terre nue. La salle, humide et mal ventilée, n'avait pas deux mètres de hauteur. Les murs étaient si rapprochés que deux personnes couchées sur le carreau en obstruaient le passage. Il y régnait une odeur infecte.

Gabrielle s'était jusque-là laissé ballotter au gré de ses multiples péripéties. Emportée dans un prodigieux tourbillon, elle n'avait jeté sur ses malheurs qu'un regard assez distant. Mais cette nuit-là, elle réalisa que la Force serait son dernier refuge et que personne ne pourrait plus rien pour elle. Alors, elle retraça dans sa tête le douloureux itinéraire qui, de malheur en malheur et d'ignominie en ignominie, l'avait conduite dans cet enfer. Un flot de rancœurs monta lentement à la surface dans un intense bouillonnement. En pleine nuit, elle se déchargea soudain de tous ses ressentiments. Saisie de violents mouvements convulsifs, elle se roula à terre en heurtant de toutes ses forces tout ce qui se trouvait autour d'elle et en poussant des hurlements inhumains. Quatre sœurs officières accoururent aussitôt, la neutralisèrent et la transportèrent au quartier des folles où elles l'enchaînèrent aux murs d'un cachot qui dépassait en horreur tout ce qu'elle avait déjà vu. Ainsi rivée par les pieds et les mains, elle continua à se débattre en hurlant. De proche en proche, la plainte gagna ses compagnes. Quelques-unes se mirent à gémir sourdement, d'autres poussaient des soupirs plus aigus, certaines pleuraient. Comprimé, refoulé, le flot de rancœurs et de haine qui inondait le cœur de toutes ces malheureuses s'exprima à travers une clameur déchirante qui s'éleva lentement dans la nuit silencieuse avec une sorte de majesté poignante, avertissant une fois de plus les habitants des quartiers Saint-Marcel et Saint-Victor que la révolte grondait à la Force, plus impuissante que jamais. Au bout de deux heures, la clameur cessa et toute la prison s'endormit dans un sommeil pesant, ponctué de gémissements et de cauchemars qui ne faisaient que prolonger la réalité.

Pendant une semaine, Gabrielle séjourna au milieu des folles et des épileptiques qui, périodiquement, se roulaient écumantes sur leurs entraves de fer. Ces malheureuses n'avaient aucun contact avec l'extérieur. On leur passait la nourriture par un soupirail muni de grilles et c'est au moyen de râteaux qu'on retirait les immondices sur lesquels elles croupissaient.

Lorsque Gabrielle se fut enfin calmée, on la transféra au quartier des folles tranquilles. Ces dernières étaient incapables de travailler. Elles partageaient leur temps entre un dortoir caverneux et une courette où elles se promenaient, les cheveux en bataille, les yeux hagards, les vêtements déchirés, dans un état de malpropreté indicible, continuellement maltraitées par les officières et tourmentées par d'autres ennemis imaginaires contre lesquels elles vociféraient de façon bestiale.

Enfin, Gabrielle réintégra le Commun. Comme ses compagnes, elle fut affectée aux ouvrages les plus pénibles. Quand leurs forces les trahissaient ou que, dans un sursaut d'indignation, elles laissaient s'échapper un mouvement de mauvaise humeur, on les fouettait, on les mettait au carcan ou, suivant les caprices de l'officière, on les soumettait aux malaises. La messe dominicale ou les instants consacrés au catéchisme étaient leur seul moment de détente.

La grossesse de Gabrielle devint bientôt visible. Personne ne s'en étonna. Jusqu'au bout, on lui fit accomplir les besognes les plus ingrates. Lorsqu'elle fut sur le point d'accoucher, on la transféra à l'Hôtel-Dieu. Elle en revint avec un garçon. Sa maternité lui valut un traitement plus doux. On la mit à la crèche où elle fut chargée d'allaiter non seulement son nourrisson, mais encore quelques autres enfants trouvés confiés au bureau des pauvres.

La crèche était une salle assez vaste qui contenait deux à trois cents petits berceaux sans rideaux.

L'ensemble était assez bien aéré et d'une propreté relative. Mais le bâtiment côtoyait un égout qui répandait une odeur infecte les jours de pluie. Juste au-dessus se trouvait le dortoir des teigneuses et des galeuses qui aidaient parfois les officières et les nourrices à emmailloter les enfants. Au-dessous, on avait aménagé un amphithéâtre d'anatomie dont se dégageaient des émanations de cadavres disséqués. Non loin de là, on apercevait une porcherie avec une centaine de cochons.

***

Dans le même temps, et sans même que Gabrielle en sût rien, Eustache Le Noble s'employait à obtenir de l'administration pénitentiaire un adoucissement du sort de sa maîtresse. Une fois remis de ses blessures, il avait fait l'objet de la sollicitude du lieutenant de police La Reynie. Il n'était plus question de l'interner à la Conciergerie. On lui faisait même miroiter, à plus ou moins brève échéance, le transfert de Gabrielle à la Grande Force, ce quartier privilégié de l'Hôpital général où l'on n'enfermait d'ordinaire que les femmes de condition qui y jouissaient d'un traitement de faveur. Il pourrait même, si bon lui semblait, lui rendre de fréquentes visites. Mais, en échange, il avait accepté de s'infiltrer dans les milieux littéraires les plus variés et de transmettre aux services de police des rapports sur tout ce qui s'y disait. Eustache Le Noble était devenu un mouchard.

Gabrielle vivait cependant ses derniers moments de répit auprès des nourrissons de l'Hôpital général. En fait, ses bronches n'avaient pas résisté à l'insalubrité des cachots. En l'espace de quelques mois, elle avait vieilli de vingt ans. Elle dépérissait à vue d'œil, mais elle ne faisait rien pour reculer un sommeil éternel qu'elle appelait maintenant de ses vœux. Bientôt, elle fut saisie de quintes de toux qui ne lui laissaient que de faibles moments de répit. Elle se mit à cracher du sang et sa respiration, entrecoupée de râles, devint de plus en plus laborieuse. Un soir, elle eut un brusque accès de fièvre et tout son corps fut parcouru de violents frissons. On la transféra à l'infirmerie où la sœur officière comprit qu'elle livrait son dernier combat. L'aumônier fut aussitôt appelé à son chevet. Il lui demanda si elle était prête à comparaître devant le Tout-Puissant et si elle n'avait pas à se décharger de ses tout derniers péchés.

« Mon père, lui dit-elle dans une sorte de délire, je m'accuse du péché le plus abominable.

— Je vous écoute, ma fille, parlez en confiance.

— Eh bien, mon père, j'ai été infidèle à mon mari.

— Nous le savons, ma fille, mais vous avez ici, par un séjour de rédemption, purgé votre âme de ce crime qui fait horreur à Dieu et vous pouvez maintenant comparaître devant lui en toute sérénité.

— Oh ! non, mon père, fit Gabrielle dans un ultime sursaut. Le péché que j'ai commis est si atroce qu'il n'y aura pas de châtiment suffisamment violent pour m'en punir dans l'au-delà. J'aimais mon mari, et pourtant, voyez-vous, mon père, je l'ai trahi avec Semitte, avec Nicolas Goy... avec Eustache Le Noble. Car mon mari n'a jamais été en vérité qu'un jeune garçon de dix-neuf ans...

— Taisez-vous, s'exclama la sœur officière, vous compromettez votre salut. »

L'aumônier la calma d'un geste et demanda à Gabrielle de dire tout ce qu'elle avait sur le cœur.

« Je vous le dis, mon père, continua-t-elle d'une voix chancelante, nous nous sommes mariés, Lucien et moi, par un bel après-midi de printemps, en 1683...

— Taisez-vous, répétait sèchement la sœur officière.

— Et pourtant, ma sœur, en cet après-midi de printemps, le soleil inondait le Cours du Louvre et les enfants jouaient... Nous nous sommes unis en un seul et même corps au moment même où nos deux lèvres se sont approchées l'une de l'autre pour s'unir dans un baiser dont j'ai toujours gardé la trace au fond de mon cœur et depuis... l'abbé Cogniet me l'a bien dit, je n'ai jamais versé de semence que pour Lucien et j'ai comme le sentiment qu'il y a un peu de son sang qui coule dans mes veines...

— Quelle horreur ! quelle horreur ! s'exclama la sœur officière.

— C'est là toute la vérité, ma sœur, car en cet après-midi de printemps 1683, le soleil inondait le Cours du Louvre et les enfants jouaient, et nos deux âmes se sont conjointes et il n'est point de jour que je ne retrace en moi cet après-midi de printemps, car le soleil inondait le Cours du Louvre et les enfants jouaient... Mais voyez-vous, ma sœur, au fond, notre exil terrestre n'a jamais fait que différer ce moment où nous nous rejoindrions pour toujours... ailleurs. Cette pensée m'a toujours aidée à vivre, et c'est elle qui me rend maintenant cette mort si douce. »

Gabrielle Perreau est morte à l'Hôpital général. Elle avait vingt-huit ans.

L'aumônier adressa à l'abbé Cogniet une lettre pour lui dire à quel point sa pénitente avait fait preuve de sentiments chrétiens dans ses derniers moments. Le curé de Saint-Roch célébra un office funèbre de toute beauté. La cérémonie se fit en présence d'une foule innombrable et le sermon que lui inspira cette mort fut sans doute le plus beau de sa carrière :

« Gabrielle Perreau, dit-il d'une voix vibrante,

avait l'âme bonne et charitable mais elle a eu des moments de faiblesse, et lequel d'entre nous, mes frères, n'a-t-il point ses moments de faiblesse ? Il a fallu que par une défaillance incompréhensible aux hommes et que Dieu seul perçoit, elle chancelle dans une faute qui est à la racine de tant de maux. Elle a péché, je le sais, elle a péché, mais savait-elle au juste ce qu'elle faisait ? Notre Sauveur, qui a tant souffert pour notre rédemption, pardonne à tous ceux qui souffrent, et Gabrielle Perreau, tout au long de son itinéraire douloureux, a retracé, par la sincérité de son repentir, la pénitence de la Madeleine. »

Toute l'assistance était en larmes. Semitte lui-même semblait avoir du chagrin. Aliger, qui était à ses côtés, lui fit remarquer la présence de l'avocat général Chrétien François de Lamoignon et du rapporteur Le Nain dans l'église. A ces mots, sa poitrine se gonfla d'orgueil. Tout deux vinrent d'ailleurs le voir une fois l'office terminé. C'est alors qu'Aliger voulut s'en faire remarquer en montrant qu'il était un homme d'esprit. « Pauvre Gabrielle, lança-t-il en leur présence à la cantonade, la loi l'avait décrétée d'ajournement personnel, mais la mort vient de convertir ce décret en décret de prise de corps. »

Devant Lamoignon, Semitte fit une profonde révérence :

« La présence d'un éminent représentant des lois aux funérailles de ma femme, dit-il gravement, n'est pas seulement un très grand honneur, elle m'apporte aussi, Monsieur l'avocat général, un immense réconfort dans un moment de détresse extrême.

— Monsieur, répondit Lamoignon à haute voix en présence de toute l'assemblée des fidèles, vous avez joué avec le mariage, ne jouez pas avec la mort. Nos lois sont bonnes, mais elles ne sont point parfaites car nous ne sommes jamais que des hommes et la perfection n'appartient qu'à Dieu. Il se peut que vous ayez surpris la justice des hommes, mais vous ne surprendrez pas celle de Dieu et, dans le cas présent, je n'échangerais pas la place de la demoiselle Perreau contre la vôtre. On me dit, Monsieur, que vous voulez paraître à la cour et que vous y donnez la comédie. Je ne ris point, quant à moi, de vos farces grotesques. Sans doute verrons-nous, dans deux ou trois générations, des hommes de votre espèce tenter de s'immiscer dans les rangs des gens de qualité à grands coups de deniers. Mais sachez bien, Monsieur, que le roi saura, un jour, mettre un terme au cours de ses bontés. Alors, à défaut de ramper à ses pieds, vous vous dresserez contre son autorité... ou du moins, les gens de votre rang qui ont plus de courage que vous, se dresseront contre son autorité... Quant à vous, vous vous contenterez d'aboyer dans leur sillage. Monsieur, vous n'êtes qu'un ver de terre. »

Lamoignon se tourna ensuite vers Aliger :

« Procureur, lui dit-il, je ne vous salue pas. »

***

Dans les jours qui suivirent, des colporteurs diffusèrent aux quatre coins de Paris une foule de feuilles volantes et de petites brochures anonymes sur Gabrielle Perreau. L'une d'elles se vendit fort bien et fut d'un grand profit pour son auteur. Elle s'intitulait *Histoire véritable de Gabrielle Perreau, femme adultère, avec le récit de ses débauches, de son repentir sincère et de sa mort très sainte.*

On disait, du côté de la rue Saint-Honoré, qu'elle était écrite de la main même de Louis Semitte.

L'institution du procès en adultère a été abolie par la loi du 20 septembre 1792.

ANNEXE

JUGEMENT POSTHUME SUR GABRIELLE PERREAU

« On voit, dans l'histoire de *la belle épicière*, que ni la loi, ni la honte, ni l'infamie, ni la peine qui est le frein du crime ne peuvent, dans certaines femmes, arrêter le penchant qu'elles ont au libertinage. Ces femmes sont d'autant plus malheureuses qu'elles ont plus d'appas, et que les hommes qui méprisent leurs cœurs corrompus ne peuvent se défendre de la force de leurs charmes ; à en juger par l'usage qu'elles en font, il semble que la nature ne les leur ait donnés qu'afin qu'ils servissent de piège à la vertu. Si on dit qu'une belle femme est le plus beau des spectacles de la nature, on peut dire qu'elle en est le plus honteux, lorsqu'elle est déréglée ; car elle emprunte de l'éclat de sa beauté celui de son infamie... on les déteste dans le temps qu'on les admire, et l'émotion que leur beauté cause est mêlée avec l'indignation que leur vice excite...

« Gabrielle Perreau avait tout à la fois les traits délicats, un beau corsage, un air grand. Sa beauté ne servit qu'à lui faire finir ses jours dans une prison ignominieuse. »

François Gayot de Pitival,
Causes célèbres, Paris, 1738, tome III, p. 268.

REPONSE SERVANT DE FACTUM,

POUR Damoiſelle Marie Gabrielle Perreau, Appellante.

CONTRE Louis Semitte ſon Mari, Intimé.

MArie Gabrielle Perreau, née en Septembre 1666. fut mariée en Aouſt 1683. âgée lors de ſeize ans, avec Louis Semitte; leurs biens étoient mediocres, mais leurs ſoins communs ont produit en cinq ans ſur les Eaux de-vie plus de cent mil livres de profit : cela eſt de notorieté.

Le jeune âge de cette Femme pouvoit luy faire attendre de ſon Mary toute autre choſe que les mauvais traitemens qu'elle en a reçûs, & dont elle porte les marques.

Ce Mari qui dans les commencemens de ſon Negoce avoit beſoin de la bourſe d'un Ami, lia correſpondance avec le Sieur Goy Banquier; mais ayant fait ſa fortune par le ſecours de cet homme, le deſir de tourner à ſon profit ſeul les cent mil livres qu'il avoit gagnez, & les ombrages que ſa jalouſie luy fit prendre de cet Ami qu'il avoit luy-même introduit dans ſa maiſon, le porterent à mettre ſous le pied ſon honneur, celui de ſa Femme, & celui d'une fille unique qui reſte aux Parties, pour intenter l'action dont il s'agit.

Il étoit encore pouſſé à cette action par le conſeil de ſes Servantes; que la Damoiſelle Semitte avoit ſurpriſes en débauche & couchées avec luy; & s'eſtant aſſuré de la dépoſition de ces Servantes animées par leur intereſt propre, & de celle d'un Garçon de boutique qui le ſervoit dans ſes débauches, il entreprit au mois d'Octobre 1692. cette accuſation en adultere.

Point d'autres témoins que ce Garçon & ſes deux Servantes proſtituées, & dont l'abus qu'en faiſoit ce Mari eſt juſtifié par la dépoſition des témoins qui n'ont pas été confrontez, parce qu'ils étoient à décharge.

Sur les Informations Decret, & ſur le Decret Arreſt contradictoire qui le convertit en ajournement perſonnel.

En cet état le Procés ſe jugea, & le Mari remporta une victoire funeſte, par le complot qu'il avoit formé avec ſes témoins. Le Lieutenant Criminel n'eut aucun égard aux juſtes reproches, dont la preuve étoit

A

Factum de maître Arrault en faveur de Gabrielle Perreau. (Doc. B. N.).

5

Billet alteré, que la femme du Suppliant a eu le front de produire en Justice, le Suppliant est persuadé que ses Juges, & ceux de la conduite de sa femme auront une juste indignation de cette fausse démarche par où elle s'est figurée qu'elle pourroit autoriser toutes ses débauches, ou diminuer la juste reparation que le Supliant en attend.

Voici quel est le tour que l'on a imaginé pour pouvoir faire paroître ce Billet que l'on appelle *scandaleux*, & que l'on a si soigneusement conservé.

Aprés avoir fait une description étudiée des differens caracteres des passions d'un mari, qui oubliant tout ce qu'il doit aux tendresses d'une femme, se plonge dans la débauche, l'on a dit que le Supliant est du caractere de ceux qui preferans les plaisirs de la débauche à ceux d'un legitime mariage, passent de l'infidelité à l'indifference, & de l'indifference au mépris : qu'il a laissé toute sorte de liberté à sa femme pour n'estre pas contraint dans la sienne ; *qu'il n'a point le caractere d'un mari jaloux*, mais d'un mari libertin, qui ne se soucie ni d'aimer sa femme, ni d'en estre aimé ; que dans ces dispositions il lui a permis le libertinage, pour s'autoriser dans le sien ; & que pour faire finir les reproches qu'elle lui faisoit, il lui remit entre les mains ce billet.

Je permets à ma femme de faire, vous m'entendez bien, avec qui lui plaira. Fait ce 24. Janvier 1688.

Sur le fondement de ce billet alteré, que la femme du Supliant pretend faire valoir comme une amnistie & une absolution generale de tous les pechez qu'elle a commis, & qu'elle est en disposition de commettre, l'on a cité tout ce que les Loix Romaines avoient ordonné contre les maris qui formoient ou qui conduisoient les intrigues honteuses de leurs femmes, & qui par cette raison n'étoient pas recevables à s'en plaindre en Justice : d'où l'on conclut que les plaintes que le Supliant a faites du déreglement & des débauches de sa femme, doivent estre rejettées ; que cette action extraordinaire qui estoit particulierement reservée au mari, lorsqu'il n'étoit pas coupable lui-même du desordre de sa femme, & qui étoit ouverte à toutes sortes de person-

B

6

nes, *cuilibet de populo*, lorsqu'il y avoit des preuves de la complicité du mari, ne peut pas, suivant nos mœurs, estre poursuivie par M. le Procureur du Roy.

Ainsi la femmme du Supliant se promet une impunité entiere, parce qu'elle croit ne pouvoir estre valablement accusée ; c'est l'illusion qu'elle s'est faite, ou plûtost qu'elle voudroit faire à la Justice, & qu'il est tres-facile de dissiper par quelques reflexions simples & naturelles, fondées non pas sur des fictions, mais sur des principes certains, & sur des faits prouvez par des pieces qui détruisent les suppositions dont on s'est servi contre lui, par des pieces qui prouvent l'alteration du billet que la femme du Supliant a eu le front de produire pour autoriser ses debauches, & qui font connoître à quel sujet & à quelle occasion les termes dont on veut faire un si méchant usage ont esté écrits.

Pour faire connoître l'imposture & la supposition grossiere de tout ce que la femme du Supliant a trouvé à propos de faire écrire contre lui, en lui reprochant des infidelitez imaginaires, une indifference & des mépris qu'elle veut persuader n'avoir que mediocrement bien vangez, il n'y a qu'à lire les lettres que le Supliant a écrites à sa femme, & celles qu'elle lui a écrites pour réponse l'année derniere 1692. jusques au mois de Septembre. *

L'on voit par toutes ces lettres, qu'ils se sont expliquez l'un & l'autre d'une maniere tendre autant que le pouvoient des negocians, qui écrivent principalement pour les affaires de leur commerce, & dont le stile n'est pas tourné à exprimer fort delicatement les sentimens de leur cœur.

Ils ont employé fort naturellement ces termes: *Ma petite femme, ma petite épouse : mon fils, mon cœur, mon petit cœur.* Le Supliant n'a épargné aucune des expressions par où il a cru pouvoir marquer la consideration & les égards qu'il

* La foi de ces lettres ne peut pas estre revoquée en doute, parce qu'elles se raportent aux Livres de negoce du Supliant, & que la taxe faite au Bureau y est marquée au dos en la maniere accoûtumée : l'on sçait que ces sortes de lettres d'avis sont gardées fort soigneusement par les negocians, & qu'elles font foi entr'eux.

Extrait du factum de Louis Semitte à Monsieur le lieutenant criminel, par maître Vezin. (Doc. B N.).

MEMOIRE

POUR Mademoiſelle Semitte.

Touchant la nouvelle calomnie dont le Sieur Semitte ſon mari a voulu la diffamer.

IL eſt étonnant qu'il ſe trouve des hommes qui puiſſent ſe faire un plaiſir de ſe deshonorer, & qui dépenſent autant d'argent, ſe donnent autant de peines, & employent autant d'artifices pour ſe couvrir d'oprobre, que d'autres en emploiroient pour ſe procurer de l'honneur.

Il n'y a qui que ce ſoit dans Paris qui ne ſçache l'action que le Sieur Semitte Epicier, & preſentement Chef de Serdeau du Roi, a intentée contre ſa femme. Il a pris tous les ſoins poſſibles d'en inſtruire le Public par ſes Requeſtes & par ſes Factums impri-

mez, & à divulguer autant cette indigne action que la prudence de ſa femme s'efforçoit de l'aſſoupir.

Il n'y a rien qu'elle n'ait fait pour s'opoſer à la volonté déterminée d'un homme, qui par les conſeils pernicieux d'un Procureur qui le mange, & qui ſe mocque de lui publiquement, fait tous ſes efforts pour deshonorer ſa famille ; & l'on ſçait que la Demoiſelle Semitte n'a fait imprimer ſon dernier Memoire, qu'aprés que les Colporteurs eurent répandu dans Paris l'infame Requeſte de ce Mari ; & qu'aprés que Monſieur le Nain Raporteur, eut dit lui-même à cette Femme perſecutée, qu'elle devoit faire imprimer la ſienne, pour détruire les funeſtes préventions qu'il eſſayoit de donner au Public.

Il y avoit prés de dix mois qu'elle étoit en priſon, où ſon Mari l'avoit fait mettre fort injuſtement, ſans raiſon ni Decret ; & le Procés étoit ſur le point d'être jugé, quand le Sieur Semitte voyant bien qu'il ne pouvoit éviter de ſuccomber par la reconciliation qui avoit ſuivi la Sentence du

Châtelet, & que le Parlement équitable ne pouvoit pas dans les regles ſe diſpenſer d'en ordonner la preuve, crut que pour anéantir ce moyen, qui par la forme détruiſoit ſon action ſans entrer dans la diſcuſſion du fond, il faloit diffamer de nouveau une Epouſe innocente, parce qu'en ſupoſant que depuis cette reconciliation elle auroit donné matiere à une accuſation nouvelle, la preuve de la reconciliation qui eſt indubitable, ne ſerviroit plus de rien.

C'eſt dans cette vûë qu'au mois de Juin dernier il commença de ſemer fauſſement par tout le bruit que la Demoiſelle Semitte étoit groſſe ; & il le debita en tant d'endroits, & à tant de perſonnes, que ce bruit en revint de tous côtez à ſa femme, laquelle devant paroître le jour de ſon Jugement devant tous les Juges, s'attendoit que ſon Mari entreroit dans la Chambre, qu'il y formeroit ſur le champ cette nouvelle accuſation, & demanderoit la preuve d'un fait ſi décisif.

Il l'auroit été ſans doute en faveur de la Demoiſelle Semitte, qui ſûre de

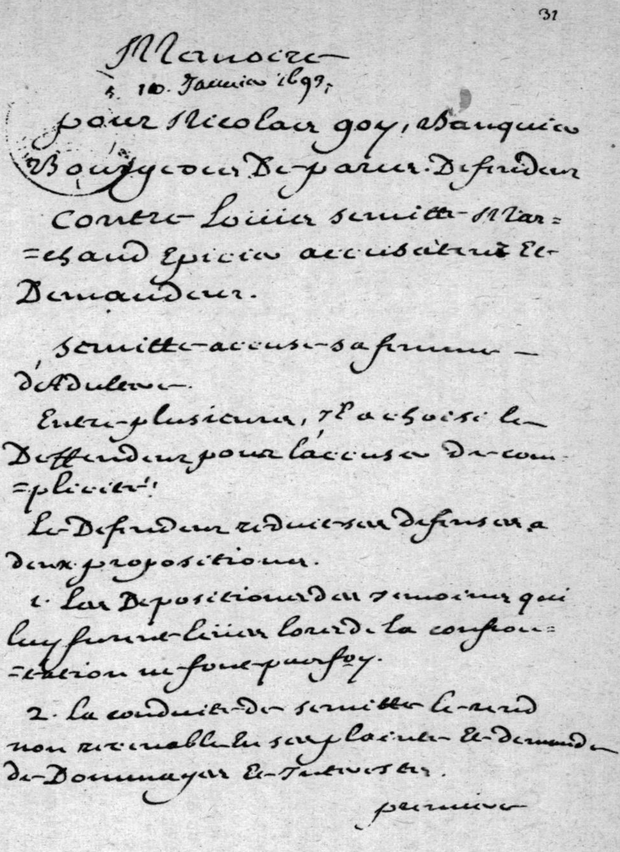
31

Memoire
du 10. Janvier 1697.

pour Nicolas Goy, Banquier
Bourgeois de paris Deffendeur

Contre Louis Semitte Mar=
=chand Epicier accusateur Et
Demandeur.

Semitte accuse sa femme
d'Adultere.

Entre plusieurs, il a choisi le
Deffendeur pour l'accuser de com=
=plicité.

Le Deffendeur reduit ses deffenses a
deux propositions.

1. Les Depositions des temoins qui
luy furent leües lors de la confron=
=tation ne font point foy.

2. La conduite de Semitte le rend
non recevable en sa plainte Et demande
de Dommages Et Interests.

premiere

Extrait du mémoire de maître Hognant en faveur de Nicolas Goy, banquier de Paris, contre Louis Semitte, accusateur et demandeur. (Doc. B. N.).

dans le Couvent de Lieſſe, afin que dans cet intervale, étant toûjours ſous l'œil de la Juſtice, rien ne pût favoriſer le pernicieux deſſein qu'il avoit de la diffamer.

Comme cette ſommation lui donnoit un avantage qu'il n'avoit pas par l'Arreſt, ſon Procureur qui ne pénétroit pas la raiſon de cette démarche qu'il prenoit pour un faux pas du conſeil de la Demoiſelle Semitte, prit cette occaſion aux cheveux, & Protat Huiſſier, qui neanmoins en a été blâmé par Monſieur le Procureur General, ſe chargea de la transferer le ſeptiéme Aouſt 1694. dans le Couvent de Lieſſe.

Mais voici ce que fit le Sieur Semitte. Comme la Dame de Bretignieres Prieure de Lieſſe, eſt un eſprit tres-ſuſceptible de prévention, & qui n'eſt pas inſenſible à l'interêt, ce Mari n'eut pas peine à s'inſinuer chez elle par les preſens qu'il lui fit de ſes ſucres, de ſes eaux de-vie, & des autres fruits de ſa boutique ; & s'étant par ce canal frayé un chemin à la ſéduction, il lui dit, qu'il lui mettoit ſa femme entre

Extraits d'un mémoire d'Eustache Le Noble en faveur de Gabrielle Perreau. (Doc. B. N.).

qu'étant ſans défenſe elle pût être accablée de leur complot ; elle l'inſulta de paroles indignes d'une Religieuſe, & fit venir Aliger Procureur du Mari, pour comploter avec lui un Acte qu'il dreſſa pour être ſignifié au Sieur Semitte, & pour ſervir de baze à la perte d'une Femme devenuë l'objet de la calomnie & de la paſſion violente de cette Religieuſe.

Cet Acte contenoit une ſommation au Sieur Semitte de retirer inceſſamment ſa Femme du Couvent de Lieſſe, attendu que *pour cauſes que la bienſéance ne lui permettoit pas d'expliquer*, elle avoit ordre de ſes Superieurs de la mettre dehors. Se peut-il rien ni de plus malin, ni de plus calomnieux que cet Acte, & quelles idées peuvent donner ces termes ?

La Damoiſelle Semitte avertie que le Procureur Aliger étoit avec cet Acte en complot dans le Parloir de la Prieure, y entra, & fut confirmée par ſes propres yeux dans la connoiſſance qu'elle avoit de ſes malignes intentions. Cette Prieure rougit de ſe voir ſurpriſe avec ce Procureur, elle en re-

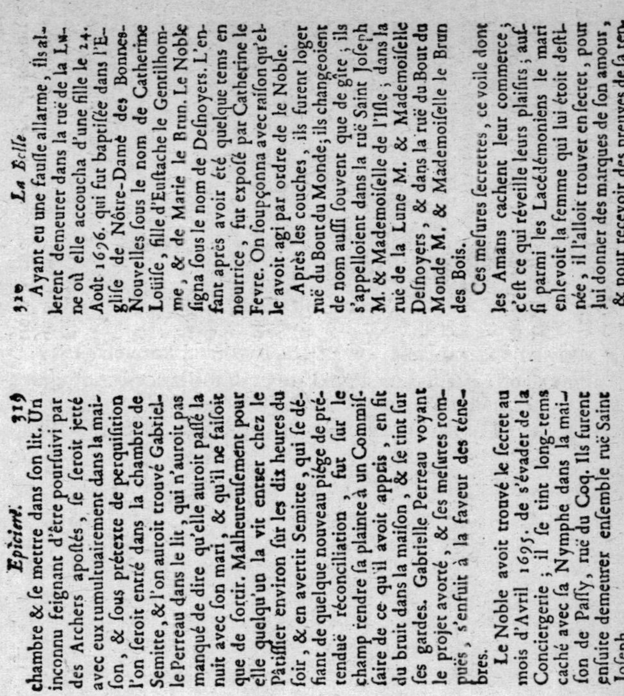

Epicier. 319

chambre & ſe mettre dans ſon lit. Un inconnu feignant d'être pourſuivi par des Archers apoſtés, ſe ſeroit jetté avec eux tumultuairement dans la maiſon, & ſous prétexte de perquiſition l'on ſeroit entré dans la chambre de Semitte, & l'on auroit trouvé Gabrielle Perreau dans le lit, qui n'auroit pas manqué de dire qu'elle auroit paſſé la nuit avec ſon mari, & qu'il ne faiſoit que de ſortir. Malheureuſement pour elle quelqu'un la vit entſer chez le Pâtiſſier environ ſur les dix heures du ſoir, & en avertit Semitte, qui ſe défiant de quelque nouveau piége de prétenduë réconciliation, fut ſur le champ rendre ſa plainte à un Commiſſaire de ce qu'il avoit appris, en fit du bruit dans la maiſon, & ſe tint ſur ſes gardes. Gabrielle Perreau voyant le projet avorté, & ſes meſures rompuës, s'enfuit à la faveur des ténebres.

Le Noble avoit trouvé le ſecret au mois d'Avril 1695. de s'évader de la Conciergerie ; il ſe tint long-tems caché avec ſa Nymphe dans la maiſon de Paſſy, ruë du Coq. Ils furent enſuite demeurer enſemble ruë Saint Joſeph.

O iiij

320 La Belle

Ayant eu une fauſſe allarme, ils allerent demeurer dans la ruë de la Lune où elle accoucha d'une fille le 24. Août 1696. qui fut baptiſée dans l'Egliſe de Nôtre-Dame des Bonnes-Nouvelles ſous le nom de Catherine Loüiſe, fille d'Euſtache le Gentilhomme, & de Marie le Brun. Le Noble ſigna ſous le nom de Deſnoyers. L'enfant après avoir été quelque tems en nourrice, fut expoſé par Catherine le Fevre. On ſoupçonna avec raiſon qu'elle avoit agi par ordre de le Noble.

Après les couches, ils furent loger ruë du Bout du Monde; ils changeoient de nom auſſi ſouvent que de gîte ; ils s'appelloient dans la ruë Saint Joſeph M. & Mademoiſelle de l'Iſle ; dans la ruë de la Lune M. & Mademoiſelle Deſnoyers, & dans la ruë du Bout du Monde M. & Mademoiſelle le Brun des Bois.

Ces meſures ſecrettes, ce voile dont les Amans cachent leur commerce ; c'eſt ce qui réveille leurs plaiſirs ; auſſi parmi les Lacédémoniens le mari enlevoit la femme qui lui étoit deſtinée, il l'alloit trouver en ſecret, pour lui donner des marques de ſon amour, & pour recevoir des preuves de ſa ten-

François Gayot de Pitival, Causes célèbres, *Paris, 1738. (Doc. B. N.)*

DU MÊME AUTEUR

LE MYTHE DE LA PROCRÉATION À L'ÂGE BAROQUE, Pauvert, 1977.

LE TRIBUNAL DE L'IMPUISSANCE (virilité et défaillances conjugales dans l'ancienne France), Le Seuil, 1979.

MYTHOLOGIE DE LA FEMME DE L'ANCIENNE FRANCE, Le Seuil, 1983.

Composition réalisée par C.M.L., Montrouge

IMPRIMÉ EN FRANCE PAR BRODARD ET TAUPIN
7, bd Romain-Rolland - Montrouge - Usine de La Flèche.
LIBRAIRIE GÉNÉRALE FRANÇAISE - 14, rue de l'Ancienne-Comédie - Paris.

ISBN : 2 - 253 - 03390 - 1 30/5892/2